U0506698

茗香堂史論

［明］彭孫貽 撰　周海霞 点校

上海古籍出版社

全国高等院校古籍整理研究工作委员会资助项目成果

韩山师范学院学术专著出版基金资助

点 校 说 明

　　彭孙贻(1615—1673)，字仲谋，一字羿仁，号茗斋，浙江海盐人。明亡不仕，隐逸著述以终，私谥"孝介"。存世著作除《茗香堂史论》外，主要有《茗斋集》《明朝纪事本末补编》《靖海志》等。王世祯《彭孙贻传》、徐盛全《孝介先生传》、谢国桢《彭茗斋著述考》对其生平事迹、著述有详介。

　　《茗香堂史论》凡四卷，为彭孙贻评论《史记》至《元史》等二十一部正史及旧注之著作。对于各史先做总评，再评正文及旧注。彭孙贻精于天文历算，于各史之《天文志》《律历志》考辨尤详。《茗香堂史论》四卷卷首皆注明"同里朱葵之粟山校正"。朱葵之，嘉庆年间人士，生卒年不详，字乐甫，号米梅，别号粟山，或作粟珊，浙江海盐人。《茗香堂史论》常现朱氏按语，以"粟山按"标识。

　　彭孙贻注重史家品行对修史质量的影响，盛赞揭傒斯修史须以"用人为本""有学问文章知史事而心术不正者，不可与"的看法。对"史识"亦很重视，认为"作史不可立高人见解，有意为高，则持论必苛，每至厚诬于古人……作史当如布帛菽粟，可施于日用，始足为万古之常经"。《茗香堂史论》常在论断史事时兼评笔法优劣。如评论《史记》时，认为"太史公文有所本者皆不大佳，自创者乃佳。

世家自萧相国以下，乃激昂有致，文章所以贵独运也"。又认为"《外戚世家》褚先生文半于司马，令人厌观"。评论《周书》时，认为"宋、齐、陈、梁以下禅授，一祖曹丕九锡禅册，陈陈相因如一手，闭目倦观。《周书》于宇文禅代独删削之，止云景子受魏禅，一洗数百年芜秽，一快也。诏诰尔雅古健，无六朝风，殊可喜也"。又认为"周明帝遇毒，弥留口授遗诏，文词典雅，情思恳挚，读之可歌可涕，成王《顾命》无以过之。北狄之人，乃有如许手口，北朝文章原胜南士，宜其有驴鸣狗吠之轻薄"。彭孙贻重行检，在评论《金史》时，特意书及"忠心效命"问题，"蔡州被围，女真人无死事者，长公主言于哀宗曰：'近来立功效命多诸色人，无事时则自家人争强，有事则他人尽力，焉得不怨。'哀宗默然。读此古今同叹！"反应彭孙贻忠于明朝的思想。

《茗香堂史论》于中国史学史、中国历史文献学、明遗民思想史皆具重要研究价值，因彭孙贻之明遗民身份，清前期未经刊刻，仅在私下流传。清末巴陵方功惠"出其所藏之新旧秘本……以现在通行各大丛书所未有者为其选择之界限"，刊刻《碧琳琅馆丛书》，《茗香堂史论》得以列入并流传于世。上海辞书出版社图书馆藏清光绪十年(1884)巴陵方氏刻、宣统元年(1909)广雅书局印《碧琳琅馆丛书》本，为目前所见《茗香堂史论》唯一版本。前后无序跋，每半页10行，行22字。《续修四库全书》第450册史部·史评类据以影印。因无异本可供对勘，此次点校主要采用他校法与本校法，以评论对象"二十一史"及其旧注为他校依据，以《茗香堂史论》前后文字互勘为本校依据；适度辅以理校方法。

基本点校情况如下：

一、此书原为繁体字直排，为方便读者，现改为简体字横排，异体字亦改为现行通用字。

二、凡衍、脱、讹、倒、空缺、文字模糊处,确有实据者,均出脚注据证说明或补充完整;不可确定的问题,则脚注存疑。

三、涉及二十一史之本纪、世家、列传、书、表、志等具体名称时,使用书名号;如其名称使用简称、概称,致与正史所载不完全一致时,为避免混淆,一般不使用书名号。

四、《茗香堂史论》引用二十一史及其旧注内容,如属原文照录、删节,加以引号;如经改写,则不加引号。

五、原刻本双行小字夹注,点校本均改为单行,并加括号以示区别。

六、底本避清讳诸字,如"玄"作"元","丘"作"邱",皆径回改。

七、原刻本无目录。为方便读者,点校本增编目录。

限于学识,该点校本之错误、不妥之处,敬请读者不吝赐正!

周海霞

2022 年 12 月

目　　录

茗香堂史论卷一 ………………………………………… 001

《史记》 ……………………………………………… 001

《汉书》 ……………………………………………… 010

《后汉书》 …………………………………………… 018

《三国志》 …………………………………………… 032

《晋书》 ……………………………………………… 042

茗香堂史论卷二 ………………………………………… 052

《宋书》 ……………………………………………… 052

《南齐书》 …………………………………………… 065

《梁书》 ……………………………………………… 070

《陈史》 ……………………………………………… 074

《南史》 ……………………………………………… 076

《北史》 ……………………………………………… 092

《魏书》 ……………………………………………… 104

《魏书》拾遗 ………………………………………… 118

《北齐书》…………………………………………………… 119

《周书》……………………………………………………… 121

《隋书》……………………………………………………… 125

茗香堂史论卷三………………………………………… 143

《唐书》……………………………………………………… 143

《五代史》…………………………………………………… 152

《宋史》……………………………………………………… 157

茗香堂史论卷四………………………………………… 216

《辽史》……………………………………………………… 216

《金史》……………………………………………………… 221

《元史》……………………………………………………… 235

茗香堂史论卷一

海盐彭孙贻羿仁氏著

同里朱葵之粟山校正

《史记》

作史不可立高人见解，有意为高则持论必苛，每至厚诬于古人；读史不可□高人心眼，不能高人则依文牵义，往往见给于作者。

作史当如布帛菽粟，可施于日用，始足为万古之常经。左氏、公、穀好为诡异之说，以见奇史。迁效之，文章虽奇，持议无当。又其识趣卑陋，津津利达，不重行检，又远逊《公》《穀》《左》《国》，读者不可不知。

皇甫谧以伏羲、神农、黄帝为三皇，少昊、颛顼、高辛、尧、舜为五帝；《戴记》以太皞、炎帝、少昊、黄帝、颛顼为五帝；子长以黄帝、颛顼、高辛、尧、舜为五帝，谓少昊不在位，不得称帝，皆属乌有子虚。夫少昊之为帝久矣。依大戴、皇甫之言，自羲、轩以下共八帝，或以为皇，或以为帝，总无定称。小司马《三皇补》穿凿无当。夫作史者，以立天下之大经大法为千古治乱兴亡之鉴戒，断自二帝可矣。黄帝教熊罴貔貅䝙虎与炎帝战于阪泉，此等不经，何须记载？

皇甫谧注"黄帝有天下百年，寿一百十岁"，则十一岁而天子也，亦是矫诬。

　　粟山按：罗泌《路史》、苏辙《古史》，皆远溯洪荒，皆由此作俑。小司马谓子长论赞"不能备论终始，略申梗概，颇取一事、一奇，有所不取"。夫子长奇文不可拘以绳墨，传、纪所不尽者，论说摘取之，参以己意，特为波澜，正其绝佳处。今观《索隐》百三十篇赞，真同嚼蜡，直宜删之，何灾木也！

　　大禹"山行乘樏"，音乔，今之屐也，上山前齿短，下山后齿短，晋人师其遗制耳。

　　子长自《三代》《秦本纪》，撪拾《尚书》《左》《国》《战国》、百家旧文，宷以己意，其文去古甚远，笔力大不如。至《始皇本纪》，乃自出手笔，笔端曲折莫不如意，方为杰作。

　　粟山按：战国时四公子传皆佳，不可一概抹杀。

　　始皇本纪用贾生《过秦论》作结，大是具眼。小司马益以己论，谓贾生、子长云"子婴中主，可以保秦"之非，其论亦是。但其文謇秃，如"人头畜鸣""不威不伐恶"等，总不成语，缀作末行，岂非狗尾续貂耶？

　　秦为胜国，一统称帝，列于汉前可也。项羽亡虏，亦列本纪中，酷无体裁矣。

　　《项羽本纪》悲壮淋漓，妙绝今古。至兵败身死，益复从容，尽致文情组舞，一唱三叹。

　　《高帝纪》论无文理，子长不知体要，论三代亦多纰缪。

　　留侯辟疆为相画策，拜诸吕为将，几亡刘氏，诚因此时迎代王立之，吕氏之乱必无。论吕婴①以妇人封临光侯，此是武②嫚女主

---

①　"吕婴"原作"吕颉"，据下文改。
②　"武"字原重。

称帝之作俑。高后赞秃不成章，岂有缺文耶？高帝封许负为鸣雌亭侯，则妇人封侯不自婴，始高帝，实作法于凉矣。

三代、十二诸侯、六国世表，古所未有，子长创其体。后之作史者多因之，总不出其范围。六国、十二诸侯头绪烦多，以表贯通之，编年为纬，分国为经，览者不纷，甚善也。然当至秦灭六国，亦称帝之年止。此后海内一家，罔非帝制，年表何为？此真蛇足矣！

五帝五德之说乃出汉儒矫诬，非圣人之言也。秦献栎阳雨金而以为金瑞，文公得黑龙而以为水德，即一国而诸儒之诞妄若此。善乎！管仲之巧说以止桓公也，夷吾斯为千古人杰。

封禅之说创自管仲，此乃神道设教之始。上称黄帝，总无可凭，始皇行之，何救于亡？何汉武之蔽邪？人主好游行，假此以愚黔首，诸臣又设佞以逢之。褚少孙补《武帝纪》，割封禅一书以充之，真所不解。武帝雄才大略，远胜始皇，不可以此一事概之。且封禅已有书，即借本史分作本纪，裂而两见，真可怪也！

《封禅书》俶诡怪幻，《河渠书》悲壮奇崛。

《平准书》归重桑、孔、咸阳，谓不加赋而用足。诚能如此，桑、孔之才亦不易得。史迁所谓赋者乃田赋也，汉时甚宽于田赋，军旅频兴，至于鬻爵卖官，然田亩之税如故，故民不贫。汉室平准之法，乃是夺商贾之利权而时其委输，使豪滑无所专其利，此亦一时长策，足佐兵食。子长备言其利，结以卜式之言曰："烹弘羊，天乃雨。"何其妙也！文外余波，唱叹不足。今天下民生日促，粟贱金贵，利富民穷，王公将军攘民之利为市贩。私室益强，国用益匮，民生益困，安得桑、孔百辈参错之大农、水衡、河漕间，上佐挽输，下绝兼并哉！《礼》《乐》《律》《历书》皆褚少孙补。《礼》《乐》二书全载《戴记》，互相发明，文亦突兀。《律书》起处判不相蒙，篇中两太史公曰,堆垛重沓,岂非鹤胫蛇足!

列国世家多载《国策》,其录《左传》则大不如。《越世家》后载陶朱公作尾,文外余波也。

列国名卿如子产、范蠡,皆三代人物,过管、晏、苏、张十倍,不为立传,何也?

孔子列之世家,比之诸侯,可谓卓识。陈涉亦名世家,可谓不称矣!

　　　粟山按:孔子不以列世家,而重其与陈涉辈同名,知非真具卓识也!

《外戚世家》褚先生文半于司马,令人厌观。

太史公文有所本者,皆不大佳;自创者乃佳。世家自萧相国以下,乃激昂有致,文章所以贵独运也。

平阳侯之为将,以敢战深入为先,身被七十创,战功为诸将第一,自右丞相出为齐相国,今人则以为左迁。参收拾雄心,参猛略而师事盖公,治本黄老,一以清静为务。参之所以治国者,亦即所以保身,何其智也!至于代萧何为相,谨守其律令,与吏饮酒,歌呼相和。答帝阴使窋微谏,而参笞子入朝,描写明主贤臣相信相成情状,毛发栩栩欲动,真化工之笔矣。

人知留侯辟谷游仙之为智,而不知平阳饮酒、学黄老之为智。留侯立身,平阳藏身;藏身事中为尤难也。以名将为贤相,真是天生豪杰!然亦从学问中来。观其师事盖公,不惑齐下诸儒,大有卓见。景帝好黄老,其亦平阳开之也欤?

四皓,《索隐》注:东园公,姓唐字宣明;夏黄公,姓崔名广字少通;甪里先生,姓周名术字元道;惟绮里季并姓氏不载。东园公有字而无名,何也?或曰绮里,其姓季,夏其字;黄公乃另一人,非夏黄公也。

　　子房辟谷，与酂侯田宅自污同意，原非耽慕玄虚者。是以吕后强之，而复食也。招四皓一段淋漓生动，千古而下，可悲可涕！

　　陈平乃见几远害之士。项羽欲诛之，走归汉；舟人欲杀之，裸而免；高帝欲斩樊哙，因而致之，竟免哙；吕后欲王诸吕，则顺而从之，以免祸；吕媭谮之，则日饮酒戏妇人，以安其身。彼其去就若反掌，趋时若转圜，身名俱全，忌害不入，真一代之谋臣矣。司马迁论平，谓本黄帝、老子之术，亦是洞微之识也。

　　　　粟山按：曲逆一生所为，实未离战国说士习气，终非纯臣。

　　绛侯椎鲁，持重少文，为将力战先登，固豪杰之概也。其微时乃织簿吹箫以糊口，斯固纤儿浪子之所习，英雄困顿中，姑效为之，使人感慨出涕。

　　平阳、绛侯二人，皆力战破敌以见功，传中力叙之，总束以禽馘、攻略、克获之数，二传仿佛同也。

　　　　粟山按：此亦微文示讥。

　　亚夫守节不夺，有大臣之风。惜不遇高帝、文帝英明之主耳。乃死于困辱，惜哉！细柳劳军事读之，万古凛凛有生气。文帝真英主矣！

　　梁孝王[①]传上废栗太子，窦太后心欲以孝王为嗣，大臣及袁盎等有所关说，窦太后义格，亦遂不复言。如淳注"枝阁不得下"，张晏云"整也"，苏林训"格"为"阁"，皆于"义格"旨不明。夫格者，止也。太后屈于太臣之陈义而止，本自明白，乃抵梧若此。

---

　　① "梁孝王"原作"乐孝王"，据《史记》卷五十八《梁孝王世家》改。

褚先生补田俶治梁狱一段，视《汉书》为尤详，宜作注本文下。

中山靖王胜好内，有子支属百二十人。明庆成王百子，在古已有之。

褚氏补《三王世家》，自去病之奏与答诏，凡一再重述，似今文移案牍之体，于古文史体甚乖直，宜删之。

本纪、世家、列传其例异，其实同也。帝称纪，侯王称世家，卿大夫、士称传。子长列传首伯夷自有意，但其传终篇反覆，自成议论，略涉伯夷，此名《伯夷论》可耳，以为传，不伦也。

唐人升老子为列传首，大可笑。在史，前后有何高下？乃取古人所作，移其序次，则史迁书中其宜改者甚多矣。老庄方外，乃冠史传之首邪？唐人诞妄不耻若此。

《管晏列传》不传二子相业大纲，夷吾止载管、叔之交，平仲仅列越石之知，寥寥数行。其为论，则云纪其轶事。夫史者，所以昭万世、垂后业，仅书轶事，何也？然则此书乃子长孤愤自见之书耳，初无意为国史也。

太史公谓申韩之说皆原于《道德》，而老子为深远。此是绝顶识见，子瞻阐发入微。

《孙吴传》田忌与诸公子驰逐重射，马不甚相远，孙子谓忌曰："君第重射，臣能令君胜。"孙子教以三驷之法，忌一败而再胜，遂获千金。"君第重射"下索隐注："第，且也。重射，好射也。"太误。前"逐重射"下宜如此训，此直当训以"再射"，乃顺训作"好射"，何义邪？

《仲尼弟子列传》如子贡游说等，恐非实录。

吴起杀妻求将，母死不归，天资溪刻人也。当时人目之为贪，可谓刺心之论。盖起终身廉洁自守，目之为贪者，则以奔竞功名，不本人情,乃贪名之极者,卒有杀身之祸。以此等坚忍刻薄人作将相,何事不可为!

《战国策》苏秦归里一段,激昂感慨,似汉文最佳者。子长节录之,便觉平平无奇。

太史公《孟轲荀卿列传》中杂以淳于髡、慎到、三邹子之徒,直以说客目孟子也。非宋人表章,孟氏且泯泯百家中。

粟山按:尊孟子,自昌黎始。

孟尝君非好士,乃好名耳。鸡鸣狗盗之徒,无不收之,利其家以济私图,未尝有益于齐也。奸人轻侠之魁,尽归之。观其过赵,赵人聚而观之,以为薛公必魁然者,乃眇小丈夫耳。此亦欣喜惊异之辞,何至使客击杀数百人,灭其一邑。田文之残如此,宜乎冯驩焚券,不能首肯也。

四君当以信陵为冠。信陵君为将,每战必却秦,其才已过人。交侯生、毛公、薛公,皆最有识,非泛然者。乃见疑于魏,饮酒近内以终,诚大智人也。

吕不韦祖黄歇,故智弋取权位。歇既灭宗,不韦终亦不免。若不韦者,附秦纪可也,不必立传。

曹沫非刺客,乃知齐桓之不背盟,故劫以要之,列之刺客,舛矣!此为可去。专诸以后四人生气勃然,子长牢骚不平,尽吐于此,故文乃特妙!

蒯通、安期生皆以奇策于项羽与淮阴,羽欲用之,而皆不留。汉高欲诛通,而权说以免。二人者,岂非天下之奇士哉!后人皆列之神仙传中。夫士不奇,安能出世?留侯寻仓海君、赤松子,要皆非凡人也。

粟山按:仓海君、赤松子,皆亦无是公、乌有先生之类。

留侯假为名目以欺世，要非实有其人。史公即藉此作文章波
澜，不可被古人瞒过。

《张苍①传》略叙苍，忽插入周苛、周昌、任敖等，复归结于苍。
古无此体，本自一传，后人强分为数段，非也。

张苍、申屠嘉两丞相共一传，后人乃续以韦贤、魏相、邴吉、黄
霸、韦玄成、匡衡等，真可怪也。汉相亦不止此，宜删去。

《郦食其传》前已言之矣，复载陆贾、朱建。建事毕，重述郦生
谒陈留一段。前后不同，一事两载，岂后人附会增益耶？

娄敬所论皆关汉室大计，都关中，结和亲，使匈奴而知其诈。
徙豪族以实关辅，既弭其乱，复得其利。智略宏远，不在萧、曹、张、
陈诸谋臣下。

　　粟山按：汉徙豪族实关辅而兴，金徙黄龙诸部实汴梁而
亡，要在处置得宜耳。

叔孙通所定乃朝仪耳，鲁两生以为礼乐，真腐物也！叔孙谀于
秦而忠于汉，岂忠佞之顿殊哉！所遇之主异也。至其作原庙，尝樱
桃，终是巧于逢主。

季布、栾布传赞甚妙。季布髡钳为奴而不耻，以为贤者诚重其
死；栾布哭彭越，趣汤如归，彼诚知所处，不自重其死。一重一不
重，皆以为烈士，抑扬甚佳。

马邑之谋，汉廷失策甚矣。中国布大信于天下，堂堂天子令诈
降以诱虏，使计得行，不过斩首万级，无大损于单于，结怨既深，屈
又在我，岂安边之长计哉！苟令娄敬、季布当此，必能力折之，惜
乎！韩安国辈鹿鹿首鼠也。

---

① "张苍"原作"张仓"，据下文改。

扁鹊之术，近于神人，不能及；仓公之论，皆近代医流可及，文亦遂不能奇。

太史公《匈奴传》在卫、霍、公孙、主父之前，南越、东越、朝鲜、西南夷在《司马相如传》前，朝臣将相乃与外夷相错，可谓失伦矣。《南越传》赞论秃涩謇剥，且俳有声韵，非太史笔也。《朝鲜传》赞亦同。

《司马相如传》载《子虚》《上林》诸赋为长文作俑，自后班固效之，益复靡靡矣。

《循吏传》止列孙叔敖、子产、石奢、公仪休。古之循吏，岂止此数人。且叔敖、子产、公仪，又不止于循吏而已，可谓不伦。

宁成酷吏一见蹉跌，遁迹归里居，积致产千金，有陶朱之高，其知不可及矣。

《正义》曰《史记》补《景》《武纪》，《将相年表》《礼书》《乐书》《历》《律书》《三王世家》《蒯成侯》《日者》《龟策列传》，皆褚少孙笔；《日者》《龟策》言辞最鄙，非太史公意。

货殖、刺客、游侠三传，太史公最有意之文，一部《史记》颊上三毛也。此等于史全无关涉，而子长感慨作史之意，皆于无关涉处吐露发抒。《货殖传》驳杂离奇，无文法而有文法，真奇作也。

"无财作力，少有斗智，既饶争时"，乃是作家治生绝妙方，不意史迁能言之。

巴蜀多豪杰之士，始皇独封寡妇清而礼之。盖豪侠雄桀之士，猜主所深忌，独礼一富家媪为巴人表率，欲巴蜀之人皆务货财声色以自娱乐，人主可以无西顾之忧，此是秦帝深心机变处。

《太史公自叙》乃不佳。其叙一百二十纪传突兀无义，虽时见离奇，终非合作。

《汉书》

班固《汉书》丰缛密致、详略得宜，以较《史记》，极为精粹。然为《汉书》易，为《史记》难。《史记》变编年为纪传，古无此体，自迁创之。为纪，为世家，为传，以经之；为表，为书，以纬之。《汉书》综《史记》之成，补子长之缺，不能出范围。且后起者①易为功，持其短长，择其疵缪，此易易也。然班固之佳在于不别创条例，即就《史记》之体，以成一代之书。至于霍光等传，其奇伟不在史迁下。《史》《汉》，文章也。《史记》不全乎其为史，《汉书》则真史也，刻画纤悉，虽使丘明载笔，不能过之。

> 粟山按：子长《史记》以奇逸胜，孟坚《汉书》以宏瞻胜，诚一时劲敌。

《高帝纪》详于《史记》。《惠帝纪》略甚，其事皆备。《吕后纪》中。

吕后尊高帝兄武哀侯为武哀王、姊宣夫人为昭哀后。兄为王可也，姊之为后大不经，封宦者为列侯亦自吕后始也。

汉自约法三章，便以宽大开国，凡秦法车裂、腰斩等刑，尽废之。至后，黥、彭、淮阴等复有族诛之刑，非三章初意也。

景帝中元二年改"磔"曰"弃市"，勿复用，深合古五刑之意。

班固《武帝纪》赞深得史臣之体，武帝善政不绝书，而神仙、土木、穷兵、厚敛诸事胪列并见，全无贬辞，而隐约自见，真万世纪载

---

① "者"字原重。

之龟鉴也。

诸帝纪仿《左传》编年体，较《史记》为核，此例一定万世莫踰。

《诸侯王表》比《史记》益详而整，序亦雄杰可喜。

汉官秩尊者极于二千石，丞相止绿绶；御史大夫青绶；太尉不言印绶，后皆进为金章、紫绶；太守亦二千石，视内三公。是以古多廉吏也。

《人表》成于班昭之手，大无伦理，且以一妇人而欲表章千古人物，其志侈矣，识乃卑卑若此。且名为《汉书》，而泛及五帝三皇，何也？

《史记》好奇侈，异其文，魁玮幻怪，足悦视听，读之增人胆气，然诬妄寡识。孟坚学极博，笔极典，律历诸志无一篇不佳，真可鼓吹六经、羽翼百氏。

《礼乐志》沉博绝丽，部伍森严，较之《史记》，典核倍之。

《刑法志》前半多言用兵，似乎冗长，可稍节也。

《食货志》要归重农贵粟，真是有本之文，以视《货殖列传》，识力高百十倍。

《郊祀志》备述汉武、秦皇淫祀、求仙之幻妄，归本于匡衡、张敞、谷永之正论，抑扬有法，真布帛菽粟之文也。

《天文志》汉元年十月，五星聚东井。高允尝辨其非，盖夏至日在东井，水星常附日而行；十月日在氐房之间，水星安得在东井？刘敞以为当是七月聚东井，《汉书》之误也。刘之论似是而非，七月立秋日已在柳星之度，五星安得皆在井乎？

《天文志》前列星占皆出《天官书》，后载占验，专纪汉代休咎，可为万世作史法。刘知幾以为志无汉事，何也？

《郊祀志》王莽配社以高后。莽之所以媚元后，已萌乱汉之几矣。古未有以母后配享上帝者，即圣哲如庆都、姜嫄、有娀、简狄，亦且非礼。吕氏者，汉之罪人，几移刘氏之祚，配之郊坛，神且震怒，其又享之乎！卒之王氏篡汉，竟为产、禄之所不敢为，岂非妖孽先兆乎！

《地理志》全载《禹贡》，可谓痴重。条列既尽，后复总叙发论生波。班生才大，往往于此等益见余力，如淮阴之兵多多益善。

《沟洫志》与《河渠书》笔力相亚，括以贾让治河三策，大有本领。《艺文志》无所裁断，为诸志中最劣者矣。

《史记》项羽传奇绝千古，班生稍节略之，生韵飞动处视《史记》原本大不如。

武臣本庸才，用张耳、陈馀计据赵自王，赵人未尝服也。天下未定，乃令儿女子拥车骑豪游，倨见大将，卒为李良所袭杀，不亦宜乎！

张耳、陈馀以才器较之，馀不如耳多矣。馀之不能救钜鹿，耳未可深责之也。馀不能忍监门之笞，岂能犯必死以当章邯哉！耳之怨馀，过矣。迨耳从项羽定秦、王常山，馀乃袭常山取之。馀报之已甚，攘人之有，可谓不义，卒为韩信所击灭。馀可谓不知时势，身名俱败，自取灭亡。班固目二人为势利之交，真是绝识！令天下香火弟兄、刎颈丈夫无复可以置喙。

六国之后总无一人，随人奕置如木偶耳，庶几田横尚有生气。周市不肯王魏，请立魏咎，使车五反，卒立咎。市可谓有烈丈夫之操。

田氏之王三齐真同奕置矣。始田儋称王，章邯击杀儋，儋弟荣立儋子市为齐王。齐王闻儋败死，乃立田假为齐王。荣从项梁击走章邯，归，逐田假，假走楚。项羽既定三秦，怨荣不肯发兵助楚攻秦,乃徙市王即墨,别立齐将田都为齐王、田安为济北王。田市亡之即墨,荣追杀市,并击杀田安,而田都亡走楚,荣遂并王三齐。迨荣败走,齐人杀荣,荣弟横立荣子广为王。汉将韩信、曹参破齐,虏田广,而横自立为王,复为灌婴军击破,走从彭越。汉立韩信为齐王,而田横乃走海岛,汉高召之,横卒与五百人俱死,而田氏遂亡。

韩信以亡虏兵败降胡,其子颓当、孙婴归汉封侯,后益贵盛,公卿将相接踵。萧、曹、绛、灌有不如,大可异也。

韩信行师必出万全,觇广武之策不用,然后度井陉,不专以奇胜者。迨已破赵,下令毋杀广武君,必生得之者,予千金,大有豪杰识量。成安君空有时名,有李左车而不能用,禽于韩信,宜矣!班生谓馀称儒者,常号义兵,不用诈谋奇计。彼其袭攻常山,夺张耳之封,义声安在!要其所谓儒固非儒,而义亦非义,足己自用。良谋不行,身首离异,非不幸也。若而人者,虽为信所生得,必将缚而屠之,与豚犊等,盖馀固反覆好乱之魁耳。

《张良传》郦生欲立六国,后张良借箸筹之,有八不可。其六不可,总是一意,全撼《尚书》,迂钝可笑;末后二不可乃是正意,直须删去前六段文,文乃明皙。

汉诸将皆非项羽敌也,惟淮阴可当之。当羽之强,如彭越、黥布之勇,未尝敢一当羽,遇羽无不跳踉却走者。惜不令淮阴一当之,必有可观。信之战,未尝一败,盖必谋定而后战。羽之喑呜叱咤,信必有以制之,使羽之勇无所施。垓下之围,羽众以散,即绛、灌辈且能取之。子房以为汉王之将,惟信可属大事、当一面,真是具眼!

子房传较《史记》一无所增减。千古奇人,千古奇文,真不可赞一辞者。

汉功臣子弟皆庸才,惟绛侯乃有子。条侯有将相器识,然幸遇文帝,乃知之,以属景帝,卒平七国。文帝真圣主也!

郦生、陆生以游说立功致富贵,惟叔孙通则逢主之欲,巧取功名,为千古巧宦之祖。

蒯通天下辩士,与安期生为友,项羽终不能屈两人,可谓有识奇士与!伍被、江充、息夫躬倾危谗佞,乱人家国,卒以杀身。异矣!

司马迁善李陵,因陵得罪,故其传李广感慨广之不得封侯,而惜陵以无援。降虏非陵初意,班生悉因迁记,倘亦有过其情者。

《汉书》谓卫青之不败有天幸,又云去病出贵介,不知恤士卒,穿域踏鞠,后车弃粱肉。于二人皆有不满,恐非实录。夫二将所战皆绝域,青与士卒同甘苦,得士心,不斩苏建,知尊君之义。武刚车为营前战,乃有制之师。每出有功,岂皆天幸乎!去病知"匈奴未灭,何以家为",明先公后私之义,何至不恤士卒、暴弃狠戾乎?此亦本史迁之愤激,以右李氏也。

贾生《治安策》、董生《天人策》皆一代至文,乃因其言皆许为王佐,过矣。贾生才士,董生儒生;贾生明治体救时之良相也,董生《繁露》渐流谶纬矣。

《司马相如传》备载子虚大人诸赋,遂成二卷。班生遂为后世冗长者作俑。

公孙弘起布衣,数年至丞相,能开东阁礼贤士,真得相体。惜徒有好贤之名,未闻有一荐拔至卿相者,岂所见无一可用者邪!弘盖以此钓名,非真好贤也。

　　粟山按:弘乃奸佞之尤,于其倾汲黯,可知非真好贤者矣。

张、杜酷吏，其子安世、延年，皆以忠厚开家、庆流苗裔。鲧之生禹，自古有之，君子所以重干蛊也。仲弓父贱行恶，而子为贤者，人固不可限也。

《汉书》补传张骞与李广利同传，所以著汉武喜功好大之图也。

《陈汤传》叙其塞外行军曲折，深合左氏笔法，结以讼功诸疏，悲壮感慨，千古而下，使人扼腕。子长捉笔，无以过之。

班氏《王贡两龚鲍[1]传》前作一小引，以四皓、子真、君平为比拟此数人，为不伦文，亦不佳。盖孟坚长于典故，其凭虚发论便少笔力。王、贡、鲍宣人亦不同，王、贡虽称直言，言多含蓄，故能保福禄于庸昏之世；鲍宣、龚胜抗直不屈，风节凛凛。胜不臣莽，从容就死，为汉季一人；宣之死惜不扬眉吐气，而默默被收以尽也。

韦贤、韦玄成父子俱为丞相。贤碌碌未有建明，史谓玄成文采过父，持重守正不及焉。贤之持重守正，无一可见，何也？

太史公本纵横阖捭以立言，文笔特高，见理则悖。其叙高自标榜欲继六经，不自量矣。孟坚为之作传，略而叙之，可矣。乃亦备录如自叙，何耶？孟坚之尊迁，所以自为地也。

霍光轻立昌邑，乃其不学无术处，不如陈平、周勃多矣。昌邑之得全，乃张敞之一疏。张敞明于经，善能开悟英主，不至加刃故君，千古卓识，人所不及。

汉武功臣包括一《卜式传》，赞中可谓奇伟俊绝。

淮南王安《谏伐南越书》"舆轿"而踰岭。轿音旗庙反。竹，舆也，即今之肩舆。其字已见于《汉书》，久名曰"轿"矣，殆江南方言也。

---

① "鲍"后原衍"宣"字，据《汉书》卷七十二删。

公孙弘以盗贼多欲禁民挟弓矢，吾丘寿王难之而后止。平津鄙儒不知大略，亦犹今之惩响马而禁民间之畜马，畏海寇而禁民舟之下海，卒令劫贼愈多而民无以御，海寇益横而戈船、下濑无人更习海也，何异助寇攻民乎？

王褒《贤臣颂》尚有讽讥之体，宣帝谓文辞贤于倡优、博弈，实为至言。后太子体不安，诏使褒等皆之太子宫，朝夕诵读奇文及所造作以娱太子，疾平乃已。大子喜褒所为《甘泉》《洞箫颂》，令后宫贵人左右皆诵读，真可代枚生《七发》也。

粟山按：韵事佳话，唐人曾以此命题试士。

朱云折槛为名高，终能屏居不仕，丞相薛宣欲留之，不可得，可谓高蹈矣。

《史记》妙于顿挫激昂，《汉书》妙于委曲详瞻，如霍光、赵充国等传繁琐细碎，乃一一条列整齐，点缀生动，于《史记》觉另开生面，岂非化工之笔乎？

今人以谄媚取容为佞，圣人则以强辩口给为佞，而曰"屡憎于人"。夫以取憎为佞，而其佞也巧矣，特此以论。汉季孔光、张禹阿谀保位，其佞人所共知。朱博之佞傅太后，杜钦、谷永之佞元皇后，则以犯颜极谏、博击弹劾为佞，而其为佞也，宁得罪于天子，不敢得罪于贵戚，外有直言敢谏之名，而中藏拥戴比傅之实，真奸人之尤，儒者之贼也。班固描写逼真，洞垣照胆之识，子长便无此见解。

杨仆、杜延年皆无一酷烈实迹，概之酷吏，何哉？

《佞幸传》自邓通始以士人而为佞幸，不亦羞朝廷，而辱当世之士哉！韩嫣、李延年、石显、淳于长、董贤辈或出于王孙，或生于戚里、伶人、宦官之徒，又何责焉？孔光一代儒宗圣人之后，身为丞相，乃拜谒、却迎董贤，不敢当钧敌礼，此则佞人之尤矣。

　　傅太后因子为帝，至耦太皇太后尊称，立庙于汉大宗之制，为失礼之大者。王莽当国，乃发冢取太后印绶，开棺臭达数十里。丁姬之棺火起隧中，延烧器物，异矣！傅太后以当熊之眷，以妒修隙，杀冯倢伃于国邸，何异吕后人彘之虐乎！悖恶不道，天乃假王莽报之，然损于汉德不已多乎！元后之立，汉室之所以兴亡也。苟使元后早世，则丁、傅之时，其夷灭王氏也久矣。丁、傅虽骄贵，未至若莽之篡夺，祸福岂有定哉！

　　粟山按：此亦难必。

　　汉之儒者拘于文义训诂，毫不知经之大义。故于武帝之封禅也，则引经传附会之；于王莽之居摄也，又假经传作符命以劝进之。其所以乱天下、移国祚者，皆孔光、杜钦、谷永、扬雄①、刘歆辈积渐导谀成之也。汉季儒者惟龚胜一人而已。

　　粟山按：此辈皆金壬之尤，目为儒者拘于文义，误矣。

---

　　①　“扬雄”原作“杨雄”，据《汉书》卷八十七《扬雄传》改。

《后汉书》

宋秘书丞余靖上言,汉明帝诏班固、陈宗、尹敏、孟冀作《世祖本纪》及建武功臣传,后刘珍、李充作建武以后至永初间纪传,又令伏无忌、黄景作诸王、世子、恩泽侯并单于、西羌、《地理志》,又边韶、崔实、朱穆、曹寿作皇后外戚传、《百官表》及顺帝功臣传,成一百四十篇,曰《汉纪》。马日磾、蔡邕、杨剧、卢植续为《东观汉纪》。吴武陵太守谢丞作《汉书》百三十篇卷。晋散骑常侍薛莹作《后汉纪》百卷。秘书丞司马彪取众书,首光武至孝献,作《续汉书》。散骑常侍华峤删《东观纪》为《汉后书》九十七篇。祠部郎谢沈作《后汉书》一百二十二卷,秘书监袁山松作一百卷。宋宣城太守范晔,集诸家作十纪、十志、八十列传,凡百篇。十志未成,范被诛。至梁,剌令刘昭补成之。唐章怀太子贤招当时学者张太安等同注,书成,上,诏附秘阁。

蔚宗自序谓班氏任情无例,惟志可推;博瞻可不及之,整理未必愧也;吾杂传论,皆有精思深旨;至于《循吏》以下及六夷诸序论,笔势纵放,实天下之奇作,其中合者,往往不愧《过秦论》。比方班氏,非但不愧之而已。又谓其赞自是吾文杰思,殆无一字空设,奇变不穷;纪、传举其大略耳,诸细意甚多;自古体大而思精,未有此也。其标榜如此,殊不自量。刘昭谓其思杂风尘,心挠成败;又谓其辞缛润婉瞻,序例所论,备精予夺。诚为笃论!

英雄豪杰,必有非常之论,如沛公、项羽慷慨大言,便露本色。光武踪迹尤奇,不可测量,力田勤稼,诣学受书,大似田舍翁、村学究,宜为伯升所轻。绛衣大冠,何异黄巾赤眉之迹! 身自骑牛,杀新野尉始有马,如此军容,那能不令子弟怖而自匿! 纪中点缀,妙绝形容,以见真人崛兴,总非恒理可料也。

光武起兵,大败于甄阜、梁丘赐。整兵复战,破,斩阜、赐。败而不挫,便见雄略。

王莽兵围昆阳,驱虎、豹、犀、象以助威。此是泥古黄帝伐蚩尤,雕、鹖、鹰、鹯为旗志,虎、豹、犀、象为兵陈也。此等幻妄之言,莽信之,以为衒耀,天下败亡,宜矣。

粟山按:王莽事事仿古,已为安石作俑。

光武不为伯升服丧,饮食言笑如平常,不与司徒官属深言,引过自谢,深沉机略,包举更始君臣百千辈。

粟山按:光武枕席间时有泪痕,尤见至性。

光武为更始司隶校尉,复汉官威仪,所至延见长吏,下至佐史,考察黜陟,如州牧行部事,除莽苛政。帝王而能身兼将相,沛公所不及。沛公无萧何诸人,便不成纪纲。光武精察,事事能亲裁,其材过人远矣。

光武称尊号,创自马武,成于耿纯,名正言顺,无可复憾。惟援引图谶,为千古所嗤。光武略受《尚书》,终是于学未优耳。

粟山按:光武诸事,突过高祖。惟信图谶、废郭后两事,为益白璧之瑕。

光武始奉更始,如沛公之义帝。废为淮阳王,势不得不然。下令禁害更始者,避杀主之恶也。天乃假手赤眉,为帝除驱,岂非善成光武!

光武破五校于羛阳。羛音许宜反,即戏阳也。

光武幸春陵,闻宗室诸母言笑,曰:"吾治天下,亦欲以柔道行之。"南顿父老请复十年，帝曰："天下重器，日复一日，常恐不任，安敢远期十年乎？"吏人言："陛下实惜之，何言谦也？"帝大笑，增复一岁。读此，光霁霭然。视高帝大风猛士，慷慨伤怀，醇疵何啻千里！

王莽好夸大，至改匈奴为恭奴。建武之际，鄯善、车师王十六国遣子入侍，请都护。帝以中国初定，未遑外事，还其侍子，谢而不居，真能长驾远驭。

《光武本纪》末综帝梗概，意以足。乃更申论，无一别旨，止述术士怪异之言，何其拖沓！赞尤蛇足。

汉室诸王墓皆曰陵，如东平王陵、东海恭王陵是也。

宣帝令诸儒讲五经异同于石渠阁，命萧望之等平其奏，帝亲临决焉。章帝亦令诸儒讲五经同异，乃作《白虎通》，胜事一辙。

章帝元和二年，诏产子者勿算三岁，怀妊者赐胎养谷三斛，复其夫一岁，着为令。千古仁政也！章帝尽孝母后，一反明帝苛切，制作礼乐，儒术优于文景，惜乎不永。和帝幼冲，母后称制，自此政在外戚，以至于亡，此东汉兴衰之机也。安帝为和帝后，乃追尊清河孝王曰"孝德皇"、皇妣左氏曰"孝德皇后"、孝德元妃为"甘陵大贵人"。尊称皆无义据，有定陶恭皇例，何不相仿也？

顺帝时，望都、蒲阴狼杀女子九十七人。注谓不祠北岳所致。此岂召灾、弭灾之本耶？《五行志》复书狼杀童儿九十七人。一书而所纪矛盾如此。

桓帝时，屡遣中常侍祠老子于苦县，此便为风角、黄巾作俑。

蔚宗比桓帝于幽、厉，太过。桓帝信恃宦官，太阿旁落，周赧之流，不至如厉之虐。

洛下闳《太初历》冬至日在牵牛初，章帝时距太初百余年，冬至日在斗二十一度。颛顼、黄帝、夏、殷历，冬至日在建星，建星斗也。

石氏《星经》亦然。《太初历》校之，差五度。章帝知其疏，令中郎将贾逵等考之。甘露中，中丞耿寿昌造黄道铜仪。永平中，太史待诏张隆造《四分历》，亦复多失。熹平中，治历郎梁国宗整上九道旧术，令太子舍人冯恂增损之，以考弦望，差近犹复先后天十余度。杜预谓刘子骏《三统历》最为疏略，因为《历论》；咸宁中，李修、夏显依论为术，名《乾度历》，校《四分历》为优；并考古今十历，以验《春秋》，知《三统》最疏也。

蔚宗论历，黄帝造历，元年起辛卯，颛顼用乙卯。武帝《太初历》①元以丁丑。王莽时，刘歆《三统历》以庚戌为上元。章帝改《太初历》，用庚申，为《四分历》。历之兴废以疏密，固不在元。光和中，议郎蔡邕、郎中刘洪补续《律历志》云。按：何承天纪谓元和中，谷城门候刘洪悟《四分》于天疏阔，造《乾象法》，又制《疾徐历》以步月行，于《太初》《四分》转精密矣。蔚宗不载其法，又以刘洪为郎中，何耶？

光武立四亲庙，曰皇考、皇祖考、皇曾祖考、皇高祖考。庙名正礼合明，初为德懿僖熙淳。强立谥号，非也。

左氏多载梓慎、裨灶诸人言论者，谓失之诬。《天文志》事事分配，强加论缀，《晋书》效之，抑为鄙矣。

桓帝时，童谣"游平卖印自有平，不辟贤豪及大姓"。窦客诙游平，造为歌谣耳，岂是诗妖！初平元年，霸桥灾后三年，董卓诛，附会无义。

剡令刘昭于《历律志》则右蔡邕。《五行志》野王龙死，占魏文代汉之诬，大有识力。

章帝元和元年八月晦，日食，史官不见，他官见以闻。当时不闻有昏迷天象之罚。此后安帝至灵帝，日食者十五，皆史官不见，郡国以闻。习为故，然并不书，史官不见矣。献帝之时，日食凡九，并不书所食之次。史官之失职久矣，安得不亡！

《郡国志》吴郡海盐县注：县之故治，顺帝时陷为湖，今谓当湖。即今之平湖，乃古海盐邑治也。今海盐邑治，古之马嗥城也。

郡国有铁者必书。想汉重盐铁之官耶？然盐、茶物产皆不书，独书铁，何也？

鱼复在春秋为鱼人，在周初为庸国。

汉官丞相、九卿及外太守，皆二千石。东汉无丞相，有三公，与列卿、牧守皆二千石。及核其实，三公月俸三百五十斛，则岁禄二千一百石也。中二千石，月俸百八十斛，则岁禄一千六十石也。二千石，月俸百二十斛，则岁禄七百石也。视前汉之禄以薄，且既名二千石，而减之至半。又皆半钱、半谷，名实不相副。

舆服制：乘舆，樠文画辀，羽盖华蚤。樠无音训，考韵书与虚同字，汇作樠。注：与虡同，钟磬枸樠也，车饰为枸樠之形耳。华蚤不言何状。又大行丧车驾六布施马。布施马者，白骆马也，黑药灼其身为虎文。既下梓宫，马斥卖。此等马，谁当乘之？又车上轭皆有吉阳筩，注亦不言何义。

秦灭礼乐，郊祀之服皆用袀玄。东汉郊祀衣祭服，百官不执事，各服常冠袀玄以从独断。袀，绀缯也。《吴都赋》袀，皂服也。

王莽作刚卯。东汉《舆服志》诸王公以下，皆刻玉佩之文，有六十六字，尚仍莽制耶？

光武兄弟借新市、平林、下江诸盗以起兵，其中并无奇士。既破卑赐、寻邑，兵威已立，并无一篇声罪致讨之文。隗嚣起兵，讨莽文却磊落可诵。嚣客方望劝无应更始召，嚣不听，投书辞去，请访异人于龙池之山，岂非子房流亚耶？嚣遁归天水，望不复再至，尤为奇特，高陇西豪俊十倍矣！

嚣起兵以汉为名，盟誓不背汉。汉已光复，负固不下，不自相戾耶？蔚宗论嚣能得士死，若乘时际会，足为西伯，不可以成败论之。晔之不驯，于斯可见。

公孙称帝，西州志士刎死相继，人心不附可知。积甲储备，思争衡于天下，乃造十层帛兰船，以帛饰兰槛，何用耶？多刻天下牧守印章，器小易盈，非大略之士。范晔谓其审废兴，异于泥首衔璧者流。崇长僭乱，跃冶不祥。如此立言，宜其身灭族破。

高密为元功之首，只是识度悠远，礼贤下士，伐罪吊民，有良相之器。披坚执锐，用变出奇，非其所长也。寇恂文武兼资，知勇足备，发策如蓍蔡，无不中节，经明行修，可将可相。冯异有功不伐，行师有纪，善保功名，寇、邓之流也。朱祐为将，尚儒术，将兵多受降，克定城邑不以首级为功，禁士卒卤略，有将相大度，高密、胶东之亚矣。又建言人臣不宜封王爵，改诸王为侯；三公并去大名，以法经典。帝皆从之，有学有识，真足贵尚。

《吴汉传》论"昔陈平智有余以见疑，周勃质朴忠而见信。夫仁义不足以相怀，则智者以有余为疑，朴者以不足取信矣"。真是妙论！

曹参、周勃、樊哙诸传笔简而有法，各为一样。蔚宗岑彭、贾复等传平铺直叙，笔墨太繁，无飞动之致，视班生太弗如。蔚宗谓窦宪燕然之功过卫、霍，世无称述之者，以末路不终也，其见甚谬。卫、霍功名虽盛，青能贤长，揖之汲黯；去病辞赐第，不为家，有大臣之度。不第知兵而已，史迁犹以不败天幸轻之。宪非有雄才大略，因单于之弱，邀功塞外以赎死。以太后之弟，强兵猛将皆隶其幕，幸而成功。观其夺沁水公主田园，刺杀都乡侯畅，尚书仆射郅寿、乐恢并以忤意自杀，朝臣震慑，此岂善居功名者哉！身名俱丧，宜也。

《王良传》论鲁人美季文、汲黯讥公孙，事实未殊而口舌刡议，将体之与利之异乎？宣秉、王良行过乎俭，然当世资其清，人君高其节，岂非以诚哉！语曰："同言而信，则信在言前；同令而行，则诚在令外。"不其然乎！蔚宗每取前人相形，发论大有佳思，惜比偶俳俪，不若马、班雄健也。

《冯衍传》连缀二卷，冗长无法，此乃班固作俑也。班固于杨雄、司马相如等传缀集词赋全文，后益滥觞矣。

王莽专政，禁隔平帝外家，申屠刚上书，援霍氏为戒，可谓敢言。又复说隗嚣、谏光武，真不愧乃祖家风。

光武拜鲍昱为司隶校尉，使封故降檄。复遣小黄门问昱有所怪否？对曰："故事通官文书不著姓，又当使司徒露布，怪使司隶下书而著姓也。"帝报曰："吾令①天下知忠臣之子复为司隶也。"帝真得劝忠之法。然于鲍永，罢遣兵众，幅巾上谒。奉使拜更始、苟谏墓，犹不平之。非张湛之言，永几得罪，伉直之难容如此。永、父宣、子昱三世，皆以忠直闻。永有权略，父、子皆不及之。

汝南椽郑敬与郅恽为友，恐恽以直罹害，招之同隐弋阳山中。恽辞而出，敬隐处峨陂。与同郡邓敬折芰为坐，以荷荐肉，瓠瓢盛酒，言谈弥日，蓬庐荜门，琴书自娱，读之神往。郅恽伉直，乃于郭后之废、东海王之危疑，婉言曲谏，卒全父子、夫妇、兄弟之伦。恽

---

① "令"字原重。

盖能学问者。子郅寿亦伉直敢言，窦宪陷之，论徙，自杀，不愧乃父。

苏竟、杨厚、郎𫖮、襄楷等，皆援引图谶，考论占验，虽意在规切，然事同巫卜，附之《天文》《五行》志中可也。

《廉范传》称范"世服其好义，然倚窦宪，以此为讥"。范冒死不惧，以立名节，在蜀数年，坐法免官，卒于家。则其不附宪可见。其所谓依倚或以故交，当时不谅云尔。

司隶李暠以旧隙，滥考苏谦，致死，僇尸，修怨。谦子不韦藏母山中，变名募客。暠为大司农，左校刍廥在寺北垣下，不韦与从兄弟潜入廥中，夜则凿地，昼则逃伏，经月达暠寝室床下。值暠在厕，杀其妾与小儿，留书而去。暠大惊，布棘于室，以板籍地，一夕九徙，出必壮士自卫。不韦知暠有备，乃驰魏郡，掘其父皁冢，断头，祭父墓，又标于市曰"李君迁父头"。暠匿不敢奏，退归里，私掩冢。捕不韦，不得，呕血死。不韦遇赦还家，乃始改葬，行丧。士大夫多讥不韦贼枯骨，不合古义，惟任城何休方之伍员。郭林宗著论，以为贤于伍员。人始重之。郭有道，持论多恕，以不韦贤于伍员，恐亦未然。伍员僇君尸，以报父兄之怨，似属不经。然平王实杀奢、尚，其怨似若有归。暠父皁已先物故，非杀父之人，滥及枯骨，不又甚乎！林宗不权舆情实，而崇奖轻侠，其论似乎失中。不韦竟为段颎所杀，灭其门。太尉功名甚盛，所杀名贤甚多，亦死阳球之手，有天道焉。

赤眉，贼号也。光武遣将有赤眉将军，何也？

朱浮谏光武久吏治，崇宽大，三疏皆切时弊。然明于谏主，暗于自反，激变彭宠，陵轹同列，卒以单词赐死，岂非阴刻所致乎！

邓太后贪立孩抱，舍王子胜而立殇帝，以胜为平原王。及殇帝崩,太后以前却舍平原,立安帝。司空周章谋诛骘,立平原,废太后及帝,事败自杀。蔚宗深论其非,乃身谋乱逆被诛,何也?

梁冀凶祸皆责备于梁商,探本之论也。

郑兴上书光武,谓顷年日食,每多在晦。先时而合,皆月行疾也。日君象,月臣象,君亢急则臣下迫促,故行疾也。此以讽谏则可,若谓日食宜在朔而反在晦为月行之疾,此乃大谬。盖历法之差耳,宜改正历法。

贾逵、郑玄一代儒宗,左氏之学几立几废,遂援图谶以争,乃胜之。《左氏》及《尚书》《穀梁》《毛诗》之行,皆逵之功,然以诡遇获行。蔚宗之讥,可谓卓见。

张楷儒者,乃好道术,作五里雾,为贼引,几杀身。孔子所谓攻乎异端,非耶?

司徒张遇征凉州贼,张玄被褐带索,要说遇,请因群公中贵人祖钱即平乐观,执奄人诛之,还兵都亭,以次剪除中官,贼当不战而解。遇不能用,逃去,隐鲁阳山中。元可谓奇士矣!

粟山按:元言断不可用,徒生厉阶耳。

丁鸿阳狂,不袭父封,思以让弟。友鲍恢责之,感悟涕泣就国。蔚宗泰伯、伯夷、叔齐无心有让名,斯为德之仁。邓彪、刘恺让弟取义,使弟受非服而己厚其名,于义不已薄乎!丁鸿悟而从义,异乎数子徇名者。其论达微。鸿于白虎观与楼望、成封、桓郁、贾逵等论五经同异,鸿论难最明,诸儒称之。

班固《典引》谓《封禅》靡而不典,《美新》典而不实。夫扬雄《美新》谀莽,赞颂篡逆,乃犹引之为比,文人无识如此,宜乎嗣宗作九锡文,昭明载之文选也。

《汉官仪》尚书郎伯使二人,女侍使二人,皆选端正者。伯使从至正车门还,女侍史洁被服,执香炉烧熏,从入台中,给使护衣服。郎官乃有女使从入台,可谓旷典。

　　粟山按:此王道,本人情也。三代下覯之者,罕矣。

　　朱穆《奏记梁冀》有"丁亥之岁,龙战之会"。明年,黄龙二见沛国。冀无学术,谓龙战之言应,遂悉用其言,举为侍御史。形容权贵不通文义,刻划如画。

　　朱穆父卒,穆与诸儒考依古义,谥曰贞宣先生。乃穆卒,蔡邕与门人共述体行,谥曰文忠先生。汉室私谥始此,荀爽非之。张璠论曰:谥者,上之所赠,非下之所造。颜、闵至德,不闻有谥。朱、蔡以衰世臧否不立,故私议之。

　　粟山按:荀爽非之,甚是。

　　《张禹传》民怀喜悦,怨德美好莫不自归焉。"怨德美好"不成句。

　　班定远立功西域,七十上书祈归。班昭复为上书,始得召还。八月期见,九月物故,可为叹息。子勇威略亚父,真东汉英杰也。

　　河南吴雄家贫,葬母,择人所不封土。丧事趣办,不问时日。术者皆言当族灭,而雄不顾。子欣、孙恭三世为廷尉。下邳赵兴亦不恤忌讳,移穿改筑,故犯妖禁,而爵禄丰丰。子峻、孙安世三世贵盛。汝南陈伯敬矩步端坐,叱狗马,终不言死,行路闻凶,便留止。还犯归忌,寄宿邮亭。年老寖滞,不过孝廉,坐婿亡吏,太守杀之。可谓千古鉴戒。

　　《潜夫论》艰深奥涩,不若仲长统《昌言》之明畅。统欲复肉刑、井田,斛收一斗以富贵,此为救贫、弭乱之权。九非先王什一之制也,肉刑不可用久矣。奸伪之民即大辟多犯之,况肉刑之轻者乎!徒害无辜,误加良善。已残者不可复续,酷吏所利,非良民之福也。

王莽行井田而乱，统岂不闻耶？若谓商贾豪富之踰制，不若重逐末之赋，严踰制之罚，躬俭仆以先之稍，限田以制之自足，绝兼并而惩僭汰，疏民困而足国用，何必复不可行之法乎？

桥玄屈姜岐为功曹，令督邮逼之曰："岐若不至，趣嫁其母。"是何言与！太尉一时之杰，乃悖戾若此与！蔚宗论大佳，引曹操《祭太尉文》为结，波澜亦妙。

《马融传》独无赞，疑有脱误，监本亦然。

荀爽、陈实论其辞隐约，旨趣深永，然私臆揣之，荀氏有文。若陈氏有长文，为魏佐命，子弟居盛位，结交豪俊，善为父叔扬美藻饰，是以多原心之论，终不若叔度、子龙、康成、林宗辈超然不滓也。

张平子于《汉书·王莽传》，欲削其纪年，止载僭迹，纪年附于《元后传》，正论可垂。至谓更始之立，人无异议，光武曾为之将，宜立更始纪于光武之前，此乃好奇之过。更始之立，因新市、平林诸盗惮伯升威名，贪于立懦，何曾人无异议耶？及伯升被害，萧王见征，非耿弇、冯异诸人，光武一委兵权，束手就征，终为伯升之续。汉之为汉，未可知也。故夫更始既非功之首，几为罪之魁，其去盆子、子舆几何？欲冠东汉之首，可乎？若以光武曾为之将，则高帝曾北面义帝，将列义帝于《汉书》首乎？

张衡、蔡邕才器、博识相同。衡尤卓见，力辟谶纬，足破建武以来诬妄。又浮沉史官，积岁不迁，不以介意。中官见忌，诡对而出以免祸。其相河间，严整见礼。乞骸骨，考终污君之朝，可谓智已。伯喈畏卓而曳裾，因卓而见僇，明哲无闻，博物何益？王允滥刑妄杀良史，宜其凶终矣。伯喈之悼董卓，与栾布之哭彭越有异乎？曰：不同。彭越非有反状也，见猜于雄主骛后耳。布声义讼冤以折明主，身名俱泰，非不幸也。卓淫恶滔天，弑君废主，污辱宫帏，莽、操所不忍为,允以义兵之,社稷之福也。伯喈忘君父之大仇,怀征辟之小惠,名之曰佞,无乃非诬。收而黜之,可也。僇之,过矣。

李固、杜乔传激扬隐约,忠臣心事,委曲如见,慷慨有情。《范滂传》论悲壮感慨,可泣鬼神! 子伏其义而母劝其死,壮矣哉! 子曰:"道之将废也与,命也。"激昂三反三复不厌。

孔文举高才正气,见忌曹操。然其疏放已类晋人,观其禁酒之书,矩己之谴,虎贲之饮,已是俳调放达,无大臣之度。郗虑、路粹得引谲浪之言,附会成罪,祸及子女,不已酷乎!

栗山按:文举究系汉室忠臣,不得以疏放疵之。

吴佑拘孝子妻至狱,使有子而后行刑。仁人之心哉! 读之使人流涕。

荀文若为操谋臣,摧二袁,灭吕布,却刘表。操之伯业,或实成之。知操不臣,将有篡弑废置之事,自以家世忠义,恐为士所刺讥,小示同异。操弑伏后,或不即言,佯云已言。献纳女为后之谋,岂汉忠臣乎? 操奸雄之尤,知彧之计出其右,积不能容。彧引决以自全宗族,岂忠于汉而悖于操者哉! 特其荐引诸人,布列魏室,感恩怀德,曲为之原。蔚宗云"迹疑心一",谬哉! 与孔融同传,不瞑泉下矣。

《皇甫嵩传》:嵩少有文武志介。"介"字恐是"略"字之讹。"略"误为"畧","畧"又误为"介"耳。汉阳令阎忠说嵩因平黄巾兵力扫除宦官,因以代汉。此袁绍所以说何进,蒯通所以说韩信也。草莽之内,智者所见略同。嵩守经不移,屈身就征,以投虎口,与朱隽皆可称纯臣。

汉末群雄,三分之外,袁绍、袁术、吕布、公孙瓒、刘表、刘焉,当以袁绍为最,土地、甲兵之强,人才之众。次则刘表、刘焉,楚、蜀亦多才俊。绍骄而自矜,表暗而自守,焉治世文吏,皆无远图,卒以破灭。袁术之粗率,布、瓒之暴猛,不能用人,亦不能用于人,止足杀身耳。

刘宠盛德,乃二子皆庸劣。岱战死小寇,繇委弃方州,见轻豪杰,宜矣。

尹敏知谶图非圣人所作,乃增益其文曰:"君无口,为汉辅。"光武知其诈而不诛,盖徒取通博耳。其人之鄙,有玷儒林。

欧阳歙世传伏生《尚书》,位至司徒,坐汝南赃罪千余万下狱死。所学何事耶?

刘昆盛德长者,以反风灭火、虎子渡河为偶然,可谓不伐矣。教授弟子木瓠为俎,桑嵩为弓矢,行射礼于野,有司聚观,为莽所收。礼失求诸野,古亦有之。行于乱世,焉能无罪?恐亦当坐不学无术之病也。

《独行传》:雷义为守灌谒者。注:《汉官仪》:"谒者三十五人,以郎中秩满称给事,未满岁称灌谒者。"胡广云:"园陵,谒者灌桓,后遂称焉。"马融云:"灌者,习也。"应奉谓灌婴为大谒者,后人掌之,以姓灌章。诸家之训皆牵强,据《汉官仪》,谒者乃给事之初试者,给事掌唾壶、樽俎随御之物,则谒者之职同之。灌乃洒扫之义,必主灌器以洒涤,故名。

范丹清矫,慕梁伯鸾、闵仲叔,而鄙贾伟节、郭林宗。林宗为一时风流,向慕丹,独非之,可谓特立不倚。

向栩好读《老子》,被发,着绛绡头,不好语言,喜长笑。名弟子为"颜渊"、"子贡"、"季路"、"冉有"。或入市乞丐,或邀乞儿共宿。此乃异端妄人,何以举贤良方正!张角之乱,栩谓不须遣将,但诣河上北面诵《孝经》,贼自消灭。死于北寺狱,宜哉!

刘栩间关上计，沿路收给士大夫死丧者，车马衣资俱尽，乃饿死。可谓好名之过。

　　粟山按：以死易名，即此一念，已为古今所难。

《方术传》有日者、挺专、须臾、孤虚之术。注云武王有《须臾》一卷，言阴阳吉凶之成也；风后有《孤虚》二十卷，孤谓六甲孤辰，如甲子旬中，戌亥无干，是孤，对孤为虚也。"须臾"义今多不知之。

《杨由传》有风吹削①哺。哺音孚废反。注：古文借为"肺"字。削，札也。《风角书》"庶人之风扬尘转削"。然则削、哺是一物、是二物耶？据注，两字各一义，然则"风吹削哺"何义耶？意是割截猪肺，风吹飏去也。由占以为当有献木实者。顷之，五官掾②献橘。

樊英、杨厚论大有意，以为无用之用，虽处士或盗虚声，而朝廷不可废礼贤之典。其以激扬风俗，扶植人心，不为无补。若厌薄虚名，而取刻深刑名之士，未有不败者。大有卓见！

冷寿光、鲁女生、唐虞皆与华佗同时。寿光屈颈鸱息，华佗五禽之戏，其义同也，即今导引术耳。

文姬亏节偷生，不宜入《列女传》内，宜附伯喈传末。一则见伯喈至行而失身于卓，文姬多才而失身于胡，两两相形，是一篇绝妙可悲可感文字。

蔚宗谓《循吏》以下及六夷传序论笔势放纵，不愧《过秦论》。今观序论，往往有意。党人序最佳而亦近于俳，《逸民传》序亦佳，《东夷传》论大有见，其余仅铺缀，未见奇出。

---

①　削后原衍"脯"字。
②　"五官掾"原作"五官椽"，据《后汉书》卷八十二上《杨由传》改。

《三国志》

陈寿字承祚，巴西安汉人，少师谯周。父丧，使婢丸药，客见以为讥，坐是沉滞。张华爱其才，除著作佐郎。撰《三国志》六十五篇，时人称其"善叙事，有良史才"。夏侯湛时撰《魏书》，见之便焚己书。或曰，丁仪、丁廙有盛名于魏，寿谓其子"可觅千斛麦，为尊公作佳传"。丁不与，竟不为立传。寿父为马谡参军，亮诛谡，寿父亦坐髡，诸葛瞻尝轻寿。寿为亮传，谓亮将略非所长，无应敌之才，瞻惟工书，名过其实。议者以此少之。

三国史惟蜀为略，寿归咎亮不设史官。按：寿本传为观阁令史。观阁之官，即史官也。无史官，何以为有观阁令史？

粟山按：妙论，可谓以矛陷盾。

吴尝称臣于魏，亮每斥操为汉贼，魏人是以深抑蜀；吴中士大夫多臣于魏者，故吴为稍详。蜀相诸葛、蒋琬、费祎、董允子弟，皆无在显列者，蜀事缺如，宜矣。

读《史》《汉》，心开目明；读《三国志》，开卷使人愤闷欲绝。史迁于汉事，直书无隐；班生稍隐约，然褒贬不爽；至于《魏志》，全是粉饰，以誉奸雄。

曹操家世不详所出，吴人传之谓夏侯氏子，裴松之注：谓魏武于夏侯惇为从父。然惇子楙尚清河公主，则所云出自夏侯，亦妄言之耳。寿云未审所出为正。

裴松之扬抉异同，考折虚实，可谓承祚之扁鹊、三志之丘明。

桓帝时，黄星现楚、宋之分，辽东殷馗言五十岁后当有真人起梁、沛，其锋不可当。至是，操大破绍，遂无坚敌。

田畴导魏武出卢龙，经白檀、柳城，大破虏于白狼山，斩蹋顿及名王以下降者二十万口。时大寒且旱，军乏食断水，杀马数千为粮，凿地三十丈始得水，兵亦危矣。操厚赏前之谏征辽者，可谓老谋长算。

操自魏公、十郡、九锡之封，赤绂、远游冠，俨然帝制。又明年，进爵为王矣。又明年，命设天子旌旗，出入警跸矣；又命冕十有二旒矣，乘金根车，驾六马，设五时副车矣。篡形已成，犹复袭六经之文，陈三让之悃。观其为词，宣工命山甫、皋益让朱虎，不是过也。借六艺文奸言，君子所以痛恨，新莽之作俑也。曹操一代奸雄，亦何须此。此不过在廷诸臣争先逢长，又从为之词要，岂能掩万世之耳目哉！

伏后之弑，古今未有。寿之书法，强缀无义，一则云"伏后与父书"，再则云"辞甚丑恶"，三则云"发闻"，四则云"后废黜死"。君，父也；后，母也。母岂有罪之可坐？一可异也。明操之恶，忧帝之危，有何丑恶？二可异也。不曰事泄，而曰"发闻"，谁发之？谁闻之？三可异也。身实弑之，而曰"废黜"。君黜后，可也。臣岂可黜后邪？四可异也。

魏武奇才不世出，然无帝王之度者，以事事皆用机变也。其语袁绍："吾用天下之智力，以道御之，无不可者。"操岂有道者耶？欺人之言耳。唐太宗谓"一将之智有余，万乘之才不足"，许子将谓"乱世之奸雄"。诚哉，笃论矣！

《文帝纪》大将军夏侯惇薨，王素服幸邺城东门发丧。孙盛曰：在礼，天子哭同姓于宗庙之外。哭于城门，失其所也。是时汉献在御，遽责曹丕以天子之礼，不亦悖乎！

曹丕升坛受禅而曰："舜、禹之事，吾知之矣。"彼且谓重华、文命皆以经营得之也。且既袭虞夏之迹名，受汉帝之禅，乃封帝为山阳公，在昔舜、禹受终，岂尝削其帝号、退就诸侯之国哉？

粟山按：三代以下，王莽已居摄学周公，魏丕以禅让学舜、禹，借经训以文篡夺之迹。读之，曷深浩叹！

两汉诏诰，皆出诸帝亲裁，简易恺切，朗如日月。子桓诸诏，肤壳典谟，色取行违，令人愤懑。

粟山案：两汉诏诰忠厚质朴，有三代遗意，魏以后鲜及者。

魏明时有司奏：武皇拨乱反正，为魏太祖。文皇应天受命，为魏高祖。帝制作兴治，为魏烈祖。三祖之庙，万世不毁。其余四庙，亲尽迭毁。明帝于魏，顾命非人，使典午得以乘之，真亡国之始基也，恶得为不毁之祖？自古未有及身自尊称祖配天者，有司贡谀，庸主报可，不顾见嗤末世。贾谊于文帝时而曰："顾成之庙称为太宗。"在谊，导主于善，忠谠无讳；魏臣便欲勒为典制，厚颜何甚！

魏明诏：方丘配以舜妃伊氏，地郊配以武宣后。乃是效王莽以吕氏配郊坛也。《诗》《书》所载甚明，不此之效，而乱贼是宗，盖曹氏事事效莽也。

齐王芳时，西域①献火浣布，诏大将军、太尉临试以示百官。《尚书》云："不宝远物。"此何足贵而试之朝堂邪？魏文《典论》辨火浣之必无，刊石太学，与石经并垂。西域布至，于是刊灭，天下笑之。

---

① "西域"原作"西城"，据下文改。

鱼①现于武库屋上,此或水鸟所衔,人间往往有之,何足纪。

帝纪止载大纲,陈寿猥屑必书,如毌丘俭之表,刘整、郑像之词,靡不具载,污帝纪矣。此当详于本传,或附见于他传,始为得宜。

魏自文帝以后,青龙、黄龙屡见井中。原非佳兆,高贵乡公作《潜龙》诗以自讽,司马昭见而恶之。

高贵乡公髦博学善谈论,乃是书生耳。不知权略,死成济之刃,哀哉!公谓少康优于汉高,其志可嘉。少康遁迹民间,智深勇沉,始能克灭诸贼,祚夏配。天公何仓猝乎!

粟山案:公亦是鲁昭一流人物,然颇有英气。

成济之弑,直书"高贵乡公卒"。弑逆大恶也,即为晋曲讳,亦当微文存实,何抹搣乃尔耶?然则皇太后诏大将军奏归罪成济,坐以大逆,何说邪?且天子而曰"卒"无其例,晋臣何侫也。

甄后母薨,明帝为之服缌。《记》曰:"期之丧,达乎大夫。"况异姓之缌乎!魏既以帝制自居,行此非礼,何也?

董卓召袁绍议废立,诸传皆谓绍拒卓议而出奔。陈寿独谓诡对而出,松之之注尤明,寿于此大有斟酌。卓遣执金吾胡母班赍诏喻绍,绍乃囚诏使,其悖如此,已卜其无成矣。

田丰、沮授,北方豪杰,所佐非人,谋皆不用,一死绍手,一为绍死。死有轻于鸿毛者,此类是也。

乌丸触驱率诸郡背袁向曹,杀白马为盟,别驾韩珩慷慨不歃,一坐失色,触曰:"夫立大义,事之济否,不在一人,可卒珩志,以厉事君。"蛮貊之人尚知重义士,可慨也!

---

① "鱼"字原重。

术、绍自相攻，便是谭、尚相争之作俑。袁氏世德而昌，术、绍皆怀奸好乱，心不在汉，天夺其魄，使骨肉相夷以灭也。

粟山案①：袁氏四世三公，皆有名誉，至术、绍而灭其族，贻笑千古。怀奸之报，吁，可畏哉！

陈寿谓袁绍杀田丰，甚于项羽背亚父、丧其王业。夫以项羽之喑哑，虽用亚父，不足有天下。绍，汉臣也，其兴义兵，以匡汉为名，乃兄弟不仁，天下忠义孰肯归心？陈寿遽假以王业，悖矣！寿为魏、晋文过，引袁以分其责耳。《臧洪传》全载其书，无乃太繁。公孙度子曰康，父、子名若兄弟，古人不拘如此。公孙病阴消，为阉人，亦异疾矣。

黑山贼张燕，灵帝时拜平难中郎将。魏时率众诣邺，封安国亭侯，传及三世。作贼而侯，且世及，自古已有之。

张鲁守阳平，夏侯惇、许褚引军还，误入贼营，贼便退散。曹公已走，追而还之，幸而获定。汉贼得天幸如此，志云攻克，文之也。

荀彧、荀攸与贾诩同传，原非失伦。荀勖谓"魏文用贾诩作三公，孙权笑之"。裴松之以荀、贾同评，讥寿失伦。荀氏奕世公卿，子孙及门生故吏布列晋魏，曲说以文荀氏。贾诩姑臧疏远，后叶无闻，是以轻之。揆事度策，荀、贾何分；辅翼篡代，有何人品！乃故为轩轾，以为荀宜台司、贾愧公辅，非至公也。陈寿之评谅矣。

黄巾乱，管宁、邴原、王烈避地辽东。诸贤讲论经籍，归者成市，惟烈混于商贾，其识尤高。宁、原犹未韬迹，征辟踵至。根矩脂车，魏空，有愧皂帽多矣。

华歆与邴、管齐名，作魏佐命，以兵收伏，后助人弑逆，名士固

---

① "案"原作"掖"。

如此邪？传中多述其名德，大节已亏矣，夫何足取？王朗文士，既不知兵，与孙策战，可谓不智。兵败奔逃，又复诣策，为所诘责，腼颜不耻，名士之风扫地矣。

魏武篡弑之谋，实开于董昭。

张楚为陇西太守，以恩德为治。诸葛亮出陇右，楚据守全城，以功封侯。魏文特引召见，楚不学问，赞谒失仪，魏文笑而劳勉。楚好遨游，歌者、琵琶、筝、箫、挎蒱、投壶，出必自随。如此等人，治民有恩，临危能济，虽不学好游，何损？

魏武围邺，李孚为袁尚自平原传信达邺，直将三骑，斫问事杖三十枚，系马边，着平上帻。称都督，历北围，循表而东，而南，步步呵责，随轻重决罚。遂历魏武营前，径南过，西折，当章门，复收缚围者。开围，驰城下，缒而入城上。喜噪，称万岁。太祖闻之，笑曰："此非徒入也，方且复得出。"孚谓审配："城中谷少，不如驱出老弱，以省谷。"夜简别数千人，持白幡，三门并出降。人人持火，孚将所从着降人服，随出。守围闻城中悉降，火光照曜。但共观火，不复视围。孚遂从西北角突围去。太祖闻孚已出，抵掌笑曰："果如吾言。"孚胆识过人，惜不大用。

杨沛历守宰，无余财，占夕阳亭荒田二顷，起瓜牛庐，居止，妻子冻馁。沛病亡，无亲，故吏民为之殡葬。读此，令人叹息！

阮籍人以为旷达，魏文独以为至慎，每与言，止及玄远，未曾评时事。论人物，魏文可谓元识。

吕虔为襄阳校尉，部民炅母作乱，虔诱执杀之。考字书，炅音景，烟气也；又音桂，乃姓也。名姓俱奇，他书"毋"多误作"母"，非也。

《刘邵传》：建安中，太史上言："正旦当日食。"或谓宜废朝会。

邵谓荀彧："圣人垂制，不为变豫废朝礼，倘推术或谬，奈何？"彧敕
朝会如故，日亦不蚀。松之注：晋永和中，元旦日食，王彪之遗书
殷浩，谓刘劭所论之非，荀彧从之之失，宜依建元中故事，却元会，
浩从之。贻以为，邵言未尝非，史官推步积渐既差，岂可预废元会
乎！若太史得人，考验勿爽，罢朝宜也。若事在疑信，则元旦之礼，
救日之仪，是宜并陈。日食在朝会之前，并朝会能之；食在朝会之
后，毕朝会而罢燕享，修救日之仪，可也。姑日不食，行礼如常，严
太史之罚。劭之论原为太史失职而言非，谓日食可不废会也。王
彪之遗浩书，以日食为合朔，夫日与月会而成朔，合朔非即日食也。
晋人竟名日食为合朔，不明天象甚矣！

　　关侯围樊，孙权袭之，退走。诸将欲追之，赵俨谓："权非求效
者，不若存羽，以为权害，王必以此为深虑。"仁乃解严。魏武闻羽
走，果敕诸将勿追之。智者所见固同耳。

　　或问卢钦："徐邈当武帝时，人以为通；自凉州还京，人以为介，
何也？"钦曰："往者毛孝先、崔季珪贵①清素之士，皆变易车马为名
高，徐公不改其常，故人以为通。今靡奢相效，徐公雅尚自若，故前
日之通，乃今日之介也。"可谓妙论！

　　管辂聪悟绝世，不可以言传，不可以学得。惜作传者文笔不
遒，语多近俳，注中所引尤为俳劣，读之滋闷。

　　《东夷②传》：景初二年，封亲魏倭王，赐绛地交龙锦五匹、绛地
绉粟罽十张。松之注：地应作绨，传写之误。按书，绨乃厚缯，即
今之绫，所称实地绫机是也。自魏以后，称地久矣，如露地光明锦

①　"贵"原作"责"，据《三国志》卷二十七《魏书·徐邈传》改。
②　"东夷"原作"东胡"，据《三国志》卷三十《魏书·东夷传》改。

裁为负贩裤之类,非一,不必尽典。其云"地",乃锦之无文处,如山川之有平地,方言乃尔,非"绨"字之讹也。若以为误,则"绛地绉粟罽"毛褐之类,亦可云"绨"邪? 锦之名"地",亦犹被之名"池",意各有寓。

《东夷传》末附纪临儿国,在天竺城中,国王生浮屠。浮屠,太子也。今所称悉达是也。车离国,在天竺国东南,人民男女皆长一丈八尺,乘象、囊佗以战,岂长狄之种耶?

《三国》不称昭烈为汉,别称为蜀,所以尊魏以及晋也。自古纪载,僭王、伪国皆不没其国号、别改地名。《春秋》之书吴、楚、江、黄,《尚书》之纪微、卢、彭、濮,《南》《北》史之纪北朝,《十六国春秋》之纪五胡,皆因其称而别之。昭烈,汉室之裔,陈寿父母之邦,独削其名称,目为巴蜀,岂足传信来世、厌服后叶乎?

　　粟山案:即此一端,可见陈寿丧心病狂矣! 史才虽佳,何补人品?

先主①自阳平南度定军山,夏侯渊来争其地。命黄忠乘高鼓噪攻之,斩渊、郃、赵颙等。按:此战渊被杀,郃收其军退,此云并斩郃,误矣。

章武元年,立宗庙,祫祭高皇帝以下。松之注:出自孝景,世数难明,不知以何帝为元祖以立亲庙。恨载纪之缺。按:本纪已言祖雄,父弘,世佐州郡。雄举孝廉,官至范令。雄已为士大夫,岂有不知其高、曾者耶? 寿,蜀人也,令史已登仕版,岂有不知其君所立亲庙始于何帝邪? 且魏未尝无史官,操之自出止及曹腾,而莫知自出,独罪蜀之无史,何也?

_____

①　"先主"原作"先生",据《三国志》卷三十二《先主传》改。

魏、吴二国屡书祥瑞，黄龙、青龙、麒麟、白虎，不一而足。鼎分瓦裂，何瑞之多乎？惟先主终亮之世，无祥瑞之纪。惟亮既没，史官言景星见，改元景曜。君子以是知亮之秉国，官无献谀，君臣协德，不贵符瑞，卓然绝识！

先主颠沛中，而魏武云："天下英雄，惟使君与孤耳。"可谓具眼。先主当食，失箸也，知操忌之已深。

《先主纪》权进妹固好，先主至京见权。是时权都武昌，先主与会，当云"至武昌"可也，何得直名为京？此固《吴志》旧文之误矣。

陈寿谓先主机智、权略不逮魏武，是以基宇亦狭。夫魏武譬弈棋已得先着，令人无可下手，区区巴蜀成鼎足之势，亦可谓难矣！恶得狭之哉！

《后主纪》详亡国时之丑，舆榇、降书亦全载之，寿乃不为桑梓稍讳邪！

孔明一生功烈定于隆中数言，其心事见于《出师》二表。至其识力学问，备于《正议》一书，拒华歆、王朗、陈群削号称藩之议，揭日月而行，陈寿削之，为魏讳也。

诸葛算无遗策。一失于专任云长以进讨，知其护前而不虑后，无谋臣良将为之犄角，致亡荆州。再失于用马谡为先锋，丧师街亭，挫恢复之大计。人谋之不尽邪，抑天意也！

《蜀志》纪事太略，纪文太繁，如法孝直之上书刘璋，许文休之遗笺孟德，徒费纸笔耳。

费祎、蒋琬、董允皆治世之良材，非危邦之上佐。魏延猛烈刚果，寿亭之亚，武侯既没，必不能为姜维、王平下，负其材器，长驱不顾，必有临沮、秭归之失，速蜀之亡耳。延被诛，而蜀稍延，天也。

宗预，字德艳，何义也？此可以为妇人称耳。

裴松之谓：张昭劝权迎操为正。夫操乃汉贼，名为仗顺，心不在王室。若吴、蜀既宾，天下一统，曹氏之篡不在黄初之岁矣。鼎足之谋，各为其主，周瑜、鲁肃自是江东英雄。

鲁肃谓："汉室不可复兴，曹操不可卒除。惟有鼎足江东，以观天下之变。"大略与武侯同意。然其所谓鼎足者，已审与巴蜀为三耶？先主方狼狈失次，岂逆知其奄有巴蜀耶？将亦吴人之附会也。

粟山按：肃所论，与武侯隆中之对意见相同，自是英雄巨眼，不必拟也。

太史慈徇义解纷，有烈丈夫之风。远弃父母之邦，依栖江南，非其志也。孟德遗以当归而不之答。曹氏非汉纯臣，不能为之下。孙策慷慨，可与有功，为之宣力。观其临殁而叹："丈夫带七尺剑，不能升天子之阶，稍立功业，今何以死乎！"然则子义心存王室，亦未尝自谓孙氏之私臣也。

吴陆绩临卒自题曰："有汉志士吴郡陆绩。"郁林清操人所共知，而不知绩。不忘于汉，如靖节之自系于晋。孔明之外，一人而已。

粟山按：靖节不仕于宋，绩则仕吴矣。惜哉！

周鲂诱曹休七笺并载，无乃太冗。

吴以军旅多，故立厉禁以断奔丧，士大夫数有犯者，定为大辟，由是乃止。尔时土风犹厚，今何须厉禁、重辟，营营夺情，腼颜就列锦稻不疑矣。

陈寿谓蜀无史官，故独见略，安乐暗劣，亡国之状。亦稀吴多史臣矣。孙皓之暴，众恶皆归，史岂皆实录耶？

《晋书》

《晋书》七十卷，唐太宗御撰。作史大事非综核古今、博采同异不能成书。身为天子，欲与儒生争工拙，见猎生喜，无帝王大度矣。

《晋书》骈丽淫佚，以视两汉三国，何啻奴隶。

  粟山案：史有骈俪，自此始。

范晔《后汉书》、陈寿《三国志》，一则失之繁，一则失之略，然去《史》《汉》未远，犹称良史。《晋书》直以唐文之骈者作史断，千古史体之坏，实作俑于《晋书》。

《晋书》事寡于两汉，文繁过之，删芜练要，可省其文十之四。

晋之分崩离析不减春秋、战国，战争兴替，错乱无纲，令览者目眩，寻者丝棼。此时作史者须丘明之雄、子长之健，晋为之纲，群雄为之纬，然后条分缕析，指掌可胪也。《晋书》多载间文散语，既无雄伟之势，复寡飞动之姿，读之觉形神萧索。

《宣帝纪》既称仲达为帝，复称魏主为天子，一国二主，酷无鉴裁，宜称魏帝或魏某帝，以别之。

宣帝行诸葛垒，叹天下奇才，料其必死，宜急追之。乃经日始行，复令二千人着软材木屐前行，蒺藜悉着木屐，然后马步俱进，追至赤岸，始知亮死，何懦邪！仲达知亮兵行之坚，必有断后，追必无功，而不追无以解敌人之诮，故迟迟其行，以弭众口耳。

公孙渊称公孙文懿，刘渊称元海，石虎称季龙，皆举其字。渊、虎皆唐讳也。

辽东既克，立标以别新旧，杀男子十五以上七千人、伪公卿以下二千余人，何其酷邪！

仲达以久疾不任朝，请魏主每亲幸第，以咨决焉。又预为终制，作《顾命》三篇，不臣之形逸巡，已著狼顾之相，自非纯臣耳。

《宣帝纪》后论赞刻画入微，惜文俳而繁，冠以"制曰"，大属不经。制者以施于臣下，加于前代，义例安在！

《记》曰临文不讳，又曰为尊者讳、为亲者讳。臣子之于君父，不忍斥言其名，故云讳。若使晋臣作史称讳可也，以唐天子而作晋史，直云名某可也，《史》《汉》有其例矣，何乃过为卑谄，若曰讳邪？

　　粟山按：当是误承晋史旧文，而未加刊正耳。

古惟伊尹告太甲，曰《伊训》。自兹以降，未有臣下上书为训者。景王纪于高贵乡公之奏屡称为训，可谓取义不伦。晋臣自夸其主之词也，太宗何乃因之不改。

《文王纪》高贵乡公奏及太后令，皆简劲于陈寿。

晋武居丧，既葬，除服，深衣练冠，降服彻膳，哀敬如丧。有司奏进改服进膳，不许，礼终而服吉。太后之丧亦如之，可为百世帝王法。始罢吴、魏奔丧之禁，士卒非在疆场，皆得奔赴，可谓能锡类矣。

虏壬戌奚轲来降。"壬戌奚轲"对"戊巳校尉"。

晋武论深切著明，惜文太多耳。"全一人者德之轻，拯天下者功之重，弃一子者忍之小，安社稷者孝之大"，真名言也。

《惠帝纪》：贾后杀太后于金墉城。"杀"应作"弑"。

史臣赞拖沓不成章，亦无义例。

晋室之坏，因于守成非人。诸王弄兵，削弱帝室，戎狄以之生心，扑灭不早，遂成乱阶。怀、愍虽无失德，皆乏雄材，苟使辅弼得人，亦可驱策群力。在帝左右无一英豪，二胡之来如振槁，不亦悲哉！

王浚屡破贼，苟晞亦枭，果可用。二人皆非纯臣，然亦贼所畏忌，有功于晋，皆死石勒手，二帝之辱宜矣。

干宝之论仿佛《过秦》，于诸论为杰出，后段故实太多，似不成章，末简忽接以赞，疑有缺文，否则秃不能篇矣。

散骑常侍朱嵩、尚书郎顾球卒，元帝将为举哀，有司奏非例。帝遂举哀，此琅琊之所以能得士。

明帝单骑微行窥王敦营，可谓白龙鱼服，非万乘之略也。遗诏托辅内外诸臣，无惭末命。

穆帝时，峻阳、太阳二陵崩。明年，峻平、崇阳二陵崩。将天意邪，抑人工之不修也。古不修墓，于传有之，晋之臣子有惭德矣。

谢安谓简文惠帝之流，责备太过；康乐比之赧、献，可谓不逊。

诸王、太子宜在皇后列传之后，不宜与诸传错综。自《汉书》以下其舛相承，无人厘正，其体殊为未善。

天官书，《史》《汉》之论详矣，但纪本朝可也，似不必泛论古今，以费卷帙。然《史》《汉》天官、天文诸书文虽瑰奇，未见精妙，《晋书》浑天诸论洞元极微。

天文变异上及汉季、蜀、吴，所以续范晔、陈寿之缺。《地理志》自虞夏以及秦汉，泛滥踰数千言，何其辞费，视班、范尤为滥矣。

汉灵帝时，会稽刘洪谓《四分》疏阔，以斗分太多故也，更为《乾象历》。郑元受其法。魏黄初中，高堂隆更有改革，太史丞韩翊以《乾象》减分太过，后当先天，造《黄初历》，小益斗分。

太史令许芝谓刘洪月行术四十余年，后天一辰。东莱徐岳又于《乾象历》小加消息。刘蜀仍用《四分历》。吴中书令阚泽受乾象法于徐岳，又加解注。晋武泰始中，因魏《景初历》，改名《泰始历》。

以杨伟推五星尤疏阔,元帝渡江仍用乾象法。

武帝时,侍①中平原刘智以斗历改宪,名《正历》。当阳侯杜预注《春秋长历》,说述刘子骏之疏。咸宁中,善筭者李修、卜显依论,为《乾度历》,验之,殊胜《泰始历》。今考古今十历以验《春秋》,知《三统》之最疏也。《黄帝历》《颛顼历》《夏历》《殷历》《周历》《三统历》《乾象历》《泰始历》《乾度历》、今《长历》。穆帝时,著作郎王朔之造《通历》。后秦姚兴当孝武太元时,天水姜岌造《三纪甲子元历》。按:汉代已三改历,魏因《乾象》作《景初历》,晋之《泰始》因之,渡江以后,仍用《乾象历》云。

挚虞郊祀议,汉魏故事,明堂祀五帝。新礼,以五帝即上帝。除五帝,惟祀上帝。按仲尼称"郊祀后稷以配天,宗祀文王于明堂以配上帝"。《周礼》,祀天旅上帝,祀地旅四望。四望非地,则上帝非天,断可识矣。郊丘之事,扫地而祭,茧栗、陶匏,事反其始,故配以远祖。明堂之祭,备物成列,礼同人理,故配以近考。郊堂异体,质文殊趣。上古,生为明王,没配五行,故太昊、神农、少昊、颛顼、黄帝,此五帝者,配天之神,同兆四郊,报之明堂。祀天,大裘而冕,五帝亦如之。前代相因,莫之或废,晋初异议,惟祀天神。宜明堂郊祀五帝如旧议。此议简易明白,万世郊祀之准也。

《礼志》异同,颇有精义,惜断续零星,不能包举。视《史》《汉》之整齐雄阔,不如矣。

君臣之制,晋最近古。大臣宗戚之丧,朝会彻乐,有三代遗意。故于五胡之乱,士类相从渡江,复支百年也。

王昌、陈洗妻丧,纷如聚讼,干宝、张华、荀勖之论为正,王愆期

---

①　"侍"前原衍"平"字,参见《晋书》卷十八《律历下》。

之议尤确。

前汉《阿子》《团扇》《懊侬》诸歌皆无关于朝会，燕享何须列《乐志》。

惠帝时武库火，张华疑有乱，先固守，而后救火，是以累代宝器皆尽。张华可谓有大臣之守。

惠帝纳羊后将入宫，衣中忽有火，众咸怪之。后屡被废辱，人谓孽火之征。按：吾邑张黄门靖之《杂记》亦见衣中有火，星星而坠。黄门谓衣乃绫缯之属，莹之以油，积油生火，不足为怪。晋时武库火，亦必积油所生。羊后衣中之火，当必类此。然适当入宫之时见此，宜非吉征。

乌杖柱掖，稍施镦，住则植之。以为元帝建都江表之兆，何其诬也。

惠帝时，人始结发，既成，以缯急束其环，名曰缬子紒。永嘉时，妇人束发，弥绥，其紒之坚，不能自立，发被于额，目出而已。按：紒音既与结同，俗作髻，字书又作䯻，假髻也。即今妇人之髻子，晋时大夫亦束之，观图画古人，可见。

晋人屐齿皆达楄上，名曰露卯。太元中，忽不彻，名曰阴卯。议者谓卯，谋也，必有阴谋之祸。

吴孙休许，乌程人病困，而差，能以响言，言于此而闻于彼。声之所往，远至数十里。听之，其所不觉其声之大也。自远听之，如与对语，不觉其声之自远至也。其人亦不知所以然。邻人有责息于外，历年不还，乃假之使为责让，惧以祸福。负物者以为鬼神也，急以畀之。此乃《齐谐》志怪之类，何足纪耶？

愍帝时，新蔡吏任侨妻产二女，心腹相合，胸上脐下始分。内史吕会上言，连理、同颖，草木犹以为瑞。今二人同心，盖四海一心之瑞也。时人哂之。朝中有如此佞人,以妖为瑞,大臣不奏诛之,乌得不亡?

司马孚于晋受禅,欷歔流涕。于殁,自题"有魏贞士河内司马孚",何其与兄志趣各歧耶?

王浚兵威既立,渐次不臣,为石勒所卖而死,掩其大恶,否则称尊自立,必登叛乱之条,其死不可谓非幸也。石勒杀王衍、王浚,千古快事,非石勒有不能为。

刘实《崇让论》其意则美,其文褦襶宽疲,不须全载。

王浑攘功纷纭,传中微一点缀,末云浑所在著称,及登台辅,声望日减。其辞不尽,当以平子辈一时虚名。晋人多为之讳,太宗止因晋史旧文耳。

刘颂论疏皆切时弊,文则弱甚。

晋代实无人物。开国之初,羊祐、杜预、山涛等始为经济之才,张华、裴𬱟、乐广名重一时,不能保身,焉能安国? 王戎、王衍首唱风流,阮氏世负旷达,嵇康乃以杀身。晋之不竞,诸贤罪也。

谢鲲为谢氏风流之首,能匡谏王敦而不惧,庶有足称。

阮籍、嵇康等传,史臣总为之论,元言妙理,绮合而出,其体稍俳,其词太费,非史笔耳。

江统《徙戎论》、孙绰《谏迁都》,是晋治乱所关,不可以文字读。中坚、积弩、征房、扬威、镇军等,皆将军名号也。《赵王伦传》秀发兵拒战义师,诸将皆去将军名号,止书中坚、积弩等,恐不成文,以后皆然,此非体也。

西汉①八王,赵伦篡弑,河间不臣,皆为罪魁;东海、成都以义

① "西汉"当作"西晋"。

始，以乱终，功罪不足以相准；惟长沙有功无罪，横被诛夷，深足惜也。

解系、解结、缪播、缪允，皆以忠义殁身，乃与皇甫重、张方、李含、索綝凶狡叛逆同传，虽事存劝戒，而拟非其伦。

苟晞智计雄桀，一世之豪，屡奉密诏，致讨强藩，乃足已自矜。为石勒所执，不能慷慨效死，受署司马，月余被杀，不亦鄙哉？

陶侃一代伟人，徒以不受顾命，勤王观望不前，见讥当代。然其综核名实，纤悉不遗，矫一代清言无用之弊，遂为风流所嫉。天门八翼之梦，著其不臣，无乃非实录乎！以侃忠勇，谅不至此。又谓富过天府，侃竹头木屑，虽微必录，善于生聚，谨于节用，诚宜有之。富国强兵，真有用之材。以此为讥，宜颠沛不振。

顾荣诛陈敏以定江东，实渡江王业之本。

周、戴临难不避，无愧廊庙之望。刘、刁素负风裁，苟于弹刻，乃畏祸出奔，一终羯胡，一死窜迹，不能挺身徇国，真宵壬也。

桓振、桓谦已从逆，宜附《桓玄传》后。徐宁事已见《桓彝传》，乃诸桓既毕，又载徐宁，不其赘乎！详彝传中本事下，可也。

简文临崩，遗诏桓温依周公居摄，坦之入帝前。诏，帝命坦之别为之。坦之于此，可谓社稷臣。

郭璞、葛洪宜列之《方伎》或《文苑》中，不须特传。

殷浩尸棺、粪土之言，不若《世说》所纪为工。

顾悦之、蔡裔等，皆宜即事稍详其下，不必另举其名于传末。

东海王奕求令海盐、钱塘以水牛牵逮税作钱直，帝初从之，孔严谏，乃止。可为海盐故事，志所未载。

尝著论谓谢安胜王导。今观二人本传，导多暗劣，安无失策。安能以公诚服诸桓；导乃不平于庾亮，阴贼于周颙，刁、戴多所不和，其量去安远矣。导于敦、峻之乱，不能卫主匡国，隐忍苟容；安乃气凌宣武，谈笑服之，家国俱泰，岂导所能及耶？

粟山案：王导碌碌，首鼠而中多忮刻，不足与安并论。

许迈宜与郭璞、葛洪同传，附逸少传末，为赘人。知逸少书翰之妙，不知其有心经世，非徒文士也。兰亭之叙，誓墓之文，不须全载。此非文之绝佳者，以书传耳。太宗宝其书并载其文，失体要矣。

粟山按：右军人杰，惜名以书掩。

桓伊帝座筝歌，胡床弄笛，可谓风流调达，乃忠诚王室，经纬周详，千古人豪，当不多见。

刘遐之勇，北方拟之关、张。遐妻，邵续女也，骁果有父风。遐为石虎所围，妻单将数骑，拔遐出万众之中。田防为乱，遐妻止之，不从，乃密起火烧甲仗都尽。防等乃败，遐妻子乃得还朝。智勇俱备，乃出妇人，可谓奇杰。

习凿齿著《汉晋春秋》，以蜀继汉，以晋承之，削去魏统，以著篡代之实，谓晋承汉，非承魏。宋儒尊昭烈而黜曹丕，此论开乎凿齿，可谓万古卓识。以晋承汉，以一统言耳。丕、昭之迹，犹兄弟也。马之篡曹，适见报施之巧，稍快不平之人心，犹愈乎山阳之潜弋云尔。

康献皇后临朝，袁乔遗书褚裒，谓将军之于国，外姓之太上皇也，皇子近属有揖让之礼。故友之好，请于此辞。论者以为得体。如此议论，实开乱阶。太后垂帘，不过代冲主摄君事耳，岂谓女主即君乎！裒虽后父，亦人臣也。后虽裒女，既摄君位，不得因私戚而修敬于人臣。异姓太上皇之称，何其悖与！斯奸佞之尤，史反称之，宜唐室有武曌之祸也。北魏称太后父为太上君，彼胡人犹不忍以皇目后父,南朝可谓无人。

至德之人,每鲜权略。庾衮因张宏肆掠,率族姓保于禹山。百姓未知战守之事,咸推衮为主,衮乃誓曰:"无恃险,无怙乱,无暴邻,无抽屋,无樵采人所植。戮力同心,共恤危难。"于是峻险厄,杜谿径,修坞壁,树藩障,考功庸,计丈尺,均劳逸,通有无,完器备,量力任能,使邑推其长,里推其贤,而身率之。分数既明,号令不二,上下有礼,少长有序。贼至,衮乃勒部曲,整行伍,皆持满而勿发。贼挑战,宴然不动,且辞焉。贼服其慎而畏其整,乃退。如是者三。观衮所为,真有制之师、仁者之勇。谓三代以后之无人乎?

晋人尚老庄,儒术缺然。《儒林》一传苟备篇目,无灼然可垂者。其所列可分载《忠》《孝》、独行中,晋无儒也久矣。

《隐逸传》:夏统至洛水,贾充使作水戏。初作鲻鲈跃,后作鲋鲟引,风波震骇,云雾杳冥。又歌《慕》《河女》《小海唱》,大风应至,云雨响集,雷电昼冥,沙尘烟起。王公以下皆恐,止之,乃已。此乃仙释之流邪?恐亦有过其实者。

郭文隐余杭山中,王导迎之。随使至,置之西园。朝臣共观之,颓然箕踞,傍若无人。导集众宾,丝竹并奏,试使呼之。文瞪眸不转,跨跱华堂如行林野。坐者钩深味远之言,俱称未达来语。天机铿宏,莫有窥其藩者。杨轲常卧土室、土床,覆以布被,保寝无茵。颍川荀铺,好奇之士也,造而谈经,瞑目不答。铺发被,露其形,大笑之。轲颓然,无惊怒色。人未量其浅深也。此等人外耳目、遗形骸,万物不足入其胸,宁荣利足动哉!

《苏峻传》:峻既死,匡术举苑城降,韩晃、苏逸并力攻术。温峤等选锐攻贼营,峻子硕率骁勇进战,峤等于阵斩晃、硕等。奔张健于曲阿,扬烈将军王允之击健,大破之,健与马雄、韩晃等俱走,督护李闳追之，及于岩①山，健等不敢下山，惟晃带两步躯箭，据胡床，射伤甚众。箭尽，乃斩之。健等遂降，并枭其首。前已称临阵斩晃矣，又称晃走及苦战，然则有两晃耶？前云斩晃者当有误。

刘渊以下，诸纪名曰《载纪》，以别于传。夫载即纪也，其名无义例，宜名曰"外纪"。外夷而内夏，春秋之义也。外之者，夷之也。云纪者，著其不臣也，不亦善乎？

石羯为上党武乡羯，居北原山下，园中生人参，花叶甚茂，悉如人状。考《本草》，上党人参天下第一。则人参生于园中，何足异，乃纪之了。

苻洪自称大单于，乃改蒲为苻，以应草付之文。然则未改姓以前，宜尚称蒲洪。乃冉闵说石虎，遂称苻洪骁果，宜除之。何也？无乃非实耶？

姚泓薄汉文之短丧，欲追踪于三代。此诸夏之所难，而氏羌有之，可谓贤矣。卒以仁弱见僇于刘裕，为善而不蒙福，宜乎僭乱频仍。

五胡莫虐于石氏，勒、虎皆得保首领，假手冉闵，始屠石宗，可谓幸而得死。苻坚似有道，姚泓无失德，皆死仇敌之手，天道固无知耶？篡弑相因，乱臣贼子皆得籍口，徐偃、宋襄以肆其残酷，何所不极其至乎。

《载记》史臣诸论无不破的，惜其堆砌，比类不堪其多，诸篇一律毫无变化，有论而无文，有词而无笔，大可憎耳。

---

① "岩"字处底本作墨丁，据《晋书》卷一百《苏峻传》补。

茗香堂史论卷二

海盐彭孙贻羿仁氏著
同里朱葵之粟山校正

《宋书》

《宋书》七十卷,沈约《自序》云:宋著作郎何承天撰《宋书》,纪、传止于武帝,志惟《天文》《律历》,此外并委奉朝请山谦之。寻卒,仍使南台侍御史苏宝生续造元嘉诸名臣传。宝生被诛,大明中,命著作郎徐爰因何、苏所作,自义熙讫大明续成一史,其中臧质、鲁爽、王僧达诸传皆孝武所作。自永光至禅代,缺而不续。又事属当时,多非实录。今立新制,桓玄、谯纵、卢循、马、鲁之徒,身为晋贼非关后代。吴隐、谢混、郗僧施,义止前朝,不宜滥入宋典。刘毅、何无忌、魏咏之、檀凭之、孟昶、诸葛长民[①]志在兴复,情非造宋,今并刊除,归之晋籍。

帝纪前云讳某已足,其中凡言刘裕必缺其名,书一讳字,殊非史体。本朝之臣执笔,讳之可也。以后代秉笔之人修前朝之史,复何讳耶?

京口每称京城,义不明,直云京口城可耳,都城始可称京城。

---

① "诸葛长民"原作"诸葛长文",据《宋书》卷一百《自序》改。

粟山按：称京城，嫌于混。

高祖义兵至覆舟山东，使丐士张旗山上，为疑兵。以乞丐为兵，深得淮阴驱市人遗意。

徐道覆与卢循谋：刘毅兵盛，宜并力摧之。根本既定，不忧上面不平。"上面"字，今之俗语，岂宜入文章？隐侯云"取三易"故耶？毋乃太俚。

二刘既败，孟昶至仰药自裁。高祖谓，济则臣主同休，苟厄运必至，死卫社稷，横尸庙门，迄遂其许国之志，不能远窜求活。寄奴如此心胸，宜其每战必克。

南塘破贼，进高祖太尉、中书监、加黄钺。寄奴受黄钺，余固辞。夫太尉、中书监虽贵，不过人臣之极；黄钺则人君所御。辞人爵而受帝制，寄奴不学，不觉露觊觎神器之心。

于慕容、姚氏、北魏必曰"鲜卑"，氐、羌又必曰"伪某国"①。本朝之臣执笔，尊主卑敌，可也，施于前代与国，古无其例。

九锡等诏，一准曹丕、司马昭，殊可鄙笑。寄奴英雄遭此形势，岂肯终为人下，揖让在所必然。作史者举其大略，去此肤貌，可矣。何必袭数见不鲜之文污涂史册。

元凶弑逆，《文帝纪》止云上崩于含章殿，不言被弑，非《春秋》义。

文、武二帝纪论称元嘉之政，罪其蹙国败军。讥孝武竭民自养，纪中略，无指实，竟同射覆。帝纪虽综大纲，亦须稍载得失，今止书铨除、封拜、郊祀、出师诸条，毫无一言及于帝身。荆公谓《春秋》为"断烂朝报"，此等本纪实似之。

①　"国"字原衍。

宋八帝而四被弑。臣弑君、子弑父，千古之大恶，本纪皆迁就其词，岂足传信树戒？昔成济推刃高贵乡公，典午假手族诛，以掩大恶。子业见弑明帝，讨贼无闻；苍梧断元寿寂之，杨玉夫等及蒙弑君之赏。不亦灭伦悖经乎！

隐侯文笔繁富，纪事则萧索无致，论断较可，每恨其多。晋宋以后官阶繁复，诰敕具文，皆不宜全载。

子业之猜，苍梧之暴，则有之备。诸无道，众恶皆归，以誉兴者，非尽实录。

《子业纪》先书太皇太后令，虽仿《高贵乡公纪》，然太鹘突，后乃补列子业淫、酗秽德，先后无序，较霍光、昌邑王传大不如。

袁粲起义石头，不可曰"反"。

沈约《律历志》讥班固之妄，以荀勖为衷。勖谓杜夔所制律，吕长于古尺四分有余，故致失韵。著作郎刘恭积黍起度，以铸新律，既成，得古周玉律，比之不差毫厘。又汉世故钟，以律命，不叩自应。晋武谓勖与周汉器合，乃施用之。阮咸讥其太高，非兴国之音。阮亡后，掘地得古铜尺，果长勖尺四分，时人咸服其妙。然则律之和否，魏晋以来无一定之说，约之讥固，五十步笑百步耳。

魏文时，太史丞韩翊以《乾象历》减斗分太多，后当先天，因造《黄初历》。明帝时，尚书郎杨伟复制《景初历》，施用至于晋。宋何承天谓邓平修旧制新，刘洪始减《四分》，杨伟斟酌两端，以立衷。三人皆汉、魏善历者，然洪之迟疾，不可检《春秋》；伟之五星，大乖于后代。洪用心尚疏，伟拘于同出上元壬辰故也。景初，晷景用汉四分法，渐就乖差，推五星甚疏阔。晋江左以来，更用《乾象》五星法，犹有前却。元嘉中，太子率更令何承天造新法，谓《尧典》星火正仲夏，今季夏则火中；星虚正仲秋，今季秋则虚中。二千七百余年,中星差二十七八度。《尧》冬至,日在须女十度;汉《太初历》,冬至在牵牛初;汉《四分》及魏《景初法》,同在斗二十一。臣今检之冬至,应在斗十七。今之二至,非天之二至。天之南,在斗十三四矣。《后汉志》春分日长,秋分日短,差半刻。二分在二至之间,而有长短。春分近夏至,故长;秋分近冬至,故短也。杨伟不悟,而云自古及今,诸历未能并己之妙,亦何以云。臣更建《元嘉历》,以建寅月为岁首,雨水为气初,以诸法闰余一之岁为章首。诏付外详之。太史令钱乐之、兼丞严粲奏,依承天《元嘉历》考杨伟《景初历》,凡月蚀圭测,《景初》俱差,悉如承天所上。又承天法,朔望及弦皆定大少余,月有频三大、频二小,比旧法殊异。散骑郎皮延宗难承天,若晦朔定大小余,纪首值盈,则退一日,便应以故岁之晦,为新纪之首。承天乃改新法依旧术,不复每月定大小余,如延宗所难、太史上。承天历术,合可施用。元嘉,诏可。大明六年,南徐州祖从事祖冲之奏,承天法简略,今已乖远。日月既差,已觉三度;二至晷影,几失一日;五星见伏,至差四旬;留逆进退,或差两宿。节闰非正,度数违天。今创新历,改易之。其一,旧法十九岁有七闰,闰数为多,经二百年,辄差一日。今改章法,三百九十一年有一百四十四闰。郤合周、汉,将来永用无差。二二①,《尧典》星昴以正仲冬,以此推之,唐代冬至,日在今宿五十余度之左。汉用秦历,日冬至在牵牛六度。汉武《太初历》,冬至在牛初度。后汉《四分法》,冬至日在斗二十二。晋时姜岌以目未检日,知冬至在斗十七度。今参以中星,冬至在斗十一,未盈百岁,未差二度。度旧法,冬至日有定处,天数既差,渐与历舛,仅合一时,未能通远。今令冬至岁岁微

---

① 据上下文,“二二”应为“其二”。

差,将来永久,无烦屡改。又设法,其一,子为辰首,位在正北,虚为北方,列宿之中,元气肇初,宜在此次。今历上元日度,发自虚一。其二,日辰甲子为先,历法设元,宜在此岁。黄帝以来,十一历上元之岁,莫值此名。今历上元,岁在甲子。其三,上元之岁,历中众条,并应以此为始,《景初历》但合朔气而已。今设法,日月五纬,交会迟疾,悉以上元岁首为始。是时上元岁在甲子,天正甲子朔夜半冬至,日月五星,聚于虚度之初,阴阳迟疾,并自此始。世祖下之有司,使内外博议,时人少解历数,竟无异同。太子虎贲中郎将戴法兴条议,以为冲之改历不合古义。冲之条答,谓何承天历前术乖远,臣所改定,躔次上通,晷管下合,法兴所议六条随诘洗释。法兴谓古历冬至,皆在建星。冲之曰:周、汉之际,畴人丧业,图纬实繁,或借号帝王,或假名贤圣,以神其说。桓谭知谶记多虚,杜预疑古历舛错。黄帝历有四法,颛顼、夏、殷历并有二术,诡异纷纭,此古历可疑之据一也。夏历七曜西行,特违众法,刘向以为后人所造,可疑之据二也。殷历日法九百四十,而《乾造度》云殷历以八十一为日法,《易纬》非差,殷历必妄,可疑之据三也。颛顼历元乙卯,《命历序》云元在甲寅,可疑之据四也。《春秋》书日蚀有朔者二十六,其所据历,非周则鲁。以周历考之,其朔失二十五,鲁历考之,又失十三。二历并乖,必有一伪,可疑之据五也。古之六术,并同《四分》,《四分》之法,久则后天。经三百年,辄差一日。古历课今,朔后天过二日有余。以此推之,古术之作,皆在汉初周末,理不得远。皆《春秋》朔并先天,此则非三代以前之明征矣,可疑之据六也。法兴疑曰:战国史官丧纪,汉初格候莫审,后杂占知在南斗二十二度,元和所用,古历相符。逮至景初,毫无差忒。冲之曰,乙卯之历,秦代所用,有效当时。汉武改创,理无乖远。今议者不实见,所非既非通谈。《景初》之法，五纬实错，二分异景，尚不知革，日度微差，宜矣。法兴议曰：《书》纪星昴仲冬，以月推四仲，中星常在卫阳，万代不易。冲之以为唐代冬至，日在今宿之左五十许度，虚加度分，空撤①天路。冲之曰：《书》以中星审分至，据人君南面而言。法兴谓四星皆在卫阳之位，自在巳地，进失向方，退非始见，违训诡情，此则甚矣。法兴议曰：其置法所在，近违半次，则四十五年九月率移一度。冲之曰：《元和》日度，古历在建星，臣法冬至亦在此宿，了无显证，而贬臣历垂差半次。年数之余有十一月，而议云九月，涉数每乖，请据效月食以课疏密。元嘉十三年及大明三年，凡此四食，臣纤毫不爽，而法兴所据，顿差十度，违冲移宿，显然可睹，岂得信古疑今。法兴议曰：在《诗》，"七月流火"，夏正建申之月也；"定之方中"，又小雪之节也。若冬至审差，则邠公火流，晷长一尺五寸，楚宫之作，昼漏五十三刻，此诡之甚也。冲之曰：按此，三条皆谬。《诗》称流火，略举西移之中，以为惊寒之候，流之为言，非始动也。火星之中，当在大暑之前，岂邻建中之限。又谓臣法，楚宫之作在九月初。按《诗》笺皆谓定之方中，室壁昏中，形四方也。中天之正，当在室之八度。臣历推之，立冬后四日，此度昏中，乃自十月之初，非寒露之日。盖以周世为尧年，度乖五十，故致此谤。法兴议曰：仲尼曰："火伏而后蛰者毕，今火犹西流，司历过也。"就如冲之所误，尧之开、闭，今成建、除；今之寿星，周之鹑尾。东壁已非玄武，轸星顿属苍龙，诬天背经，乃至于此。冲之曰：辰极居中，列曜贞观。非以日之所在，定其名号。若圆仪辨方，以日为主，冬至所舍，当在玄枵。而今之南极，乃处东维，违体失中，其

---

① "撤"原作"撒"，据《宋书》卷十三《律历下》改。

义何附？若南北以冬夏禀称，则卯酉以生杀定位，岂得春躔义方，秋丽仁域，若此之反哉！至于中星见伏，每以审时者，盖以历数难详，而天验易显，各据一代所合，为简易之政也。月位称建，谅以气之所本，非谓斗杓所指，近较汉时，已差半次，审斗节时，其效安在？次随方名，义合宿体，分至虽迁，厥体不改。至于壁非玄武，轸属苍龙，实效咸然。《元嘉历法》，寿星之初，亦在翼限，显验甚众。臣历之良证，非难者所宜列也。法兴议曰：日有缓急，斗有阔狭，古人立为中格，年积十九，常有积闰。冲之削闰坏章，倍减余数，则一百三十九年二月，于四分之科，顿小一日；七千四百二十九年，辄失一闰。夫日少则先时，闰失则事悖。冲之曰：按《后汉书》及《乾象说》，《四分历法》立冬中影长一丈，立春中影九尺六寸，二气去至，日数既同，则中影应等，而前长后短，顿差四寸，此历影冬至后天之验也。二气中影，日差九分半弱，进退略无盈缩，二气各退二日十二刻，则晷影立冬更短，立春更长，并差二寸，二气中影俱长九尺八寸，即立春立冬之正日也。以此推之，冬至后天亦二日十二刻也。臣测影历纪，躬辨分寸，量检竟年，测数减均同，异岁相课，则远近应率。窃谓至密，永为定式。寻古历法并同《四分》，《四分》之数久则后天，三百年朔差一日，是以汉载四百，食率在晦。魏代以来，遂革斯法，世莫之非，诚有效也。章岁十九，其疏犹甚，而云此法自古，数不可移，则复欲施《四分》于当今，理容然乎？承天置法，复为违谬，二至差三日，曾不觉其非，横为臣历为失，甚惑也。法兴始云穷识晷变，可以刊旧，复谓晷数盈虚，不可为准，互自违伐，罔识所依。按《春秋》以来千有余载，以食检朔，曾无差失，此日行有恒之明征也。法兴议曰：黄帝辛卯，日月不过；颛顼乙卯，四时不忒；《景初》壬辰，晦无差光；《元嘉》庚辰，朔无错景。岂非承天者乎？

冲之苟存甲子，可谓为合以求天也。冲之曰：元值始名，体明理正。古术诡谬，事在前牒。若以历合一时，理无久用，元在所会，非有定岁，今以效明之。夏、殷以前，载籍沦逸，《春秋》汉史，咸书日蚀，正朔详审，显然可征。臣历验之，数皆协同，则千载无殊，虽远可知矣。疑其苟合，将何从乎？时法兴为世祖所宠，既立异议，论者皆附之。惟中书舍人巢尚之是冲之之术，执据宜用。时大明八年也，上欲用冲之新法，须明年改元，因此改历。未及施用，帝崩而止。按：冲之辨夏历，谓七曜皆西行，特违众法。明太祖常与侍臣辨《尚书》注"日月五星右旋"之非，正与冲之所执同，自古论备者，无如冲之之精当。故节而备录之。

粟山按：冲之所论专重岁差，与今西法正合。

《礼志》宜明一代之制，上及古初，下包汉、晋，前史以载莫不申言之，如车服衣冠，《汉书》已详，所始亦必泛及沿革，令人目眩欲迷。

《乐志》晋史以滥，宋又甚焉。

《天文志》一卷①，惟后一卷为宋。永初三年六月，月犯房，占曰"将相有忧"。元嘉三年，司徒徐羡之伏诛。夫将相有忧，其应岂在三年之后？安知非应于北土乎？梁武因长星入南斗，跣而下殿，厌之。闻魏主殂，惭曰："虏亦应天象耶？"建元中，岁星犯天阙，庾翼与兄冰书，岁星犯天阙，占曰"关梁当涩"，比来江东无故，江道亦不艰难，而石虎闭关频年，不通信使，此乃天公愦愦也。然则天象所应，岂必江东？少帝景平正月乙卯，有星孛于东壁南，白色，长二丈余，拂天苑，二十日灭。二月，太后萧氏崩。按：康熙七年正月，

---

① 据《宋书》目录，《天文志》共四卷。

白气如匹布，属地起室壁、分野之交，扫天苑，屏星光射参足，每夕移指，东井日没，即见黄昏，遂没，凡二十日。考《象纬书》，长星如一匹布，又云长庚，如匹布长竟天，又一名蚩尤旗。岂长星、长庚之类耶？拂天苑，亦可异矣。

子长纪《封禅》，讽也。隐侯《符瑞》岂非其佞乎欤？宋室之瑞，书于帝纪足矣。别为书，无乃蛇足。二帝三皇，事多荒诞，别朝符瑞，诸史已详，凤麟、白虎、黄龙、甘露、醴泉、嘉禾、连理，此不足纪。

《五行》小序皆前史已言，不须曼衍叙自三国，无乃为赘。晋史所纪妖祥，又重载之，徒费卷帙，弥见不精。卢健斗叹翁年老，以为卢循、王敦入犯之征，胡卢绝倒。

晋恭帝元熙元年，建阳人本女形，有阳道，无头，正平，此为二形人，人间往往有之，非为怪。宋孝武大明中，张畅为会稽守，妾怀孕，儿啼腹中，俄畅死，此病也，非妖，适会畅死耳。荆州武宁人杨始妻，于腹中生女儿，此犹剖胁生，不必释迦，亦往往有之，非怪。

《虞》十有二州。《禹贡》九州。武帝攘胡越，置交趾、朔方，凡十三州。三国，魏得九州，吴得荆、扬、交，蜀得益。吴分交为广；魏平蜀，分益为凉。晋一统，得十六州，又分凉为秦，分荆、扬为江，分益为宁，分幽为平，凡二十州。五胡之乱，司、冀、雍、凉、青、并、兖、豫、幽、平诸州，一时沦没，江左侨置牧司，多非旧土，凡有荆、扬、湘、江、梁、益、交、广，其徐州有过半，豫州止谯城。宋世分扬州为南徐州，徐州为南兖，扬州之江西为豫州，分雍为荆，分荆、湘为郢，分荆为司，分广为越，分青为冀，分梁为南、北秦。魏既南侵，青、冀、徐、兖及豫州、淮西并没，于是钟离置徐州，淮阴为北兖，青、冀二州治赣榆，名号骤易，境土屡分，一郡一县割成四五。四五之中亟有离合，不可殚计。

《百官志》言宋甚略，泛及三代，下至汉、晋，宜《南史》之不书。

《宋书·后妃传列》于本纪后，列传前，乃是承《三国志》体，深为得宜，此后宜及诸王，始有序；然自《汉书》以下，皆未及正之。

《王弘传》多载让爵、舞婚之章，何其繁费，其议刑辟，稍节为佳。弘褊狭，有忤意，辄加詈辱，当朝总录。将加荣爵于人，每诃谴之，然后施行。若接遇欢忻，必无所谐。人问其故，曰："王爵既加，又加抚劳，与主分功；若求者绝官，又不微借颜色，即成怨府。"问者悦服。如兹措意，亦非大公，避怨避恩，终是秉德未宏。

晋、宋文字日繁，意趣则寡，拜爵舞官全载诰策表笺，至于累纸，须尽删之。省文之半，始觉明爽。如谢晦之反，讨晦之檄、目申之表连类而书，何其笔费！

江夷、谢方明不须为传，附江湛、谢灵运传足矣。

晋人以春秋为阳秋，其义无取，当以一人讳之而然。宋人往往因之，改圣经之名，大无理也。

宋内、外官，惟尉一印，其余铨除，皆别铸新印。孔琳之建言，宜仍旧印，未见从，悖矣。

张畅与魏尚书李孝恭交马共谈彭城下，应答无滞，可参《春秋》词命之选。沈约之赞畅，谓"虏兵深入，非畅正言，彭汴危矣。仁者有勇，非为臆说"，何其谬耶！魏师饮马江上，已极兵力，彭城坚壁，二王在焉，攻之未必得志，故委而去，岂因张长史哉？比之羊、杜，谬矣。

范泰①谓徐、傅弑嗣君、杀贤王，有愧顾托，当以凶终。谢晦被诛，又奏原其妇女，可云正直忠厚。子晔不肖，以反被诛，遂至

① "范泰"原作"范春"，据《宋书》卷六十《范泰传》改。

覆宗。

　　隐侯论断非不佳，奈淫靡浮泛，引譬必多，读之闷闷。

　　沈攸之乃宋忠臣，不可与臧质、鲁爽同传。

　　颜竣佐命讨逆，孝武病危，诸将不得见，竣出入卧内，上所不能裁，当机专决，卒殪元凶。视父延之，沉湎经纶相百。乃延之处凶主之侧，从容以免，竣以怨诽杀身。父子度量相越，不亦远乎？延之每恶其权要，可谓先见。

　　王玄谟，斗将耳，不可专征。其在豫州，民讹言其欲反，诸郡合兵讨之。玄谟令内外晏然，以解众惑，驰启具陈本末，可谓善处变，宜其以功名终。

　　废帝不道，柳元景位居上将，不能速断以安社稷。祠发，被讨，弟叔仁戎服率左右数十人欲拒命，元景苦禁之。整朝服，乘车应召，下车受戮，容色恬然。忠有余，志不足，无愧社稷臣。

　　沈庆之以年满七十，固辞爵位，以宅还官，移居悉湖，子孙亲戚连居。旋受顾命，废帝加几杖，给三望车。庆之朝贺，常乘猪鼻无幰车，重者不过三五人。骑马行田园，一人视马而已。蚕月并遂无人，遇者不知三公也。及加三望车，谓人曰："我游田园，有人时与马成三，无人则与马成二。乘此车，欲安之乎？"并几杖固辞。发元景废主之谋，帝滋凶，虐诛何迈，知庆之必谏，闭清溪桥以绝之。果往，不得度，乃还。遣从子攸之赍药，赐庆之死。庆之忠诚恬退，何减子房？不获考终，何也？昔平阳侯功高位重，乃学黄老，日饮醇酒，不事事，非徒治国，实以保身。庆之八十之年，从幸较猎，据安凌厉，不异少壮。此伏波所以见疑光武也，虽欲辞荣盛世，焉能免祸暴君？陈平、信陵，亦以纵酒避祸，庆之乏此机智，可为太息。

　　粟山按：庆之终是纯臣。

萧思话遣建威将军萧承之以五百人进据磝头，攻杨难当。承之乃齐高帝父，《宋书》于萧字下竟称曰“讳”。不读《南史》《齐书》，则讳乃何人，须别为之，称乃明。

宋武北伐，缘河南岸。别遣丁旿以七百人、车百乘，于河北岸为却月陈，两头抱河，车置七仗士，魏军不解其意，未动。帝命朱超石赍大弩百张、车益二十人，设彭衙于辕上。魏军见营立四面，进围之。长孙嵩以三万骑肉薄攻营，超石百弩俱发。魏军既多，弩不能制。超石初行，赍大椎并矟千余，乃断矟数尺，以追之。一矟洞贯三四人，魏军不能当，遂溃。萧思话遣承之进军峨公固，杨难当遣其子和步骑万余，跨汉结柴，立浮桥，攻承之，合围数十重，短兵接，弓矢无所用。贼衣犀革，戈矛莫能施。承之截矟长数尺，大斧椎之，一矟贯十余贼，贼不能当，大败，烧柴，走。两战先后一辙。

《孝武十四王》论言约义深，如此笔力，才足贵尚。

周朗上书请减宫中女隶，令民早婚嫁，以广户口。寝北伐之举，内修战守，拒边民之请师，明于内治矣。崇孝行，敦丧制，后妃先以节俭。革侨置郡县，省幼冲藩员。核释流，治淫忒。皆江左流敝，人不敢言，朗昌言无忌。被罪以死，宜宋之不竞也。约谓朗：“意在摛词文，实忤主，词之为累，一至此乎。”是非大谬。观朗所言，岂是浮藻。

宗越善为营，陈数万人止顿。越自骑马前行，使人随后，马止营合，未尝参差，可称材士。惜其尽力暴君，与谭、童同戮。

循吏传叙六戎薄伐，乃是六师。晋人为“师”、“马”讳故，改之。约已隔朝，不须沿此。又杜慧度，交州朱䳒人。朱䳒乃汉置县，字书音员，不言其义，当是古“鸢”字。

沈约《自序》乃泛及宗支闻人,已载前册,无不备列,后乃仅载,上《宋书》表而已,何名自叙。叙中徐赤特俱作"赤将",不一而足,以《武帝纪》及《南史》校之,姑正其谬。按:南雍《宋书》,冯宗伯开之,所刊校正皆一时名士,吾邑姚山人叔祥与焉,其讹乃如此。

《南齐书》

齐史江淹作十志,沈约纂帝纪二十篇,吴均亦尝著《齐春秋》三十篇。刘子玄称其核实,皆不传于世。萧子显自表梁武,别为之。晁氏讥其《天文》但纪灾祥,《州郡》不著户口,《祥瑞》多载图谶。曾氏讥其驰骋、雕绘,而文益下,可谓实录。子显,齐宗室,而北面于梁。故于齐之始,基多溢美;齐之末,造多溢恶。时尚瞿昙、黜儒、崇释,是非大谬于圣人,不翅如二氏所讥已也。万历庚辰国子祭酒张一桂序之。如此大都贵释轻儒,《梁》《陈》二书皆然,不第《陈书》也。

《高帝本纪》序皇考承之勋伐,太支蔓,宜另为纪附,首篇若蜀志《刘二牧》,可也。

魏黜南朝为岛夷,南朝目魏为索虏,各尊己而斥彼,总非史臣纪实之体。

《高帝本纪》太祖军容寡缺,乃编棳皮为马具装,折竹为寄生,夜举火进军。寄生不知何物? 又按《东昏纪》"马被银莲叶具装铠,杂羽孔翠寄生",乃知是马饰也。

《高帝纪》太祖既平休范,分功袁粲等,更日直入决事,号为"四贵"。秦时有太后、穰苴、泾阳、高陵称为"四贵",至是乃复有焉。子显此等文法,真堪发笑。

杨玉夫等首谋弑苍梧,齐高祖当杀玉夫等,以塞天下之口,乃封玉夫等二十五人爵邑。天下未有以弑君蒙赏者,齐祚不长,于此可卜。宋主禅齐,乘画轮车,出东掖门,问今日何不奏鼓吹,左右莫有答者。如此人宜为齐祖所立，以为今日地也。

粟山按：此与"何不食肉糜"及"虾蟆官私"之言一例。

史臣援太乙九宫为符命，其文猥鄙不堪，不惮遗笑千古。

齐武遗诏，不得用宝物入梓宫，刀用铁环者，祭不用牲，惟设茶饮、干饭、酒脯而已。天下贵贱，咸同此制。未山陵前，朔望设菜食。此虽矫世革俗，未免太过，然无愧汉文已。又禁公私皆不得出家为道及起立塔寺、精舍，并严断之。深捄当时崇尚佛老之敝，可谓杰出千古。

齐武命葬袁粲、沈攸之，亦是盛德事。

《礼志》叙及戏马、倒马，亦太猥琐。《乐》及《白纻》艳词。此岂足云礼、乐哉？《祥瑞》则白鼠、白兔、嘉禾、连理，此偶生之物，不足为奇，不足纪。

《褚渊传》及褚澄及其医术，后忽为徐嗣，言其治奇疾过于澄。文情跌宕，有漆园、龙门笔意。

《褚渊传》后特作论赞，谓渊太始之初，已致通显，数年之间，不患无位。恩非己独，责人以死，斯固人主之所同谬，世情之过差也。夫豫让谓中行，众人畜我，故众人报之。为纯臣者，尚有厚诛焉。渊受顾命之重，当委寄之隆，岂止一介之夫、国士之遇哉。卖国求荣，究其贵盛，加于宋之令仆几何哉？腼焉就列，陷袁粲以求生，其罪在荀彧、华歆之右。子显为之文过饰非，恔人执简，是非倒置矣。

柳世隆文武俱备，忠孝无双，功名既立，在朝不干世务，垂帘鼓琴，风韵清远，岂非江左第一流人物乎！世称柳公双璨，为弹琴士品第一。自云马稍第一，清谈第二，弹琴第三。褚彦回真不啻天壤之隔矣。

沈攸之遗齐高帝书，字字风霜，言言怆恻，又不啻李密、骆宾王讨炀、矍橄也。书中亲过凤眷，遇若代臣，以世为代，当是唐臣追改之。又齐、梁以后每以夷齐为夷叔，盖北朝目南为岛夷，齐时讳言夷齐，故改其称，梁、隋相承故耳。

桓荣祖善弹，弹鸟毛尽而不死。海鹊群翔，登城弹之，无不折翅而下，飞卫之巧无以过之。

粟山按：此亦形容太过。

《周山图传》义乡县长风庙神姓邓，先经为县，死便发灵。山图启武帝，乞加封辅国将军。上笑曰："足狗肉便了事，何用阶级？"真英雄之言也。

周盘龙有爱姜杜氏，齐太祖送金钗镊二十枚，手敕曰："饷周公阿杜。"此真得驭将之术。

谢超宗，凤之子，孝武赏之，以为殊有凤毛。然轻薄无行，不保躯命，人多以此相拟，何也？

刘祥不满褚渊，撰述《宋书》隐刺禅代。齐祖衔之，坐以历诋朝士、轻议乘舆，流窜海南以死。史讥其"文人不护细行"，恐非笃论，乃阿时君旨耳。

虞悰不预郁林废立，固辞佐命，引疾告归，可谓烈士。子显不能扬其大节，泛为论赞，可谓无识。

东阳太末徐伯珍兄弟四人，白首相友，时人号为"四皓"。

《高逸传》载顾欢之辨佛老，往复多端。子显益伸佛氏，排抑百家，以阿时好，已乖史臣垂鉴之义。《高逸传》多是学仙、学佛之流，此当别为《方外传》，何当概称高士乎？

刘瓛学行方严，不愧儒者。陆澄读《易》三年，不解文义，欲撰《宋书》竟不成。虽家多文籍，人所罕见，亦奚用乎？王俭目为"书厨"，有以也。

竟陵王子良忠孝仁让，尊贤好学，议论时政，多所裨益。而废帝猜忌特甚，幸先令终，不与十四王同诛，岂非盛德之报乎！

庐陵王子卿亦字云长，岂慕寿亭之为人耶？

张思光虽风流谲诡，而至性过人，好义有为，真可称一代名士。

"周妻何肉"，周彦伦自云不能无累，其劝何点《菜食文》，虽当今戒杀之篇多不及其工也。何允断肉食，而犹欲食鱼错、蚶蛎，令门生议之。老饕馋吻，遗哂千古，彦伦同传，不异老子、申、韩也。

王俭名重一时，入其幕号"芙蓉池"，然乏休休之量，忌胜己者，不足云伟人。

王晏小人之尤，终不免高帝之诛，所谓小人枉作小人也。王思远先见其败，劝其先机引决，及拜骠骑，笑其初言，思远曰："如阿戎所见，犹未晚也。"果及于难。思远以此得免，迁为侍中。因免祸以致迁，所谓君子落得君子也。

徐孝嗣雅望非常，赐药，容色不异，饮至斗余，乃卒，可谓有量。不能行伊、霍之事以安社稷，授柄领军，杀二帝子孙殆尽，岂社稷之臣哉！

　　粟山按：当断不断，反受其乱。真孝嗣之谓。

褚渊、沈文季俱善琵琶①，会豫章王北宅。渊取乐器，作《明君曲》。文季下席大唱曰："沈文季不能作伎儿。"豫章王嶷解之曰："此故当不损仲容之德。"渊颜色不异，曲终而止。文季之劲直，季渊之雅度，豫章之好贤，皆一时之绝。

王融、谢朓同为一代才人。融躁进功名，跃冶求试；朓流连山水，遇擢固辞。其人之静躁不同也。融拥戴竟陵，拒太孙之仗，竟

---

① "琵琶"原作"琶琶"，据《南史》卷四十四《沈文季传》改。

陵退让，无心天位，融遂被诛；朓不与废立之谋，深拒始安，卒为瑶光所陷，身蒙大戮，名节无亏。其人之忠奸不同也。两人同传，子显反右元长，谓高帝不亡，融必有功疆场。文人之孙吴，何可为据？无乃痴人说梦。

孔稚圭有用之士，论刑与兵，皆凿然有见。人徒以《北山移文》赏之，岂识稚圭者。

王奂庇子以抗王师，张冲尽节以死勤事。二人忠悖异矣。子显论断，以为"致危之理异，为亡之事一"，岂不谬哉！

祖冲之论历十有九岁为一章，凡七闰，今改为三百九十一岁一百四十四闰，则是一百七十五岁半得闰七十二，较《尧》之置闰为稍密。何承天岁差之法以为得所未有，而冲之疏摘其略，谓日月已差三度，二至已乖一日，五星至差四旬，留逆或移两宿，造历请改之。诸儒无以难。宋孝武崩，不及行，可惜也。又曾为刘太祖改造姚兴处指南车，铜机圆转如一，马均以来未有也。又仿诸葛木牛流马，造器施机，不因风水，不劳人力。又造千里船，日行百里，真古今至巧之士。

《梁书》

唐姚思廉撰《梁书》骈偶，多梁、陈之遗，无迁、固雄健笔力。

《武帝本纪》帝使张弘策陈计于兄懿曰："雍州士马，呼吸数万，兽视其间，以观天下。""兽视"乃"虎视"，唐臣讳"虎"字也。纪中参军黄天兽，亦当是天虎。陈兽牙、胡兽牙，皆是虎牙。武帝起兵檄苍古、蔚森，不下汉人手笔。尽寓县之竹，未足纪其过；穷山泽之兔，不能尽其罪。李密讨炀帝檄本此檄中。"龙骧兽步"亦是"虎步"所改。《本纪》九锡文优孟衣冠，殊足喷饭。

《本纪》屡书"老人星见"，或一岁而春、秋再见，不下数十次，何不惮烦。

　　　　粟山按：老人星即寿星，出丙入丁，自有常度，亦不足纪。

梁大同元年，诏曰："禽兽知母而不知父，无赖子弟过于禽兽，至于父母并皆不知。多触王宪，致及老人。耆年禁执，大可伤愍。自今犯罪者，父母祖父母勿坐。惟大逆不预今恩①。"此诏可谓能锡类矣。又禁民间用九陌钱，必须足陌。此弊梁、陈时已有之，何怪？今之九五、九折、八折之纷纷也。

史臣论赞武帝不及帝王大略，止称其博学多能，著述渊富。又佛经梵典，儒家所斥，而津津言之。赞谀凡猥，如面为牺牲等，皆不及焉，何以名史？

贞阳侯渊明作深明，避唐讳也。《梁书》大都成于高祖时，故

---

① "恩"原作"思"，据《梁书》卷三《武帝本纪下》改。

"世""民"等字皆不讳。

梁将复有朱买臣。

魏玄成《总论》深中萧梁之病，惜其排偶拖沓，无雄杰之气，读之衰飒闷人。梁武治天下则不足，而内行醇备至孝。天植昭明之孝，哀太子之不忍叛父，同尽侯景之手，皆是士君子所难能，而出于帝王之家，更足仪型千古。

梁武父子之才华，若不为天子，亦是江左名家。惜乎尊居天位，徒以召乱，不足全身。至其佞佛成风，而富贵不能自遣，八十衰年尚未就闲，终于台城之辱耳。

粟山按：宋徽宗坐不能为君之累，梁武亦同病。

《曹景宗传》叙景宗粗豪历历如见。景宗常与少年数十人泽中逐獐鹿，无还骑趁鹿，鹿马相乱，景宗于众中射之，人皆惧中马足，鹿应弦辄整。案："无还骑趁鹿"，文理不顺，以"无还"为句，既不明；从"无还骑"为句，又无谓。此必有舛落。不若删去五字，文势已足。后人每不及古人叙事简劲在此。景宗、庆远、王茂三人传赞亦佳。

邓元起母奉道家居，不肯与子同行，曰："贫贱家儿忽得富贵，讵可久保。我宁死不与汝同入祸败。"可谓千古高谂。

吕僧珍不私亲戚，侍御鞠躬屏气，果食未常举箸。尝因醉后，食一柑。高祖笑谓："大有所进。"人臣如此，岂有黥、彭不保之患。

陈尚书姚察乃思廉父也，《梁书》论断多采之。察往往破的，但文沿靡俪耳。

谢朏当齐受禅，不肯解天子玺绶授齐，不愧抗节之士。奈何永明中复受义兴太守之命，后虽累征不就，爵位弥高，岂非晚节不终乎？

《武本纪》"陈兽牙"，于《陈伯之传》仍作"子虎牙"，又诸列传往往见"虎"字，史臣何前后矛盾若此。

武、简文、元诸纪，皆直书帝名，乃于诸王往往称讳，此沿梁史旧文之误。世未有名其父而讳其子、名其君而讳其臣者，史臣疏漏若此。

《徐勉传》进五礼表，系于典章，不厌其详。至与子之书，何须全载？又复继以《答宾喻》，拖沓甚矣。此体乃自班固作俑也。

裴邃、夏侯亶、夏侯夔等传，忽厕一鱼宏。宏略无佳事，止有"四尽"之言，宜附入《贪酷吏传》，可也。置之此中，不伦矣。此等人何须为立传？

顾协少时将聘舅女，未成昏而协母亡，免丧后不复娶。至六十余，此女犹在，协义而迎之。晚虽判合，卒无允嗣，此乃偏僻之行，不孝之大。虽博极群书，亦何所用。

《何敬容传》朱雀门火，高祖谓群臣曰："门制卑狭，我始欲构，遂遭天火。"并相顾未有答。敬容曰："陛下'先天而天不违'。"时以为名对。此何异"柏梁既灾，建章遂营"？一样佞人口吻，何谓名言？梁室崇佛老，尚之，独勤劳在职。先见其败，可谓高识。以此见讥薄俗，当亦有过其实者。

贺琛①封事恺切，梁武大怒，召主书，口授敕责琛，累累二千言，智足拒谏，言足饰非。何怪朱异谀言得闻、纳叛亡国！

羊侃北方豪杰，自拔南归，尽节台城。子鲲继父之志，图景立功，上雪国耻。传中叙侃雄豪奢侈，令人艳羡，眉舞色飞。此犹汾阳功塞天地，穷奢极欲，而人不非之也。

---

① "贺琛"原作"贺珍"，据《梁书》卷三十八《贺琛传》改。下同。

　　许懋驳封禅议，足破鄙儒曲说。梁武通经术，慨然信从。后世真宗、王旦等，何梁武君臣之不若也！

　　臧厥严酷少恩，吏民小过必加杖罚，百姓谓之"臧兽"。"兽"当是"虎"字。

　　吴郡顾宪之临终为制，以敕其子曰："庄周达生，王孙矫俗。吾进不及达，退无所矫。衣周于身，示不违礼；棺周于衣，足以蔽臭。入棺之物，一无所须。汉明天子之尊，犹祭以杅水脯糗；史云烈士之高，亦奠以寒水干饭。况吾卑庸，可不节衷？吾意不须常施灵筵，止设香灯，使致哀者有凭耳。朔望祥忌，权安小床，暂设几筵，惟下素馔，勿用牲牢。烝尝之祠，贵贱备物难办，多致疏怠。祠先人自有旧典，不可有阙。自吾以下，祠止用蔬食时果，勿同于上世也。示令子孙，四时不忘其亲耳。孔子云：'虽菜羹瓜祭，必齐如也。'本贵诚敬，岂求备物哉！"读此，知昔贤固有先我，而行其志者矣。

　　海南诸国，如扶南、盘盘、丹丹、干陁利、狼牙修、婆利、中天竺、师子等国，皆奉佛，闻梁武奉佛，故绝海来朝，宜详纪之。至于林邑、高句骊，仅一通中国而已，历纪汉晋以来事，无乃太烦。新罗不过通中国，何须纪之！

《陈史》

《梁》《陈》二史皆出姚察父子，皆马迁《史记》、班固《汉书》，亦多本之世传。

《陈书》视梁尤为疏略，止有纪、传，而礼乐制度、天文、律历皆不及焉。

周铁虎本传皆称"铁虎"，而本纪中称"铁武"。《梁》《陈》二史往往类此。

《陈书》"夹"字多作"侠"通用。如《韦载传》亦称"侠御将军"，殊可笑！

沈礼明《过汉武通天台》文本不甚佳，但缠绵凄恻，遂作古今佳话。

虞荔思弟感病，陈文帝令荔将家口入省。荔以禁中非私居之所，乞停城外。帝不许，令住兰台，乘舆再三临问。禁其蔬食，手赐鱼肉。文帝好贤之至，令人感叹！

《陈》《梁》二史俱成于隋世，唐讳可无避也。书成后，唐世刊行进御，乃行改窜耳。二十一史屡行刊定，不行改正，亦是疏忽。

思廉为父姚察立传，是亦班、马自叙例也。

徐世谱与侯景战于赤亭湖，别造楼船、拍舰、火舫、水车以益军。大败景军，生擒景将任约。《梁》《陈》二书每论水战，多云"置拍"、"施拍"。所云"拍舰"乃是发石撞竿之类。"水车"即船上施轮，杨幺之驰骋洞庭，其遗制也。吾友徐彬作《舟师可废论》，曾作论辨之于此，尤可征也。从来荆、襄江上之战，舍舟何以飞渡追逐乎？世谱善水战，高帝拒王琳，水战之具悉委世谱。世谱谙解旧法，随机损益，妙思出人。谁谓舟师无用乎！

姚思廉于陈将之降隋者，皆云"随例入关"。夫背故向新，此为何例乎？深可嗤也。

萧摩诃降隋，复从汉王谅反，被诛。任忠卖后主，而先降敌。樊毅兄弟碌碌随人，乃以鲁广达之忠烈殁身者同传，舛错甚矣。

陈武乘梁之乱，弋取天位，无长驾远驭之才，公卿将相皆是戚里。浙东、江右、岭表、闽南，熊昙朗、周迪之徒分方各据，仅奉正朔号令，所及止有江南而已。巴蜀、荆门强敌逼处，六朝小弱，尤过于陈。陈武恭俭勤劳，才能保境。后主荒湛文酒，群小用事，机务壅遏，隋师入阙，将士未知其亡，不亦宜乎！苟使叔宝可望中材，将相辑睦，朝无佞幸，以支强隋，恐有未能。何则？杨坚之雄不下魏武关陕河洛之甲，韩、贺、杨素之才又不啻张辽、乐进诸将，而江南势弱，不及孙吴，虽使庙堂之上有周瑜、鲁肃辈谋之，未必无事也。

《南史》

唐学士李延寿撰《南史》八十卷，延寿父大师尝谓，《宋》《魏》诸书以"岛夷"、"索虏"相诋，文不雅驯，欲拟《吴越春秋》编年正之，未就而殁。延年在东观究习故事，更为《南》《北》史。始宋永初，迄陈贞明，合四代，曰《南史》。删繁补漏，过本书远甚，所载谣谶、妖祥，颇涉猥杂。然《宋书》诞而多诬，《齐书》缋而益下，《梁》《陈》略而不详，是编包齐括宋，兼陈该梁，信约显之忠臣，二姚之益友也。年少位下，当时无称。刘知几标剥百家，此书未尝置喙。永徽公主爱其书，序而传之。延寿取法司马迁，顾专纪传而略表志，不无遗憾。司马温公谓陈寿以后无能蹰者，诚笃论也。

《高祖本纪》叙祥异赡于《宋书》，叙孙恩战不若《宋书》之详，京邑蒜山之战关白下存亡，不宜略之。

《宋书》桓玄将谋篡，从兄谦屏人问高祖曰："楚王勋德隆重，四海归怀。咸谓宜有揖让，卿以为何如？"高祖志欲图玄，曰："楚王勋德盖世。晋室微弱，民望久移，乘运禅代，有何不可？"谦喜曰："卿谓可，当可耳。"十二月，玄篡位。是玄之篡，裕且阴从奥之，以为异日立功地。《南史》削之，何耶？高祖家贫，常负刁逵社钱三万，逵执录甚苦。王谧造逵，见之，密以钱代还，得释。高祖名微位薄，盛流皆不与相知，惟谧交焉。桓玄之篡，谧手解安帝玺绂，为佐命功臣。众谓谧宜诛，高祖保持之。《南史》削去偿钱等事，惟云"帝素德谧，保持之"。事既深晦，不若原史之直笔。感偿钱细恩，纵佐逆大恶，《南史》讳之，舛矣。

宋高祖命孙处袭番禺，覆卢循巢穴。《宋书》作"孙季祖"，乃其字也，当以《南史》为正。

九锡禅位策文，《魏书》已相蹈袭，宋、齐、梁、陈展转摹仿，真足呕哕。是书既合为一史，宜加删削，乃全录之，何其灾木！

零陵王俎，下书曰"宋志也"。笔亦微婉可思。

子业欲掘景宁陵，及纳新蔡公主，诈称已死，改姓谢氏，禽兽不如。

隐侯诸帝论断皆精切，《南史》一仍之，摘要合并以成文。

明帝太始中诏定劫窃之刑，遇赦，黥两颊"劫"字，断去脚两筋。此亦古肉刑意也。强贼断其足筋，使不能复为贼，既全其生，复妨其乱，可谓弭盗之良规。

萧氏攘夺篡弑，皆不没其实。沈攸之、袁粲举兵，直笔书之，贤于沈约远矣。

宗越为子业爪牙，诛戮群公，被杀。于孝武、废帝本纪讹作"宋越"，《宋书》亦然，他传往往讹"宗"作"宋"。较者不知订正，阅者几疑宗越、宋越为二人，可叹也。

李百药论断精凿，虽唐人手笔，以视太宗《晋书》诸论，繁简回不相同，往往微词直笔。洵哉！良史之材！

《齐高帝纪》符谶太多，若张陵木简、李斯秦碑，风角之魁、暴秦之佐，其文岂为帝王瑞。

齐武遗诏，俭山陵之制，祭勿用牲，茶、饼、酒脯而已。与高帝遗诏异同，可谓达识。至命尽心礼拜供养显阳玉像诸佛，便开台城老公作法。

齐武以暨阳寒人给事中綦母珍、剡县寒人马澄侍皇太孙，以保傅之。选乃不用名门令望，而止用单寒，宜太孙之不敬惮矣。又同时小史有姓皇名太子者，武帝恶之，命移点于外，作"犬子"，何点以为不祥。已而文惠太子薨，太孙践祚，终于被弑。夫太子储君，乃敢以命名，当罪父兄、师傅命名者，以惩不敬，可也。

晋、宋旧制，受官二十日，辄送修城钱二千。泰始军役大起，受官万计，兵事急。二十年来，并不输送，不可胜计。齐武即位，荡除逋城钱，并申明旧制。夫令仆之尊，二千非所苦，惜非国体。至于簿尉之卑，军功之赏或告身不抵一醉，责输二缗，不亦病乎！蠲逋是申旧制，非也，宜别为之条耳。

世祖适长，天位次当世及，何须广引符瑞，异钱、北斗之形、"太平百岁"之字，诚何足道？

《海陵纪》引禅灵寺为谶，"天意若曰"等句，何其骇鄙！"斗凿"、"倚劝"、"扰攘"等语，直当削之。

《齐和帝纪》三月丙辰逊位；四月辛酉禅诏至，梁奉帝为巴陵王；戊辰，巴陵王殂。《梁武本纪》乃称己巳巴陵王殂于姑孰。一史之中何相乖迕。

天监三年，以扶南侨陈如阇邪跋摩为扶南王。以佛弟子为王名号，表文皆同梵典，当由人君溺信边臣，典属国巧加粉饰，以夸远邪。梁武以下莫不奉佛，乃四帝皆不获令终，将天道无知。抑有天下者，经久自有大略，徒恃及物之小惠，妄冀非道之大荣，未足绵祚弭祸也。百药之论当矣！梁武屡次舍身，亿万取赎，曾何功德？陈文效之之作，无碍大会舍身太极殿前，又何说也？殿前而曰"舍身"，不徒佞佛，乃给佛耳。

粟山按：舍而取赎，不独给佛，且自给矣。

《陈帝纪》"皂荚"、"巴马子"之谣鄙而俚，视班、马且愧死。

《南史》每纪北朝纪年于本年之末，乃以成父大师编年之志也，然而非体。

《南史》帝纪之后，即列后妃、诸王为传首，此乃宗魏收《魏书》也。

梁郄后酷妒，及终，化为龙入后宫，通梦武帝。或见形，光照灼。帝于露井为殿，置银鹿卢金瓶灌百味以祀之。释氏化蟒之说，殆亦有端。

粟山按：此等不经之言，笔之于史，为失体。

梁元帝徐妃酷妒，见帝一目，每帝将至，必先半面妆以俟，帝必大怒而出，可谓悖矣。又复淫乱无度，可与郁林何后同臭万年。

粟山按：宫帏琐细之事，亦非史体所宜。

宋晋安王子勋之疾，巫者请开昭太后陵，毁其梓宫为厌胜。明帝太始中，有司奏暂出梓宫，补葺毁坏。孝武作此凶德，祚安得昌？又家法荡然，有所幸御，或留止路太后房，致谤声外流。密取南郡王义宣女，假姓殷氏，为殷淑仪。废帝纳文帝女新蔡公主于后宫，杀一婢以代主，归丧何迈。此等行事，兽畜不如。

粟山按：家齐而后国治，此等鸟兽舞之国，欲其永祚，艰哉！

孝武闺门无礼，猜忌诸弟。衡阳王义季纵饮，帝书戒，不为止，以至于终，可谓智者。

粟山按：此得信陵君之秘传，远①全身。身值乱朝，可以为法。

刘穆之，有宋元勋经纶无出其右，然以微时困穷，遂肆为豪汰。其子邕反之，僻至嗜痂，无乃谋国有余，治家不足。

---

① 此处当脱"害"字，应为"远害全身"。

国史非家乘,徐孝嗣齐之公辅,不得附于羡之之传。

《宋书》赵伦之子伯符生子倩,尚文帝女海盐公主,始兴王濬通之。倩怒入宫,诟骂詈,手搏主,绝帐带。文帝怒,离昏。《南史》削去。始兴事为伯符讳耶? 抑为主与濬讳邪? 义皆无取。

王秀之为晋平太守,期年请代,曰:"此郡沃壤,琛阜日至,财生则祸逐。吾山资已足,岂可久留,以妨贤路。"时谓王晋平恐富求归。秀父瓒之为五兵尚书,未尝一诣朝贵,江湛谓何偃曰:"王瓒之今便是朝隐。""朝隐"、"恐富"当时可谓巧于立言。秀之遗令:"世人以仆妾直灵助哭,当足丧主不能淳至,欲以多声相乱。魂而有灵,吾当笑之。"贻尝恨世人谈笑丧枢之侧,多令婢、媪代哭,古人已有同怀。

《王僧虔传》论书法亹亹,遂至累纸,此何关人品,列之艺苑可耳。其戒子书云:"尔身已切,岂复关我耶。鬼惟知爱深松茂柏,宁知子弟毁誉事。"真贤达之言,令人太息。

王志善稿隶,徐希秀称为"书圣"。人知有"草圣",不知有"书圣"也。志家居建康马粪巷,与父僧虔皆仁厚,时人号马粪诸王为长者。乌衣犹自风流,马粪难于称目,然则人固不可不择地。

王偃尚宋武帝女荣男吴兴公主,常于深雪夜保偃缚庭树,噤冻之。兄恢排阁诉主,乃免。如此贵戚,殆绝人道,宜明帝为江敩作《让昏表》,虞通之为《妒妇纪》。

王微为宋文人,所载书牍皆非佳笔。沈约之赞亦谬。

王恭以王廞女为贞烈将军,以女人为官属兵,以清君侧为名,乃拜妇竖统戎,宜乎败也。

《沈攸之传》列其两裆之密诏、太后之手令,以明匡复之非无。因边荣之言曰:"沈荆州举义,本匡社稷,身虽可灭,要是宋室忠臣。

天下尚有直言之士，不可谓之为贼。"此是千秋公论。沈约《宋书》不载，何耶？

　　粟山按：沈约首鼠两端，《宋书》中纰缪甚多，不足信也。

宗悫乡人庾业豪侈，膳必方丈，而为悫设粟饭菜菹，谓客曰："宗军人惯啖粗食。"悫致饱而退。"串"乃"熟"之义，惠连诗"聊用布亲串"意同。《宋书》直曰："惯啖粗食。"义尤明。"串"字无乃太生。

颜延之以疏狂见斥，亦以此免祸。戒子竣有先见之明，然为宠妾排床坠致损，又以哭妾殒身，未得为达。竣因饥旱请禁饷一月，息米近万斛。前此荒政，恐有未闻。

沈怀文三子：淡、深、冲，名誉各有优劣，世号"腰鼓兄弟"。

王景文风姿为一时所推，袁粲曰："景文非但风流可悦，乃哺啜亦复可观。"诏赐药酒，方与客棋。读诏，还置局下，争劫竟，敛子纳奁毕，徐谓客曰："奉敕见赐以死。"方以敕示。以墨启答敕，并谢赠诏酌。谓客曰："此酒不可相劝。"仰饮而卒。何其从容！《宋史》较此，工拙顿悬。《南史》所添，皆颊上三毛也。

王怪不辨菽粟，无人与昏，獴婢恭心侍之，而生琨。琨恭谨，老而不渝，颜师伯女乐宴客，传酒行炙皆女伎。琨以男女无亲授，每令置床上，回面避之然后取。坐上莫不拊手嗤笑，琨容色自若。如此举止，当由父怪骏质未除。

王铨、王锡皆孝友，时人谓之"玉友金昆"。

王敬弘短少，起坐端方，桓玄谓之"弹棋发八势"。左右尝使二老妇女，戴五条辫，着青纹袴裆，饰以朱纷。何其吊诡不情！

马仙琕幼名"仙婢"，以名不典，乃以"玉"代"女"。仙婢之名，可与冯妇、徐夫人作类。

褚贲以父渊附齐,终身愧恨。拜侍中,常谢病。上望之,令让爵弟蓁。贲居墓下,病笃,子霁载以归。疾小间,知之,大怒,不复饮食,内外阁悉钉塞之,数日才余气息。谢沦候之,排阁不可开,杵槌破,乃入。贲曰:"吾少无人间心,但愿启手归全旧陇,儿辈不才,失吾素心,以此为恨耳。"已而卒。又彦回从弟照闻渊拜司徒,叹曰:"彦回少立名行,何意披猖至此! 使彦回作中书郎而死,不当是一名士邪? 名德不昌,乃有期颐之寿。"读此,令人面热齿冷。彦回子弟如此,何面目见之?"名德不昌",乃千古快心名言。

粟山按:此等子弟,乃如芝兰玉树。

褚澄不闻他善,惟称其医术之妙,当列方技中。

蔡兴宗正色昌言,废帝敬畏,亦已难矣。沉机先见,料敌若神,屡说沈、王诸公行伊、霍之事。事虽不行,不蹈其祸。至于妻袁顗之子,还子勋之丧,犯人主所忌而不顾,卒能以功名终,岂非盛德大度有以服人邪!《南史》之笔视《宋书·蔡兴宗传》,工拙相悬。

蔡樽为吏部尚书,帝尝设大臣饼,频呼樽姓名,不答,食饼如故。帝改唤"蔡尚书",樽始执笏而应。帝曰:"卿向何聋?"对曰:"臣职在纳言,陛下不宜以名垂唤。"帝有惭色。不第臣节之正,亦足见君量之宏。

《张思光传》忽及徐文伯。文伯医理入神,足自为传,附以薛伯宗,徐熙、秋夫、嗣伯等可也载之,此处为不伦。《嗣伯传》中有病者呻吟筥屋。"筥",音"妲"。郭璞《方言》曰:"江东谓籧篨直文而粗者为'筥',斜文为'簇'。"或用芦织,今人所云"芦簇簸",略是已。

宋文帝曰:"使孔熙先年三十,犹作散骑侍郎,那不作贼。"又曰:"熙先有美才,而翳迹仕流,岂非时匠失乎?"怜才之念,亦自可人。

刘湛小字"猛虎",文帝呼为"刘斑",君臣之间乃有此戏。

《南史》为唐,每并讳"秉"字。刘秉只称"彦节",乃《江秉之传》仍作"秉"。同一书,而讳否互异,亦仇校之不精。江总宜列佞幸,江谧之苟,子介之酷,俱不足传。

齐高帝华林宴集,使朝臣各效其技艺,王敬则脱朝服,以绛纠髻,奋臂拍张,叫动左右。上不悦,曰:"岂闻三公如此。"答曰:"臣以拍张,故得三公。不可忘拍张。"时以为名答。此亦一时口给耳。绛灌起屠狗、吹箫,亦可帝前屠狗耶? 帝责其非体,亦非也。渊之琵琶、文季之《子夜》、敬儿之舞,亦岂大臣之道耶? 饮人狂药,岂可责其号呶。

竟陵王子良置酒后园,有晋谢太傅鸣琴在侧,柳文畅为雅弄。子良曰:"君巧越稽心,妙臻羊体,良质美手,信在今夕。"宋时嵇元荣、羊盖并擅琴,云传自戴安道。恽尝赋诗未就,以笔捶琴,坐客过,以箸叩之,恽惊其哀韵,制为雅音,后传击琴始此。

柳元景及弟子世隆、庆远先后皆拜侍中,一门递为三公。世隆及恽皆工卜筮。永明初,世隆曰:"永明九年,我亡。亡后三年丘山崩,齐亦于此季矣。"屏人,命典签李党取笔及高齿屐,题帝箔旐曰:"永明十一年。"因流涕语党曰:"汝当见,我不见也。"九年,世隆卒。十一年,齐禅梁。

竟陵王将朝见,恽投壶枭不绝,停舆久,进见遂晚。武帝迟之,以实对。武帝使复为之,赐绢二十匹。昔郭舍人投壶,有二十四枭。文畅枭不绝,岂其遗耶?

柳庆远[①]孙仲礼、敬礼,皆以勇力著称。仲礼降侯景,复降魏。

---

① "远"上原衍"元"字。

敬礼在襄阳恒略卖人，为百姓所苦，襄阳有《柳四郎歌》，亦降景，思图之，为景所杀，隳其家声。

王融为豫章王嶷铭曰："半岳摧峰，中河坠月。"高帝为之流涕，语故特工。

江夏王宝玄乘八掆舆，手执绛麾幡入都。掆，仝"扛"，其犹今之八人肩舆耶？

宋明帝谓李安民"方面如田，封侯相也"。今传"田"字面为大富相。宋艺祖亦方面大耳，则古说近之。庾夐貌丰美，颐颊开张，人皆谓必为方伯伯①。夐富于财，饮必列鼎。魏克江陵，卒致饿死。水军都督面甚尖危，从理入口，竟保衣食而终。唐裴晋公"腾蛇入口"，殆是虚语。

《南史》中"虎"字或作"武"，或作"兽"。《曹武传》则曰本名"虎头"。齐帝②以"虎头"名鄙，改作"武"，当亦是改作"虎"，"曹武"乃"曹虎"耳。

陆襄吴人，为侍中，台城陷，逃还吴。侯景将宋子仙攻钱唐，海盐人陆黯举义，袭杀吴郡太守苏单于，推襄行郡事。海盐自古乃有倡义者，胡职方《邑志》为尤详云。

齐武帝于天泉池制鳊鱼舟，形狭而短，今之"舴艋"耳。

陆歊、陆讦皆操履高洁，遨游山泽。二人皆遁世之宗，然绝弃婚宦，似非中庸，宜列《隐逸传》中。

梁武时猛兽入郭，上不悦，以问群臣，莫对，王莹敛板答曰："昔闻百兽率舞，陛下膺图受箓，虎象来格。"帝大悦，群臣咸服。夫猛

---

① "伯"字原重。

② "帝"字原重。

虎入郭,岂为美事？莹之对,何异仲文"圣德深厚,地不能载"乎？
时人以为美谈,甚矣,后代之贵佞也！

　　粟山按：此即梁武时侯景致乱之先徵也。

　　总一王天虎,《梁书》俱作"天兽",《南史》皆作"天武",一代著
述何乃参差！

　　鄱阳王范得班固所撰《汉书》真本,献皇太子。今本外戚在西
域后,古本外戚次帝纪下。今本高五子、文三王、景十三王、孝武六
子、宣元六王,杂诸传中,古本诸王悉次外戚下,在陈、项传上。愚
意甚嫌次第之无纪,若此次第,甚为有伦,何以改之？

　　临川王洛口弃军,武帝恧加贬削,无政刑矣。都下窃发,每以
宏为名,朱雀航刺客指云宏使,仅以罪免。又与永兴公主通,阴谋
弑逆,许事捷立为后。帝为三日斋,主使二僮为婢衣入侍,阁帅疑
之,密告丁贵嫔,惧上不信,密使宫帅图①。帅纳舆人八人,缠以纯
绵,立于幕下。斋散,主请间。主升阶,而僮先趋帝后,八人抱而禽
之,帝惊坠。搜僮得刀,辞称宏使。帝杀二僮,秘之,以漆车载主
出。主恚死,帝竟不临之。宏兽畜之行,枭獍之心,帝固隐忍之,岂
安社稷、定国家之大计哉。

　　粟山按：此实家丑,宜隐,于国法则非。

　　安成王秀少孤,于始兴王憺尤笃。憺为荆州,以奉中分秀,秀
称心受之,不辞也。分奉非难,称心不辞为难。"称心"二字妙极,
"耦具无猜"形容。

　　南浦侯推清敏好文,侯景之乱守东府,握节而死。然历任淮
南、晋陵、吴郡,所临必赤地千里,吴人号"旱母"。此公想荧惑司

————————

　　①　"图"字原重。

命耶？

衡山侯恭语湘东曰："人有不好欢兴，仰床上，看屋梁著书，千秋万岁，谁传此者。不如临清风，对朗月，登山泛水，肆意酣歌也。"帝子王孙，乃能此言，亦俊。

鄱阳王恢为益州，成都去新城陆路往来，悉订私马，百姓患之。恢市马千匹，附所订之家，须则以次发之，百姓赖焉。驿马名曰"订马"，前此、后此皆未闻。

钟离人顾思远，年百十二岁，七娶，十二子，死亡略尽，小者年六十余，无孙，执义为卒伍。广陵侯亮为徐州，见而异之，赐食，兼人。形有肉骨长寸，载还都，赐宅，擢散骑郎，召言往事，多异传闻，年百二十卒。普通中，穰城人二百四十岁，不谷食，惟饮曾孙妇乳，简文赐以束帛。荆州上津乡张元始百十六岁，膂力过人，九十七生子，遂无影，将亡，人人告别。一时乃多此异人。

读《鱼弘传》，止叙历官贪纵，未知史臣立传何意。及观《张惠绍传》，曰："子登嗣，累有战功。与湛僧智、胡绍世、鱼弘并为骁将。"然则鱼弘以骁将乃传也，传中一言不及，止云"累从征讨，常为军锋"而已，可谓率略。

曹景宗曰："昔在乡里，骑快马如龙。与年少辈数十骑，拓弓弦作辟历声，箭如饿鸢叫。泽中逐獐，渴饮血，如甘露浆。觉耳后生风，鼻头出火，此乐使人亡死。今作贵人，闭车中，如三日新妇，邑邑使人气尽。"读之神旺。

冯道根能走马步地，计马足以赋功，营垒立办。以行三军，真使行阵如山，不可攻拔。又尝云"慎防勇战"，真名将之言。

长沙宣武王葬，车府忽于库火油络，欲推主者。乐蔼曰："晋武库火，张华以为积油久灰必然。今库若火，非吏罪也。"检之，果有积灰，时称博物。《晋书·张华传》乃不见此言，当别有本。

《沈约传》上溯金天、玄冥，已甚矫诬，又自竹邑侯以下十余世代书爵里。该以一言云："约《自序》大略如此。"凡三千余言，约传仅有其半，乃是沈氏家谱，非国史也。又《南史》田子、林子已有专传，一书而先后重沓如此。

徐勉为吏部《立选部》，为九品十八班，即今之条例也，作俑自勉始。戒子菘书甚佳，惜太繁耳。书中云："渎中并饶荷葰。"葰，羊捶切，音委，芡实、鸡头也，北人谓之葰。

《梁书》不为王琳立传，《南史》补之，岂非以琳终始为梁哉。初讨侯景有功，止以暴横自肆，本无大罪，僧辩何得启诛之？及下廷尉，元帝令张载、黄罗汉宣谕琳军，陆纳等不受命，囚罗汉，抽载之肠以绕马足，马走，肠尽气绝，复窬而斩之，杀天子使不可赦。元帝锁琳送军中，纳等既降，琳亦复位。不闻诛送首恶，君臣俱失。及琳为元帝发丧，又奉表于齐，献款于魏，称臣于梁，复拒敬帝之征，名为义举，何也？直好乱，反复耳，非梁纯臣也。

《陈诸王传》有"马客"，非一，当是台军，名如"飞骑"、"越骑"等目。

始兴王叔陵发谢太傅墓，弃其枢，以葬生母彭贵人，宣帝不之禁。叔陵被诛，后主始发彭氏葬，以还谢氏。太傅身亡二百年，乃罹此厄。

陈武既崩，太子在北，社稷为重，君为轻，使敌人不能挟质以要我，侯安都之拥立文帝是已。衡阳既归，文帝不能复高子臧之节，谓天位不可复移，崇以大藩，谁曰不可？安都阳迎，沉之江，惨矣。衡阳入国致书文帝，词甚不逊，殊非智者，宜其殒身。

粟山按：于少保之弃天顺立景泰，亦与安都同意，真善读

《孟子》者。英宗归而旋有夺门之事，假令衡阳归而不死，国事未知何如？惜安都不能善处之，而竟冒不韪也。

孙玚镇郢州，合十余船为大舫，中立亭池，植荷芰。良辰美景，宾佐并集，泛长江而置酒，可谓一时豪举。

宋明帝好食逐夷，密渍之银钵，一食数钵。食多，胸腹饱胀，气将绝。左右请饮酢酒数升，乃消。疾大困，一食汁滓犹至三升。水患积久，药不复效，遂绝。

　　粟山按：逐夷未知何物。《吴地记》："阖闾逐东夷，据沙州，粮不得度，祷而得鱼，食之美。夷送款王，将鱼腹、肠、肚，咸水淹之，送与夷人，因号'逐夷'。"按：此即今之石首鱼也。

王洪范①为青、冀二州刺史，州人以洪轨上谷人，呼为"虏父使君"②，言之落泪。

孙谦历二郡五县，所在廉洁。夏无帱帐，而夜卧未尝有蚊，人多异焉。遗命薄葬，辒床装之以薓。第二子贞工，巧织细薤装辒，以篾为铃佩，虽素而华。孝贵继志，哀戚之中，何心工巧玉，贞可谓不能善继。

伏曼容美风采，宋明帝以方嵇叔夜，使陆探微画叔夜像赐之。为尚书外兵郎，与袁粲会谈元理，时以为一台二绝。

顾越字允南，吴郡盐官人，所居新阪黄冈，世有乡校，由是顾氏多儒学。又顾欢为吴兴盐官人，隐天台，多道术。弟子鲍灵绶门前有大松，十围，上有魅，数见影。欢印树，树即枯死。山阴白石邨多邪病，村人求哀，欢规地作狱。有顷，狐狸鼋鼍自入其中多，命杀

---

① "王洪范"原作"王洪轨"，据《南史》卷七十《循吏传》改。
② "虏父使君"原作"虏文使君"，据《南史》卷七十《循吏传》改。

之,病者皆愈。海盐、盐官相接壤,考《齐书》盐官未尝隶。吴兴,乃吴郡之误也。海盐收顾野王,野王本传止称吴人,未尝称寓盐,而硖石山有野王读书台,横山有顾氏故居,何以称也? 越传称新阪黄冈,其在二海之界邪? 斯顾氏之先证矣。

钟嵘《诗品》谓"沈约五言最优。于时谢朓未遒,江淹才尽,故称独步。故当词密于范,意浅于江"。《南史》谓嵘"追夙憾,以此报约"。若以诗论,约较宣城文,通大弗如,嵘评未尽当。于约,故为公论,岂为夙憾!

河东关康之与臧荣绪俱隐京口,时颜延之等名士十许人入山候之,见其散发,被黄布帊,席松叶,枕白石而卧,了不相盼。延之咨嗟,不敢干而退。读此,觉戴安道、雷次宗为烦。

陈留蔡荟,字休明,清抗不与俗交。李挚谓江敩曰:"古称安贫清白曰夷,涅而不缁曰白,如休明者,可不谓之夷白乎。"

粟山按:"夷白"二字,甚新。

武康①沈麟士隐居终老,读书不倦。遭火烧书数千卷,年过八十,耳目聪明,以灾故钞写细书,复成二三千卷,满数十箧。时人以为静默所致。制《黑蝶赋》以见意。若此者,便是地行仙。

南岳邓先生、陶通明皆仙释之流。庾诜精诵佛经,感有异兆,称生净域,亦其类也。不得以《隐逸》列之。

粟山按:此非史乘所宜言。

扶风马枢隐茅山,其言曰:"贵爵禄者,以巢、由为梏桎;爱山林者,以伊、吕为管库。束名实则刍芥柱下之言,玩清虚则糠秕席上之说,亦各从其好也。"安理数言,可谓新特。

---

① "武康"原作"武安",据《南史》卷七十六《隐逸下》改。

古以缁布为冠。子曰："玄冠不以吊。"冠之尚玄久矣。荆卿西行，客皆白衣冠送之，是亦往而不还之义，同乎凶丧也。《诗》云："既见素冠兮。"当别有义。晋人乃着白接䍦，而六代之君着白纱帽，诸王以下皆乌纱帽。帽之尚白，未知何义。

梁会稽贺德基少游学都下，衣资罄乏，盛冬止服夹襦袴。尝于白马寺逢一妇人，容服甚盛，呼德基入寺门，脱白纶巾以赠之。曰："君方为重器，不久贫寒，故此相遗耳。"问姓名，不答而去。妇人乃着白纶巾，当是裙襦类耳。

刘勰一时名流，乃求出家，先燔须发自誓，敕许之，改名"慧地"。上有佞佛之君，下则有毁形之士大，可怪也！

吴郡顾协、临沂颜协[①]，同在湘东邸，府中称"二协"。

乌程丘杰年十四遭丧，不尝熟菜，以其有味。岁余，其母见梦，曰："死止分别耳，何事乃荼苦。汝噉生菜，遇虾蟆毒，灵床有三丸药，可服之。"果得瓯，中有药，下蝌斗子数升。丘氏世宝此瓯云。夫圣人以礼节情，曾子纯孝，水浆不入，七日而已，不忍性灭也。五蔬之设，以佐五谷，谓其味胜，宜弃勿尝。舍熟啖生，何取乎菜？非徒无益，且以害生。杰乃质美未学，天假其灵于母，以牖其衷，非母能灵也。

新蔡徐元妻许二十一丧夫立节。妇人乃以行次称，故奇。萧矫妻羊淑补父丧，辄哭呕血。母疾露祷，忽见一人在树下自称枯桑君，曰："今泄气在亥，求白石镇西南，若人无患。"言讫不见，如言而疾愈。

粟山按：二十一恐是纪其丧夫之年。

---

① "颜协"原作"顾协"，据《南史》卷七十二《文学传》改。

刘沨及濂有祥览之孝，乃以始安王瑶光党见杀，非孝也。

赵拔扈因兄震动为太守所杀，亡命聚党，咒社树，"仇可，执斫处更生"。三宿三柿生十余丈，人以为神，遂至十余万。攻杀太守，转攻傍邑。至成都，战败乃降。此乃寇贼耳，当以此为守令、残暴者戒，何足列《孝义》中。

朱百年隐会稽南山，伐蘽采若为业。蘽，古"樵"字；若，杜若。

东阳人李瞻起兵讨侯景，为景所执，出之市中，断其手足，析心腹，破出肝胆。瞻正色整容，言笑自若，其胆乃如升焉，岂非烈丈夫！

王伟助逆之首，景败，求活草间。抗辩，王僧辩不挫，似乎孔熙先一流人。及囚江陵，献诗元帝，希意不死，愚矣。钉舌刳肠，颜色自若。仇家脔肉，俯而视之，至骨方刑之。世间自有此一种人，嵇康琴，夏侯色，不足多异。元帝见"湘东一目"之文始怒，致之极刑。忘君亲之大仇，责诟讥之小恶，又不足以蔽伟之辜也。

沈约为《宋书》，多言孝武、明帝褒黩事。梁武见之，曰："昔尝逮事孝、明，当思讳恶之义。"于此多所省改。梁武之代齐，不剪其支庶，故虽十四王被屠侯景手，而梁之子孙，自北及隋唐，蝉绵不绝，乃天道焉。

粟山按：在佞佛者，则以为佛佑矣。

《北史》

魏自什翼犍始强,并吞诸部。然于夷俗未有名号,至道武始称代王,改名曰"魏"。群下劝进,称号改元,遂尊什翼犍为高祖。名为高祖,则以前无位号,可知魏收作《魏史》,追尊以前二十五世,皆强目为帝,矫诬已甚。李百药①《北史》宜断自什翼犍为始,略序先世,总以数言,曰后皆追称为帝,始合史臣之体。乃因其妄托先圣之后,而曰黄帝之系,以土德王,以土为托,谓君为跋,因姓托跋氏。夫蛮夷戎狄安知五行禅代之事,药师可谓梦呓。观魏文立七庙而始于太祖,则知以前诸帝之无稽矣。

《北史》诸纪当如《春秋》《国语》之纪吴、楚,书其自尊之号,以著十统之实。南朝列国诸君随例泛书,不必因魏史旧文抑彼尊此。他人则曰"僭立",在此则曰"即位";所至则曰"行幸",来聘必曰"朝贡"。全以帝王之统,隆之也。

昭武、道武雄杰一时,俱不免弑戮之祸。戎狄无亲,以弑逆为恒俗。乃盗袭诸夏之尊称,可谓处非其据。去刘聪、石勒几何哉?

魏文脱去夷风,向慕往哲,衣冠制度,骎骎盛时。居丧三年,力拒群臣,遵行古典。此则超出百川王,即汉、唐、宋诸君视之,且有惭色。

魏并吞中原,威制西北,国势之强,百倍江南。然其亡也兆,自充华临朝称制,秽德彰闻,自此权臣执柄,遂分东、西,以至于亡。

---

① 《北史》作者应为李延寿,而非李百药。

粟山按：为唐武后作俑。然一亡一否，则以武后能知人善任也。

胡充华迫夺嫡后，出居金墉，以至削发为尼，终于瑶光寺，此即乱国专政张本。

齐神武初事尔朱荣，累迁第三镇人酋长。尔朱度律又加神武为第一镇人酋长。虏以"酋长"为尊称，尚是太古之俗，后则并此讳之矣。

神武微时从尔朱荣，依庞苍鹰，止团焦中。"团焦"当是苑舍，宋人以茆庵为"团标"，即此。

《北史》于魏史，旧义宜稍加笔削，乃永宁浮屠之灾，称述符命，说者以为天意若曰："永宁见灾，魏不宁矣。飞入东海，勃海应矣。"此等语不惟矫诬，亦甚稚鄙。

魏明初立亲贤，则有清河王怿、任城王澄，耆旧则有于忠、崔亮，足以辅政。乃群臣奏请太后临朝，以至浊乱朝纲，奸党窥伺，魏之瓦裂，实此基之。

灵太后被幽五年，孝昌元年，废元义，复行反政。《魏明本纪》止书"皇太后复临朝摄政"，不及元义之处分，可谓疏漏。《北史》删魏史旧文，稍觉洁净，然如此节目，何可删也！

孝昌二年闰月，税市，人出入者，人一钱。如此将令市人绝迹，何以为京师！

李百药①论赞每不及魏收之简，故知人才之愈下也。

尔朱荣封敬帝兄为"无上王"，便已可笑已。即沉太后及幼主，杀王公卿士二千人，迁帝便幕，旋悔，稽颡谢罪。还御太极殿已，又表请追谥无上王邵为皇帝；余诸王、公以下，各追赠官阶。如此乖

---

① 《北史》作者应为李延寿，而非李百药。

张,董卓、侯景所不为,岂能久执朝柄无祸乎?

尔朱天光、世隆弑敬帝,奉长广王晔为主,既而以晔疏属,后迎广宁王恭。晔已至邙南,世隆复奉节闵帝,行禅让之礼。弑君、立君等于奕棋,使人叹息。

　　　　粟山按:北魏时君臣道否,不复知有纲常,于此可见一斑。

节闵手刃尔朱,可谓快事。然无善后之策,徒奋匹夫之勇,祸不旋踵。高欢枭雄机变,百倍尔朱,且有翊戴功,罪状未著出,帝遽将讨之,可谓螳臂以当车辙。海内分崩,君臣大义久已扫地,畏天顺人,乃可成事。否则周文遵养,庶保令终耳。

北齐屡发寡妇以配军,甚至有夫者亦夺之,真夷俗也。

文宣因祈雨无效,毁西门豹祠,掘其冢。毁祠甚矣,掘冢尤可恨也!

文宣大杀元氏,无少长皆斩,凡三千人,暴酷如此。

文宣追蠕蠕,令都督高阿那肱率数千骑塞其走道。时虏众犹五万人,肱以兵少,请益,文宣更减其半骑。那肱奋击,遂大破之。虏主踰越岩谷,仅以身免,此深得将将之法。

孝昭宽仁大度,有帝王之量。思削平关右,继迹神武,天不假年,齐遂不振。济南之被弑,或谓有天道焉。文宣酷暴,屠戮忠良,宣淫近属,得保首领以没,幸矣。欲子孙之延,何可得也!孝昭之短祚,皆云文宣为祟。余谓文宣安能为祟,自是齐室之不长耳。

人知行三年丧有北魏孝文,而不知有北齐武帝[①]。武帝读书

---

　　①　据同段下文"此人不死,隋坚岂能窃国","北齐武帝"应为"北周武帝"。《北史》亦载:"建德三年三月,皇太后叱奴氏崩后,周武帝行三年丧。"参见《北史》卷十《周本纪下》。

好古,悉毁佛、道经像,尽罢淫祀,大有豪杰之见。此人不死,隋坚岂能窃国。

太武保母窦氏、文成乳母常氏,并尊为皇太后,荒俗无人伦,不知遗笑万世。

粟山按:上师汉赵娆,下开明奉圣,皆足为人主殷鉴。

魏世子当立者,母先赐死,以防母后之乱。而灵太后独不死,以至乱亡。

魏穆帝猗卢欲立其少子比延,乃令长子六修拜之,六修不从。乃坐比延于己所乘步辇出游,六修以为猗卢也,谒伏道左,及至,乃是比延,惭怒而去。猗卢伐之,六修拒战,杀比延。猗卢微服人间,贱妇人识之,遂被弑。此等举动,父不父,子不子,弟不弟,宜其篡、弑相寻也。

华山王鸷潜通尔朱荣,河阴杀戮朝士,荣与鸷共登高冢观之。及兆之乱,又阴通兆,劝帝不为备,致仓皇出狩,真乃国贼。《北史》称其"木讷少言,性方厚。每直省闼,暑月不解衣冠"。夫卖主通贼之人,阴险踰鬼蜮,而曰"性方厚"。何厚之有!彼于君父,且弄之如木偶,而修敬省闼何为者?执笔者徒识其小,未尝明于君父之大也。

艾陵伯苌性刚毅,生平不笑。孝文迁都,苌以代尹留镇。因别,赐苌酒,拜饮之。帝曰:"闻公生平不笑,今方隔别,当为朕一笑。"竟不可得。帝曰:"五行之气,偏有所不入;六合之间,亦何事不有。"左右之人见者,无不扼腕大笑。

道武悦贺夫人之色,杀其夫而纳之,生元凶绍,遂至大逆,谁谓无天道耶?

实君弑昭成,符坚伐之。执实君,镮裂之长安,此坚之所以定伯也。

景明中，洛阳县献白鼠，尚书卢昶奏："按《瑞典》，刺史、二千石、令长不祗上命，刻暴百姓，怨嗟，则白鼠见。"因陈时政，多所劝诫。诏书褒美，此奏大快人。今天下贪吏满州郡，宜乎白鼠之多也。

魏临淮王孝友上书曰："古诸侯一娶九女，士有一妻一妾。《晋令》：诸王置妾八人，郡君、侯六人，官一、二品有四妾，三、四有三妾，五、六有二妾，七、八有一妾。而圣朝将相多尚公主，王侯娶后族，故无妾媵，习以为常。举朝略是无妾，天下殆皆一妻。设令强自广娶，亲知共相嗤怪。父母嫁女，则教之以妒；姑姊逢迎，则相劝以忌。持制夫为妇德，以能妒为女工。王公犹自一心，以下何敢二意！妻妾之礼废，奸淫之兆兴，此臣之所以毒恨也。请令王公、一品备九女，二品备七，三品备五，五、六则一妻一妾，限以一周，悉充数。若不充数①，及待妾非礼，使妻妒，加捶挞，免所居官。其妻无子而不娶妾，请科不孝之罪，离遣其妻。使王侯将相，功臣子弟，苗裔满朝，传祚无穷，此臣之大愿也。"北魏妒风太甚，又魏孝文帝尝对群臣曰："宫闱妒忌，王者有所不免，何况臣下？"魏恢拓西北，并吞氐羌，莫强于天下。乃畏妇之风，上自帝王，下及臣庶，无不皆然。此天地阴气所感化为北朝耶？隋文一统南北，乃畏独孤，恐江南亦不免渐染畏内之教矣。

尔朱荣既大杀王公，启帝欲迁都晋阳，都官尚书元谌争之。荣曰："此何关君，而固执若此。河阴之役，君应知之。"谌曰："天下事天下论之，何以河阴之酷相恐元谌。宗室戚属，位居常伯，生既无

---

① "数"字原重。

益,死又何损。正使今日碎首流肠,亦无所惧。"荣大怒,欲罪之,其从弟世隆固谏,乃止。观者莫不震悚,谌色自若。读此,凛凛千古,犹有生气。《北史》乃谓"谌无他才识,历位虽重,时人忽之"。如此等人,生死不能夺,乃是社稷之臣,而谓"无他才识",可谓瞽史。

屈蛇侯罗结年一百七岁为侍中,总三十六曹事,精爽不衰。太武甚信待之,监后宫,出入卧内,因除长秋卿。一百十岁,诏听归老大①东川②,乃卒。如此寿考,岂非异人。古之伊尹、太公、周、召、毕公,皆年踰百岁尚为辅相,若生古初,何必减之。

奚牧道武旧人,患难有功,徒以通书姚兴,抗词不逊,道武戮之,以谢秦,过矣。

和跋才辨,为道武勋臣,徒以淫奢蒙戮,死非其罪,英爽不昧,能以阴雾迷太武于豺山,祭之,乃开。则杀之滥枉可知。

贺狄干被留于秦,因读书史,通《论语》《尚书》诸经,举止风流,有似儒者。道武于其归也,见其言语衣冠类中国,忿而杀之。若干者,可谓不遇其时,若在孝文之朝,必首被登庸之选。

崔浩测荧惑之入秦,高允知五星聚东井之谬,可精察天③人之际。

王猛谏符坚之伐晋,崔浩止魏文之伐宋,虽以天时人事之不齐,江南才俊之难测,要非本怀。二子皆关洛名家,不遇中原英主,不欲氏羌、拓跋兼并南北耳。

魏宋鸿贵为定州参军,疏凡不识律令。闻律有枭首罪,乃生断

---

① 原文此处空缺。据《北史》卷二十《罗结传》,罗结归老地为"大宁东川",因此空缺处应为"宁"字。

② "东川"原作"川东",参见《北史》卷二十《罗结传》改。

③ "天"字原重。

兵手,以水浇之,然后斩决。如此人令作参军,真是醉梦世界。

宋世良为清河太史,盗贼屏迹。天保大赦,至郡无一囚,率群吏拜表而已。狱内稂生桃树,蓬蒿亦满,每日牙门虚寂,无复诉讼,谓之神门。读之,使人神往其境。

李先子凤采蓝田玉,椎七十枚为屑,食之经年,云有效验。而不节酒色,疾笃,谓妻子曰:"吾酒色不绝,自致于死,非药故也。然吾尸必有异,勿速殡,令后人知飧服之妙。"时七月毒热,停尸四宿,体色不变。其妻以玉珠二枚含之口中,口闭,谓曰:"君自言飧玉有神验,何不受含?"言讫,齿启纳之。因嘘其口,都无秽气。举殓于棺,坚直不倾委。子皎事寇谦之,服食绝粒数十年,年九十如童子,坐脱而去,人咸以为尸解。

萧宝寅在齐不能有所为,奔亡赴魏,忽为异图,称号自立,岂非怪事。伥以帝室之子,自负英才,乃梁武西来,一筹莫展。魏之强盛,百倍于梁。羁旅亡命,妻以公主,无宗社之仇,遽为背德,自取灭亡,是则萧鸾余殃,夺其神爽,以即菹醢云尔。

北齐冯景裕系晋阳狱,至心诵经,枷锁自脱。主者以闻,赦之,此经遂行,号曰《高王观世音经》。此等不宜载之史。古德尊宿,皆以此经为伪,僧行不许诵习。彼教且非之,百药何率尔也。

　　粟山按:此经至今崇奉,足为大噱。

高德政劝文宣为篡夺计,太后屡止,不听,终为文宣所杀。杨愔诸人俱不免,谁曰天道无知。

范阳卢曹自蓟入海岛,得长人骨,以髑髅为马皂,胫骨长丈六尺,以为二稍,神武诸将莫能用,惟彭乐强举之。未几,曹遇声,恫声闻于外。巫言海神为祟,遂卒。此之为骨,不下防风,而云海神为厉,海神乃有骨耶?抑此巨人之有神也。隋王邵献谀

隋文,屡称符命,至妄引《易经》随卦以证之,可谓侮圣人之言,列
之佞幸可也。

国史非家乘,分隶各代,不宜一姓共传。《三国志》孔明未尝与
子瑜同传,欧阳《五代史》亦分朝立传,未尝合一家为传也。《北史》
立传,往往如族谱,异朝之臣合作一卷,或相去百年,或远隔数世,
竟以一家而比,类之大失体裁矣。况忠佞同条,贤奸合志,徒取一
姓,不顾非伦,岂良史善善恶恶之义乎。

魏从事中郎郭景尚善事权贵,世族号"郭尖"。今以善钻竞者
为"头尖",六朝已有此日。

　　粟山按:"郭尖"二字颇新。

北朝词章华而不实,砌叠堆垛,连篇累牍,令人厌观。宣武亲
政,罢六辅,张彝、邢峦等闻处分非常,出京奔走,御史中尉甄珍弹
之,云:"非兕非虎,率彼旷野。"诏书切责彝等。《北史》摘此二语,
以为工耶? 是以彝等为孔子,目朝廷为陈蔡也。浮词害义之甚,反
摘举之,何文人之无眼若此。

祖珽①倾危变诈,乱臣之魁,至于亡赖偷窃,往往为士类所鄙
贱,恬不为耻,文人罕有之奇矣。熏目既盲,复参大政,益设权谲,
势倾人主,被挤,出刺徐州。陈寇犯城,珽不闭门,令守陴皆下静
坐,街巷禁断行人,鸡犬不闻有声。贼无所闻见,疑是空城,不为警
备。至夜,珽令大噪震天,贼惊散走。后复结阵向城,珽乘马自出,
令录事参军亲临战阵,贼谓珽盲不能抗拒,忽见亲在戎行,弯弧鸣
镝,相与惊怪,畏之而罢。穆提婆憾珽,欲令城陷,知危不救。珽且
战且守十余日,城以克全。若珽固文武兼资,见奇于目盲之后,尤

———————
　　①　"祖珽"原作"祖挺",据《北史》卷四十七《祖莹传》改。

为超特。此等人当何目品置之，若令迁、固操笔，又不知若何，奇绝耳。

粟山按：兵不厌诈，斑乃用其所畏。斑非无长，特用之者不得当耳。

北朝英雄毕竟以高欢为首。欢雄才大略，算无遗策，机变类曹操，坦怀似沛公，英锐近孙策，其称雄一代者，以不篡魏也。欢有挟天子令诸侯之心，初事尔朱荣，知其畜不臣之志，以计自跋，不与同逆。兆之入洛，遣使招欢，欢恶其伐君，巧言避去。兆幽孝庄，欢闻大惊，令孙腾密觇帝所在，欲于路邀之，明唱大义，仍与兆书，陈祸福不宜，害天子受恶名于海内。及兆弑逆，自邺进讨，削平乱贼，磊磊落落真丈夫也。晚出宇文黑獭，为之敌手，其才器亦亚于欢，而不及欢者。宇文有吞魏之心，高氏无僭代之志也。欢老，泰方英锐，仅堪敌手，否则泰固当北面事之。

粟山按：欢亦非能终守臣节者，特其时未至，故谬为尊奉，待以观变耳。

斛斯椿初附尔朱荣，荣败，弃之，归汝南王悦。及兆入洛，椿又附之。见兆擅权，惧祸，乃与贺拔胜说世隆以正道。世隆欲害之，天光救，得免。世隆与兆自相疑，椿与胜和之，兆执椿、胜。椿又陈以正理，兆谢而遣之。神武师起，椿乃谋诛尔朱氏，将复图欢。从孝武入关，给椿店数区，耕牛三十。椿以国难未平，不与民争利，辞店受牛，日烹一牛，以享士。及死，家无余财。如椿者，虽离合反复，终归于正，可谓忧国奉公、智深勇沉之士。《北史》谓其性巧佞，盖以其口舌机变，屡脱危险，故耳。此以免害，岂其本怀，世岂有巧佞之人而终奉颠沛之主也。

贺拔岳使冯景诣高欢，欢请与岳监结为兄弟。岳曰："此奸有余,而实不足。"自古王人无私盟,贻观《春秋》,桓、文皆有私盟,共尊周室,虽盟,不为私欢之结。欢于岳,或其意不在魏,则诚然若岳能扶奖魏室,结盟英杰,共立忠勋,则盟岂为奸乎?

粟山按:岳之言欢,洞见肺腑。岳自是正人,岂屑与盟。所谓薰莸不同器也。

周文令苏绰作大诰,不意王莽之后更作续貂,胡卢于识者。黑獭枭雄亦拾此酸腐邪?乃见汉高之溺儒冠,虽无圣人之度,自是帝王卓识。

因唐讳,并韩禽虎之名亦删之,直作"韩禽",可笑也。

韩果劲勇翘捷,北山胡畏之,号为"着翅人"。周文笑曰:"着翅之名,何减飞将!"

裴蕴酷吏,杀人媚上,至通显。司马德戡谋逆,与同党谋入西苑以救帝,谋泄,被害于化及,能晚盖者也。麦铁杖枭雄健捷,身为盗贼,以勇见知为将,战死辽东。子麦孟才复与沈光谋杀化及,为帝复仇,同时被害,世擅忠义。沈光、铁杖皆擅健劲,凛凛生气千古。光号"肉飞仙"。铁杖同时有猛士鱼俱罗等,屡立战功,炀帝以其相表异人,目有重瞳,因事诛之。

粟山案:王胄、薛道衡以文词过人见诛,况有异表者耶?

魏孝文为冯熙服缌,又引《白虎通》云:"王所不臣者,数有三焉。妻之父母,抑言其一。"今按《礼》经,期之丧,达乎大夫;三年之丧,达乎天子。是则功缌之服大夫已断。未有身为天子,而服外氏之丧者,孝文不以圣经为断,而引汉儒曲说,非矣。《孔丛子》语陈涉,亦有外家不拜之说,当同此类,恐非圣人之教也。在礼,于妻党甚轻,而圣人甚重君臣之礼,焉有后妃之父不拜天子之礼。"尽信《书》,则不如无《书》。"览古者必衷于圣人之言,始为无弊。

灵太后为太上君胡国珍成服于九龙殿，明帝为外祖服小功。九龙殿乃魏主寝殿，太后成服于此，大非礼。明帝为外戚服，亦是孝文作俑。

武成后父胡长仁为尚书令，郦孝裕、陆仁惠、卢元亮每日方驾都坐，屏人私语，私游密处，所在追寻，时名"三佞"。

《北史》外戚每人名下必增一传字，岂删数传合为一传邪？夫外戚之足备鉴戒者，传之可也。姚黄眉、贺迷、杨腾乙、弗绘、赵猛，止寥寥官阶数行，亦名为传，何耶？

蓟州平恒博通经籍，三子皆不肖，任其婚官，仕聘混浊，坠其门风，不知恒所业儒是何等也。世岂有诸子皆均朱，无一人可世其业者？则知恒口耳之学，非真儒也。不能教子，乌能迪来世乎？

游雅、陈奇论《易》不同，迭相非刺，雅遂陷奇大戮，岂足为儒。

刘兰每排公羊而非毁董仲舒，有人叩门，与兰坐，曰："君自是学士，何以每见毁辱？理义长短竟在谁，而过无礼见陵也？今欲相召，与君正之。"言绝而出，兰遂病卒。此岂公羊、董子之灵邪？何猖狭若是？

陆令萱以叛人妻子配入掖庭，幸充阿保，乃敢儿畜天子，弑君废后，贼杀亲藩大臣，罪在王圣、赵娆之上。其子穆提婆宠幸弄权，遂以亡国，弃帝奔周，宜显戮以谢西人。宇文泰反加爵赏，谬矣。

粟山按：此时而论政刑，则不特此一端可指矣。

释藏多梵僧昙无谶所译，乃《北史·沮渠蒙逊传》中云罽宾有沙门昙无谶，能使鬼疗病，令妇人多子。与鄯善王妹曼头陀林淫通，发觉，亡奔凉州，蒙逊号之曰"圣人"。昙无谶以男女交接术教授妇女，蒙逊诸女、子妇皆受法。太后召之，蒙逊不遣，发露其事，拷掠杀之。其秽如此，抑名偶同耶？抑鸠摩罗什交接生子之类耶？
皆不可知，姑志于此。

　　李延寿自序作史始末，乃泛及族之闻人，芜滥极矣！国史非族
谱，叙及先世，烦矣！又拖沓若是，以视子长自叙，何啻千里！

《魏书》

　　初魏史官邓渊、崔浩、高允皆作编年，遗落时事。李彪、崔光始分纪、传、表、志。宣武时，邢峦撰《高祖起居注》，崔鸿、王遵业补续，下逮明帝。温子升作《庄帝纪》。魏末，山伟诏附元天穆、尔朱世隆，与綦儁更主①国书，二十余年事迹，万不存一。齐文宣诏魏收修《魏史》一百三十卷，颇为详悉。收所取史官，欲不逮己，皆不工纂述。论撰出收一人，悉焚崔、李旧书，党齐毁魏，褒贬肆情。文宣命收于尚书省，与诸家子孙者讼诉者百余人评论。始亦辩答，后不能抗。仆射杨愔、高正德用事，收皆为其家作传，二人党助之，抑塞诉词。范阳卢裴、顿丘李庶、太原王松年，坐谤史，鞭配甲坊，有致死者。众号"秽史"。皇建中，命收更加审核，群臣并攻其失。武成敕收刊正。收既招众怨，齐亡之岁，姿发其冢，弃骨于外。隋文以收书不实，命魏澹、颜之推、辛德源更撰《魏书》九十二卷，以西魏为正，东魏为伪，义例简要，大矫收绘之失，文帝善之。炀帝以为犹未尽善，敕杨素、潘徽、褚亮、欧阳询别修《魏书》，未成而素卒。唐高祖诏陈叔达等十七人，分撰后魏、北齐、周、隋、梁、陈六代史，历年不成。太宗罢修《魏书》，止撰《五代史》。高宗时，魏澹孙同州刺史克己，续十志十五卷。《唐·艺文志》有张大素《魏书》一百卷，裴安时《元魏书》三十卷，今皆不传，惟魏收书在。言词俚质，取舍失衷，其书亡逸不完，无虑三十卷，刘贡父序如此。魏收轻薄，本是词

---

　　①　"主"原作"王"，据《魏书》改。

流，原非史笔，文之芜秽不足责。其可恨者，故用不如己者，以专其事，尽焚崔、李旧书，以灭其迹，欲以一人之私，抑绝众口之公，屡经厘改，至于易代往往不成，遂合"秽史"得垂耳。

三代去古未远，然不窬以上尚疑其诬。魏本夷俗，以部落之盛为尊称，断自猗卢、什翼犍可也。上溯黄帝，矫附拓跋，追称二十七帝，又称田祖六十七世，至毛，不言在何代，荒忽不经。力微、诘汾之生，又不足怪。

　　粟山按：此古今作史通病，若非兴主破除俗见，则史臣安敢有异也。

魏之先僻处北，方荒。魏晋之间，始通中国，其书南渡以后，必云"僭晋"，必书名、书"死"、书"贡"。他史所无，魏收小子敢尔，无忌惮之尤。尊魏者，见北齐正统所承也。

道武始用天子礼乐，止用玺绶，不御衮冕，尚安夷俗也。因天文之变，多杀戮以应之，不知修德弥灾。清河万人之杀（音试），宜矣。

道武、明元皆以寒食散发动，遂至失常。晋人习尚，北荒之人亦效之，良足怪叹。

太后尊保母窦氏为保太后，已属不经。文成遂尊为皇太后，又悖甚矣。

元魏谥号重沓，既有成帝，毛又有昭成帝；既有庄帝，又有孝庄；既有明帝，又有明元、孝明；又孝文、平文、献文、文帝。至再，至三。当时史官何无学术，乃尔。

孝文诏："沙门不得去寺浮游，行者仰以公文。"今公文"仰"字本此。

孝文禁：祭孔子，不得巫觋、倡优、鼓舞、媟狎，止用酒脯。今民间并无淫祀夫子者，则宋儒推尊讲贯之力为多。

　　栗山案：此实孝文卓识。

　　显文将南伐，诏州郡十丁取一，以充行户，收租五十石，以备军粮。是每丁赋米五石也，民何以堪！

　　孝文永明十年，始服衮冕，筑圜丘，备法服、大驾。十九年禁，不得以北俗语言于朝堂，违者免官，乃用夏变夷之始。

　　宣武于式乾殿为诸僧、朝臣讲《维摩诘经》。在南梁，武惑溺如同一辙。

　　孝明既立，二月庚辰，尊高后为皇太后。己亥，尊胡充华为皇太妃。三月甲辰，皇太后出俗为尼，居金墉城。八月，尊皇太妃为皇太后，群臣请太后临朝称制，此元魏祸乱之始也。高阳、任城二王秉政，欲裁胡氏，以正尊嫡，是以太后、太妃异称。不知充华强悍，岂能居人下，遂有逼嫡为尼之举。此时宜并尊二宫，以弭其欲；皆不与政，以防其祸。或免决裂乎，要非人谋所及。

　　栗山案：二宫并尊，则嫡庶之分不明。就使并尊，能保其不复逼嫡、不临朝乎？正不得归，咎于高阳、任城也。

　　高太后崩于瑶光寺，以尼礼葬于北邙。夫长乐之尊，忌其压也，没则亟复后号，营别兆可矣。乃以亡嫡之尊，被废嬖妾，与南风之弑、杨后凶逆，先后同符。明年，改葬追谥文昭，抑有不能掩众口乎。一武泰皇女生，秘言皇子。帝崩，皇子即位，既以女主摄万几，又以女婴作幼主，万古奇变。尔朱之乱，自招其厉也。

　　栗山按：胡俗之非，往往由此。

　　孝庄手刃尔朱，大有英气，应变无方，卒被袭弑。拟之于昔，胜高贵之讨司马昭；类之以事，同子师之除董卓。大功不终，身蒙弑逆，千秋同慨。

　　尔朱弑君、立君同弈棊,高欢、宇文相继效尤。数年之间,君无定位。河阴之役,便有异图,其子继之,殆有甚焉。神武义兵攻,不灭之,天光、律度俘斩阙下,稍为孱主吐气。

　　二废帝、出帝纪论曰:"广陵废于前,中兴废于后,平阳猜感,自绝宗庙。普泰雅道居多,永熙倍德为甚。是俱灭亡,天下所弃欤!"其纪首标曰"前废帝广陵王、后废帝安定王、出帝平阳王"。乃《后废帝纪》止称鲁郡王,不言封安定王。惟于《出帝纪》云"安定王自以疏属逊位",又云"安定王朗坐事死"。既已尊之为帝,其纪载肆情、疏谬若此。普泰即广陵年号,永熙平阳年号,中兴安定年号,或称其王,或称其元,有同射覆,岂直书之体欤?

　　出帝既西,又奉孝静为帝,二帝同时,在古未有。若以权宜遥尊出帝为太上,姑塞天下之口,但当日群臣无有言者。中原人事久陷夷俗,无有申论于君臣之际者,可叹也。

　　高欢不受九锡、大丞相、天柱大将军之封赐,其识高于同时枭雄一等。

　　《静帝纪》:"诏归帝位于齐国,即日逊于别宫。"是何书法?孝静逊位之际,皆直书无隐,不可谓党齐毁魏也。如拳殴帝、狗脚朕等党齐者,何不删之?要其受贿权豪之家,抑扬恣情为秽耳。毁则未也,谓之党齐佞魏也,则信。

　　平文帝崩,桓帝后祁氏摄国事,时人谓之"女国"。平文帝郁律,思帝之子也。后性猛,因帝得众心,恐不利于己子,故害之。思帝不见纪中,不知何帝之子。魏初,已有母后擅权之事,继之而有文明太后,甚之而为灵太后,实祁后作俑。

　　彭城、清河王传诏旨对答,词太斐然,华而不实。

　　长孙子彦坠马折臂,肘上骨起寸余,乃命开肉锯骨,流血数升,言笑自若,时谓"亚于云长"。

尉眷征蠕蠕,出黑、白两漠之间。大漠之中,乃有黑、白二漠,皆前人所未闻。

尉聿为凉州刺史。凉州绯色,天下第一,元又送白绫二千,令聿染,拒之。讽御史劾之,征验无状,复任。今天下称染绯者,镇江金陵为上,古乃出于凉州,意所谓猩红者耶?

《安同传》同父"屈",长子又名"屈",祖孙同名。虽胡俗未必尔,必有一误。

《于栗䃅传》奚斤征虎牢,栗䃅攻德宗河南太守王涓之于金墉。不言晋,而直举晋主之名,又不言姓。既见疏缪,弥表妄率。

崔浩一代谋臣,算无遗策,卒以灭宗。何哉?盖其足己自贤,排斥同类,不能如诸葛之公忠,不必谋自己出也。李顺既为婚姻,更相忌嫉,凉州之役,辟顺之谬可也。发其受赇,顺卒被诛。其犯阴祸,宜矣。灭释之教,以奉天师,道、释相去几何哉?自附正,论祇见其愚腐。迁之史,汉武废其所纪,况于暴扬先世之恶乎。浩既杀身,后之执简者追帝诸酋于百世之前,大堪胡卢。

刁雍自南而北,羁旅进用,所在经理,悉心措置,其大真有用。

陆俟及馥与丽,忠智传家,而叡以谋逆诛,止及其身,不为孥戮,蹶而复振,有天幸焉。

魏以数十万众压彭城之下问答,为孝伯易,为张畅难。二人条对,未见北人之胜,所载多勉强。"饮江"之言南人,以此詟北,何得文饰称佳!

高闾《安边策》欲于六镇筑长城以拒敌,计千里之地,十万人修筑一月可毕。以理度之,恐无此事,徒滋扰害。又请高祖封禅,无乃为佞,传亦繁冗可憎。高闾初名"驴",崔浩奇而改之,良可笑。

　　杨播、杨椿、杨津忠谨孝友,不愧万石门风。阖门见害尔朱,常疑天道无知。考传如私役兵人以营佛寺,私开牧地数百顷。兄弟尽登台司,高爵厚禄,足以相赡,乃无廉公之节,役官力以徼私福,垦官地以富私家,乃犯造物所忌耶?

　　夏侯道迁志趣无常,或南或北,其人固无足取。少而不愿娶妇,逃入益州,以军功显。晚解兖州,围营园池,畜伎妾,岁入三千,不营生产,慕孔北海为人,风尚可喜。长子夬居丧纵酒,有阮籍之狂,斥卖田园,衣食不给,弟妹饥寒,嘻亦甚矣。将死之际,梦父予杖,杖痕偏体,乃卒。夬与辛谌、庾道、江文遥等终日游聚酗饮,恒曰:“人生何殊朝露,坐上相看,先后之间耳。有先亡者,良辰美景,灵前宴饮。魂而有知,庶其飨此。”亡后,上巳,诸人至灵前饮酌,日晚天阴,咸见夬在坐,执杯献酬,但无语耳。夫纵饮蔑礼,狂诞不羁,乃于既亡之后见形,故友豪致不坠,大是异人。

　　李崇守寿春,南人目之为“卧虎”。

　　崔亮为吏部尚书,为“停年格”,不论贤愚,止论资次。魏之失才,自此而始。即今截年选法也,千古弊辙,沿踵至今。

　　　粟山按:三代以下,人心不古。选举之法,在在弊生。此虽一时弊政,然公正画一,在上者果能于其服官时,澄清厘剔,何患无才? 此所以与制举之法不废,江河万古流也。

　　崔光韶临殁,戒其子曰:“吾兄弟自幼及老,衣服饮食,未尝不同,儿女官婚,未尝不先推弟。弟顷横祸,权作松槚,亦可为吾作松棺。使吾见之。”松材入土最易朽蠹,即今罗松,文采烨然,贾客每以欺愚者。史册载之,足为明戒。光韶风棱,有古人之节,足于财而过吝,衣敝食粗,议者以为矫。观此,亦见一端。既知松槚之非,何不为弟易? 古人多有改殡改葬者,光韶直是惜财耳。自作松棺以谢弟,何如为弟易榇之两安也。

魏收谓崔鸿《十六国春秋》多有违缪。太祖天兴二年,姚兴改号,鸿书改在元年。太宗永兴二年,慕容超擒于广固,鸿又载在元年。太常二年,姚泓败于长安,鸿以为灭在元年。如此之失,多不考正,读者须详之,不可以"秽史"忽之也。

奚康生,梁武闻其引强至十余石,特作二大弓,长八尺,把围尺二,箭粗如长笛,送康生。即集文武,平射,尚有余力,表送武库。为相州,以天旱鞭石虎画像,就西门豹祠祈雨,不获,令吏取豹像舌。两儿暴卒,身亦遇疾。巫以为虎、豹为祟,康生真粗官不学。

杨大眼妻潘善骑射。大眼在军攻蛮酋樊秀,潘诣军省之,戎装齐镳战场,大眼目之为"潘将军"。大眼徙营州,潘在洛阳,有失行,大眼妾女婿赵延宝言之大眼,幽潘杀之。后娶元氏。大眼卒,潘所生三子甑生等,开大眼棺,射杀延宝,挟大眼于马上,奔襄阳,投萧氏。荆人畏其勇,不敢逼。

尔朱荣悖逆不臣,然能驱策群力,子侄如兆、世隆、天光,小不如指,立加鞭杖,奔命赴敌,不敢惜死。其擒葛荣,数十万众一朝而散。随宜安插,无一乱者,大有统御之才,石虎流亚也。滥杀朝臣,继又滥赠,狂妄已极。虽帝不诛,必有取之以为功者,譬汉董卓、梁侯景,得志之日,无一可观,宜为枭逆之首。而以贺拔胜、侯莫陈悦、萧宝寅等反复之人,次第附之,乃杂入诸传。方录忠义,又厕奸谀,才列名藩,忽参枭恶,酷无等伦。

　　粟山按:侯莫陈悦,乃三字姓。

宋翻为河阴令,旧有大枷,号"弥尾青",吏请焚之,翻令且置南墙下。未几,内监杨小驹诣县请事,不逊,命取尾青。小驹既免,诉于世宗,下河南尹推治,诏诘"故违朝旨,作威买名"。翻对,"作者非臣,留之者,非敢施于百姓,欲待凶恶之徒如小驹者耳"。于是威振京师。

魏立太学,置五经博士,生员千余人。生员之名始此。

刘献之博通经传,每劝学者,以德行为先。下帷针股,止资博闻,于立身无益,真有道之言。

羊祉不惮强御,颇为深文,所经之处,人号"天狗"。

郦道元博学多闻,然兄弟不睦,时论薄之。魏收列之《酷吏》,惟云所至以威猛称,然无指实,岂收忌才巧诋乎?

冯亮爱山水,又兼巧思,结架岩林,其得栖游之适。世祖给其工力,令与沙门僧暹、河南尹甄琛周视嵩高形胜,造闲居佛寺,林泉既奇,营制又美,曲尽山居之妙。亮时出京师,疾笃,敕以舆马送还山,卒。买山而隐,昔人见讥,一丘一壑,何地无之,乃劳天子、鸠工、县官给力乎!既有岩栖之胜,卒死辇毂之游,捷径终南,有腼林壑。

内官不与外政,魏之中官有为方伯、州牧,亦有廉公清约如赵黑、孙小者,终不可为训也。宦官传当载宗爱、刘腾、贾粲等以为戒,更列稍贤如仇洛齐、赵黑、孙小等以为程,可也。至其族党、门荫、子姪,何用累累汗目。

宦官符承祖知都曹事,坐赃应死,高祖以文明太后有许以不死之诏,禁锢之,授悖义将军、佞浊子。将军子爵,既不可蒙以悖义之名,且已禁锢,何须授爵。

《魏书》务为夸大,卑抑诸国。刘聪冠以匈奴,石勒标以羯胡,犹之可也。至赫连勃勃改其名为屈子,而系以铁弗氏;慕容廆别称之为徒何;符坚、吕光分为临渭、略阳二氏;晋为僭晋;桓玄与宋、齐、梁目为岛夷;张实、李暠之为私署凉州牧、凉王。巧为名目,何其费词!

慕容盛能杀兰汗,为父复仇,惜刑诛太竣,暗为贼伤,迎叔熙而属之,乃卒。熙乃杀盛与宝诸子,悖义已极。符氏死,斩衰食粥,如丧所生,被发徒步送其葬,奈何有此狂悖小儿。

魏收直以晋元为晋将牛金子。谯国太妃夏侯氏,字铜镮,与金通而生。何其肆笔、污史册!篇中忽入《禹贡》扬州之域,去洛二千七百里,凡五百言,泛及申公巫臣、项羽、无诸、吴濞、孙刘之割据,貉子、禽言等语,怪诞舛驳,不成文章。称元帝号令不行,政刑淫虐,枉杀淳于伯,血流上柱;王敦宗族强盛,迭为上下,了无君臣之分。恣为贬斥。谢安、谢玄之破符坚,止云坚"大败",而还削去谢安。卢循之犯建康,刘裕还军破之,亦削去裕破贼事,止云徒步而还,其妒贤没善如此。梁武尤为极诋,湘东以下,削而不书。慕容绍宗檄文曼衍全载,烦简折衷,两无所取。

沮渠蒙逊妻武威公主。公主无子,有女,以国甥得袭母爵为武威公主。公主世家袭,亦奇。

杨大眼为名将,而武都杨难当孙小眼袭"仇池公"。当时大眼有名,故名小眼以配之邪?

吐谷浑上陇,止抱罕、甘松,洮水南极白兰,西北号为"阿柴虏"。

慕利延遣使通于宋文帝,献乌丸帽、女国金酒器、胡王金钏等物。名为通贡,实自夸大,以表能灭诸国。

伏连筹子夸吕自号"可汗",号其妻为"恪尊"。

若洛虺思吐谷浑,作《阿于歌》,徒何以兄为"阿于"也,燕以此歌为鼓吹大曲。

高昌赤石山北有贪汗山,夏有积雪,山名贪汗,不知何取?高昌出盐，其白如玉，取之为枕，以贡中国。盐质虽美，岂堪作枕？

火阳蛮桓诞字天生，桓玄子也。玄被诛，诞年数岁，深窜蛮中，长多智谋，为群蛮所归，拥沔北、潢叶八万余落内属。桓温父子跋扈篡逆，世济其慝，天乃不灭其种，俾长蛮方。

獠人依楼积木以居，其上名曰"干兰"。忿怒相杀，父子不相避，手有兵刃者先杀之。若杀其父，走避，求得一狗，以谢其母，母得狗谢，不复嫌恨其为子。母不若狗矣。

慕利延从弟伏念、长鹈鸠黎、部大崇娥率万三千落归降。鹈字秃发乌孤，八世祖匹孤生子寿阗，母寝产于被中。名①秃发，其俗呼被覆为"秃发"，其后以为氏。

　　粟山案：鹈字音"浮"，又音"敷"。鹈鸠，宿鸟也。

焉耆俗淫，置女市，收男子钱入官。多孔雀，群飞山谷，人取畜而食之，如鸡鹜。书称孔雀性淫，其俗淫者，岂多食孔雀致之邪？

　　粟山案：管仲设女闾三百，实作法于凉，安怪荒俗。

诸獠传云其诸头王，时节谒见刺史。"头王"二字甚怪。而新悦般国有幻人，割人喉脉令断，击人头骨令陷，血出数升至盈斗，以草药纳口，合嚼咽之，须臾血止，一月疮复，无瘢痕。取死囚试，皆验。云中国名山皆有斯草，乃受其术，厚遇之。夫破喉、破脑无不立死，焉能使之嚼咽，形容之过，理所必无。

波斯国号王曰"医噿"，妃曰"防步率"，王诸子曰"杀野"。俗以姊妹为妻妾，昏合不择尊卑，诸夷之中最为丑秽。

月氏国人商于京师，自云能铸石为五色琉璃，于是采矿山中，于京师铸之，光泽美于西来者。诏为行殿，容百人，光色映彻，观者

———————
　① "名"字原重。

骇为神工。小月氏国有佛图,周三百五十步,高八十丈。初建至武定八年,已八百四十二年。乾离国有"雀离浮图",高七十丈。

蠕蠕初号柔然,世祖以其无知,类虫,故改名之。此亦《魏书》之自夸,非实也。蠕蠕无文字,以羊屎纪兵数,后乃刻木。

高车强大,移于鹿浑海,其地有狼山、驳髯水。

《天象志》以彗犯旄头、木星昼见,皆引为符瑞,又或一事而既书之数年之前,又列于本年之下,重叠数见,不耻矫诬。魏天兴初用杨伟《景初历》,世祖平凉州得赵欧《玄始历》,较景初为密,遂用之。真君中,崔浩为《五寅元历》,未行而浩诛。神龟中,祭酒崔光表:"延昌四年,屯骑校尉张洪、故太史令张明豫子荡寇将军龙祥、校书郎李业兴三家并上新历,并集秘书同验疏密,立表候景三年。与前镇东府长史祖莹等研穷其事,三人历并驸马都尉卢道虔、太极采材军主卫洪显、珍寇将军太史令胡荣、沙门统道荣融、河南令樊仲遵、钜鹿人张僧豫所上,合九家,共成一历,元起壬子,律始黄钟,考古合今,号为最密,请名《神龟历》。"肃宗改名《正光历》,其历以龙祥、业兴为主。孝静时,《壬子历》气朔稍违,荧惑失次,四星出伏,亦乖舛。兴和元年,齐献武令业兴改正,立《元甲子历》①。成,田曹参军信都芳较之,曰:"今年岁星在营室十一度;新历十二月二十日在营室十三度,顺,疾。今月二十日,镇星在亢四度,留;新历在角十一度。太白在斗二十一度,逆行;新历在斗二十五度,逆行,晨见。便为差舛。"业兴对曰:"岁星行天,候八九年,恒不及二度。新历加二度。夕伏晨见,纤毫不爽。镇星,《壬子元》以来,岁常不

---

① 《元甲子历》应为《甲子元历》,本段后文载为《甲子元历》。参见《魏书》卷一百七下《律历志三》。

及,故加五度,亦犹不及五度,欲并加,恐出没顿校十日、十度,将来永用,不合处多。太白之行,顿迟顿疾。近十二月二十日,晨见东方,新旧二历分寸不异。行星三日,顿较四度。如此之事,每年必有,至其伏见,还依术法。芳惟嫌十二月二十日星有前却。业兴推步三十载,与赵欧、祖冲之、何承天历象参校,《甲子元历》长于三历一倍。考京洛以来四十余载,五星出没,岁星、镇星、太白星,业兴历恒中,及其差不过一二日、一两度;三历之失,动校十日、十度。荧惑伏见无常,祖冲之历多《甲子历》十日六度,何承天历不及三十日二十九度,今历与《壬子历》同,不有增加。辰星没多见少,见时与历无异。天道高远,人目仰窥,未能尽悉,但取见伏大归,略其小谬,历便可行。如芳所言,信亦不谬。镇星前年十二月二十日差五度,今日差三度;太白前差四度,今日无差。以此准之,将来永用,大体无失。历术不可一月两月之间,能正是非。荧惑行天七百七十七日,一迟、一疾、一逆、一顺、一伏、一见,七头一终;太白行天五百八十三日,晨夕之法,七头一终;岁星行天三百九十八日,七头一终;镇星行天三百七十八日,七头一终;辰星行天一百一十五日,晨夕之法,七头一终。造历者必须测知七头,然后造历,为近。不得头者,其历甚疏。积年久测,术乃可观。若三四年造者,初虽近天,多载恐失。今《甲子》新历,潜构积年,虽有少差,近天者多。三星行天,其差为密。"献武言之,诏付施行。拓跋据有中原文帝雅意文物,然历法卒无善术。《壬子》《甲子》总未合天,崔浩、高允知而不为,为而未竟,惜哉!

彗乃妖星,魏乃祭之以祈福,载在祀典,用马、牛、豕及女巫,皆是夷风未改。

魏文谓禘祫之祭折衷王、郑二氏,当矣。至谓六宗之禋合上帝,与五帝而六,穿凿无稽。五帝之说,惟见《戴记》,《诗》《书》不载。尧舜之世,岂有之乎! 五行代禅,亦是纬书曲说,帝王有天下,岂系于此! 中书监高闾欲代秦为土德,谓秦、赵及燕虽非明圣,正号赤县,郊天祭地,非若僭拟之属,远如孙权、刘备,近若刘裕、道成,事系蛮夷,非关中夏。何其愚缪! 以石虎、石勒之凶恶,刘聪、慕容、符坚之羌虏,齿之五帝之列,与炎黄、昊顼比德,何其昏悖!书之于史,为万世笑。

《刑罚志》:于定国为廷尉,集诸法律,九百六十卷,大辟四百九十条,千八百八十二事,死罪决比三千四百七十二条,合二万六千二百七十二条。后汉因之,魏武撰甲子科条,犯钛左右趾者,易以斗械。明帝改士民罚金之助、妇人加笞之制。晋武以魏制峻密,诏贾充集诸儒,删定名例,为二十卷,并合二千九百余条。神麚中,崔浩定律令,分大辟为二科死,斩死,入绞。大逆不道腰斩,诛其同籍,十四年以下腐刑,女子没官。害其亲者轘之。为蛊毒者,男女皆斩,而焚其家。巫蛊者,负羖羊抱犬沉诸渊。诸州大辟,先谳报乃施行。阙左悬登闻鼓,有冤则挝鼓。公车上其奏。正光中,令游雅、胡方回改定律令,凡三百九十一条。门诛四,大辟一百四十五,刑二百二十一条。显祖延兴四年,诏非大逆干纪者,止及其身,罢门房之诛。高祖太和元年,诏刑法所以禁暴息奸,绝其命不在裸形,其参祥旧典。司徒元丕议,大逆及贼各弃市祖斩,盗及吏受赇各绞刑,蹜诸甸。诏犯罪至死,同入斩刑;去衣裸体,男女媟见。岂齐之以法,示之以礼者也。令具为之制。太和之诏深得哀矜勿喜之意。

延兴三年,秀容郡妇人一产四子,四产共十六男,亘古奇事。

粟山按:此校周八士孪生更异。

《灵微志》屡书"蚄蚄害稼",此虫江南未有。又步屈虫害枣花,亦不知何形也。

正始二年,徐州蚕蛾吃人,尫残者一百十余人,死者三十二人,可谓奇灾。

按《瑞应图》,王者慈孝天地,则三足乌至。魏文至孝静之末,三足乌凡三十八见,何瑞应之多邪!

沙门法果戒行精至,太宗崇敬之,授以辅国、宜城子、忠信侯、安成公之号,皆固辞。卒,赠老寿将军、赵胡灵公。法果每言,太祖好道,即是当今如来。遂常致拜,谓人曰:"能宏道者人主,我非拜天子,乃礼佛耳。"夫以沙门而拜人主,以僧伽而赠将军、侯,一则隳国典,一则违僧律,两失之矣。

《魏书》拾遗

李宝不足为传，陆俟、源贺大节可纪，源怀尚可，源子恭辈不足辱史册，多载，不耻冗长。

薛辨碌碌无足述，庆之执狐事尤猥亵。

郦范亦庸庸，阴毛拂踝之梦，史武之占事既不佳，占亦诞妄。

韩务献七宝象牙床，帝却之，宜载帝纪。凡为人立传，止载其长，其短则见之他传纪。如止有短而无长，不须为立专传。

朱修之既为亡虏，还奔江南，始终不为魏用，何必载之。毛修之与崔浩论诸葛，浩盛誉亮，宜在浩传。

罗结、乙瑰、伊䫂①、薛野猪皆异材，但载其子弟，猥杂可憎。

杜安祖救雉而见梦事，同宏农之雀。

杜渊谏伐江南，魏主下诏反复诘辨，非人君之体。

元魏人物，高允第一。

《李孝伯传》与张畅语白贼、黄巾等言，皆是戏语，殊伤国体。

郭祚九等之议，即今吏部条例也，何足录录为庸人式。

于忠，魏之功臣，其杀郭祚，可谓无纪。

---

① "䫂"字原缺，据《魏书》卷四十四补。

《北齐书》

李百药作《北齐书》，后删为《北史》，详略之分耳，有通篇不改一字者。

《北史》神武居庞苍鹰团焦中，每夜赤气烛天。《北齐书·蔡儁传》则云止苍鹰蜗牛庐中。即一事而传闻各异，其名史臣信手为之，名多非其质。

高季式在济州夜饮，忽忆李元忠，开城，乘驿持一壶酒往光州劝元忠。朝廷闻而容之。司马消难为子如子，神武婿，势盛当时。退朝，寻季式酺饮，留宿。旦日，门闭，关钥不通。消难固请曰："我为黄门郎，当无不朝参之理，且已一宿不归，家君必大怪。今又留狂饮，我得罪无辞，君亦不免谴责。"季式曰："君称黄门郎，又言畏家君怪，欲以地势胁我耶？高季式死自有处，初不畏此。"消难拜谢请出，终不许。酒至，不肯饮。季式曰："我留君尽兴。君是何人？不为我痛饮。"令左右取车轮括消难颈，又索一轮自括颈，仍饮满相劝。消难不得已，笑而从之，乃脱车轮，更留一宿。是时失消难两宿，不知所在，内外惊异。消难出，具言之。文襄以白魏帝，赐消难美酒数石，珍羞十舆，令朝士与季式亲狎者，就季式宅燕集。其被优遇如此。朝廷非是好贤，直是畏神武耳，以此媚其婿。读此，季式豪态如画，然如此恶劝，亦难为客。

高欢起兵东出，李元忠乘露车，浊酒素筝载以见欢，因陈奇策，欢欣纳之。元忠居要地，不以物务干怀，声酒自娱，大率常醉。家事大小，了不关心。挟弹携壶，遇会饮酌，萧然自得。孙腾、司马子如常共诣之，见其坐树下，拥被对壶，庭室芜旷。谓二公曰，"何意今日披藜藿也。"因呼妻出，衣不曳地。二公相顾太息而去。大饷米绢，元忠受而散之。磊落如此，千载奇人！其胸次高旷，名利不交于心胸，结纳英豪，削除凶逆，为神武第一谋臣。虽斛斯椿等谗构当朝，元忠脱然疑忌之外，其度量有以服之。

崔瞻性简傲，在御史台，宅中送食，备极珍羞，独飧自若。有一御史，何东裴氏，伺瞻食，往造焉。瞻不交言，又不命匕箸。裴坐观瞻食罢而退。明日自携匕箸，恣情饮噉。瞻方谓裴："我不唤君食，亦不共君语，君能不拘小节。刘毅请食鹅炙，岂异于是？君定名士。"于是每与同食。观此，觉晋人风流，尚存于魏。

郑述祖女为赵王叡妃，述祖坐受王拜。妃薨，王娶郑道蕴女，王坐受道蕴拜。王谓道蕴曰："郑尚书风德如此，又贵重宿旧，君不得譬之。"人知郑尚书有郑崇，而不知有述祖。

昔王猛谓符坚江南正朔所在，不宜伐之。高欢亦谓，江南萧衍，士大夫谓是正符相承，若不宽假，士大夫必尽奔江南，督将咸奔黑獭。

陆注和踪迹奇诡，既称居士，而复受官爵，与闻用兵，标刹以擒贼，掘地而得弩，往往驳俗惊世。至于奉佛修道，犹有越姬之幸御，何也？又与通明山中宰相异矣。

《周书》

宋臣上《校正周书表》,谓宇文变府军,足以有天下,犹可言也;至谓苏绰之大诰,足变一代之制作,深可胡卢。此何异莽之学《周官》!宋人议论如此,文章如彼,宜其奄奄不振。

宋、齐、陈、梁以下禅授,一祖曹丕九锡禅册,陈陈相因如一手,闭目倦观。《周书》于宇文禅代独删削之,止云景子受魏禅,一洗数百年芜秽,一快也。诏诰尔雅古健,无六朝风,殊可喜也。

周明帝遇毒,弥留口授遗诏,文词典雅,情思恳挚,读之可歌可涕,成王《顾命》无以过之。北狄之人,乃有如许手口,北朝文章原胜南士,宜其有驴鸣狗吠之轻薄。

周武帝英断特达,内诛权臣,外锄强敌,沉几迅疾,用兵若神,天假之年,削平江南,不烦再举,当是黑獭肖子。即其强力学古,不近声色,不尚华奢,恶衣菲食以养战士,亦近代所未有也。力行三年之丧,追美魏文,光照今古,汉、唐、宋开国守成诸君,亦未见其匹。

周武有志稽古,衣冠未备。宣帝始服通天冠、绛纱袍,群臣皆服汉魏衣冠以朝,可谓盛已。乃未几,自称天王,禅位太子,已属不典。又蹈亡齐之续,令皇帝衍置左右皇后,真足噱也。天元皇后,天太皇后,天左、天右诸称,纷纷不一,真同小儿妄自尊大,令人绝倒。

贺拔胜兄弟威名相亚,初事尔朱,便愧良禽择木之义。当荣举兵向阙,执废女主,匡正朝廷,似是义举。及河阴之役,大杀朝臣,志图篡立，直是贼耳。胜、岳宜翻然改图，又为谋，主规杀高欢以强尔朱，不亦悖哉！夫欢虽志不下人，犹不至如尔朱之悖恶，助彼攻此，失其衡矣。

怡峰字景阜，辽东人。本姓默台，避难改焉。孤竹在辽东，姓墨胎氏，默台乃墨胎之讹也。怡峰当是孤竹君，系僻处荒落不识古先，改姓从夷，足见不学。

王罴镇华州，修城未毕，留梯在外。高欢遣韩轨、司马子如宵济袭之，乘梯入，罴未觉也。闻阁下汹汹有声，即起，袒跣露髻，特一白挺，大呼而出。敌见惊走，逐至东门，左右稍集，合战破之。轨众投城走遁。罴强力刚劲，忽视贼人，乃至被袭，幸而轨、子如皆非其敌，直以气吞慑之。若高敖曹等至此，罴岂能以袒跣却之哉，必为擒戮无疑矣。宇文黑獭令罴加守备，罴曰："老罴当道卧，貆子安得过。"宇文壮之。神武至城下，呼罴欲降之，罴大呼曰："此城是王罴冢，生死在此。欲死者来。"神武不敢攻而去。罴之气慑强敌如此，读之俨有生气，可以增人胆识。神武不攻王罴，大是高识。神武极能驱策英豪，知罴非可力服，况以华州之险，益之，祗取辱焉，算之熟矣。至城下呼之，亦知罴之必不敢突犯也，欲一识罴耳。登城大呼，神武已默喻其人矣。曰"不敢攻"，非深知神武者。罴于权贵，每不相假贷，或至面相呼斥，要其意气凌人，大有灌夫节概而雄略过之。

宇文泰大宴将士于同州，出锦罽杂缯，命诸将拗蒲取之。物既尽，泰解金带，令诸人曰："先得卢者，即与之。"群公已遍，莫有得者。王思政以非相府旧人，虽被委任，每不自安，次掷至思政，敛容跪坐自陈曰："羁旅之人，蒙宰相国士之遇，顾尽心效命报知己。若此诚有实，顾掷即为卢；若内怀不尽，神灵知之，使不作也，便当杀身以谢所奉。"一坐大惊。即拔佩刀横膝上,揽撝蒱,拊髀掷之。泰急起止之,已为卢矣。乃拜而受。自此,泰期寄转深。蒱博戏具何物,壮士断头誓心,然千载下,犹令毛发栗竖。

柳庆出后于第四叔,及父丧,议者不许为服。庆泣而言曰:"礼者盖缘人情,若于出后之家,更有苴斩之服,可夺此从彼。今四叔薨逝已久,情事不追。岂容夺礼,乘违天性!"时论不能抑,遂以苴由终丧。呜呼!世衰礼薄,今之为人后者,原无情礼之限。其为人后者,总以得产见恩,未常因礼致敬,居丧止为具文,奉养非出诚实。至于本生之丧,必借先儒不情之论,以亏天性之恩,以便私图之计。居官应举,卒哭未离,漠如歧路,腼颜稻锦,以为礼所固然。若此之人,豕畜不若,乃借先王之礼,以文其奸,礼岂为若辈设哉!虽服制有限,不得申其至情,亦当变食、迁次、降服之外,同于心丧,以毕三年。晋人放达,安、石犹以期功不废丝竹见讥清论。今以所生之大,故不得比于往昔之期功,居之不疑,世亦莫之。非刺今古不同,愈趋愈薄,真可叹也!

令狐德棻谓尉迟迥忠于周;于翼、李穆世受周恩,为国肺腑,力足以连衡西蜀、反正宇文,乃与委蛇,保全富贵,上愧社稷。此等正论,羽翼春秋,无忝良史。惜文滞不能畅,其意不若班、马之轩敞耳。

韦孝宽立功边陲,勋名震耀,已属奇士。其兄敻复抗志林泉,不应征辟,名动九重,光照山谷,尤为卓绝。兄弟出处不同,奇伟一也。然为逍遥公易,为孝宽难。无孝宽之门阀,则逍遥之名不若此之彰。史迁谓不附青云焉,施后世益信。敻临革遗言,俭殡薄葬,断牲杀,敦蔬素,斟酌情礼,矫世淫靡,于名教不无小助,真旷远达生之士。

陆通吴人，祖随宋刘义真入关，设于赫连氏。父政至孝，其母吴人，好食鱼，北土鱼少，政求之苦难，忽泉出宅侧而有鱼，时人名"孝鱼"。

赵刚说冯景昭率兵赴难，复说李魔怜以荆州归西，忠义果决。与侯景相持河南，屡破其军。高欢纵反间，以疑于宇文氏，刚力战破敌，流言不能入，可谓西魏之良臣。宇文受禅，不尽其职，乃没。惜哉！其殁之不早也。

深入敌境，进师难，退师尤难。进防钞绝，退虞掩袭。杨摽深入东魏，敌兵既盛，孤军自拔为难，诈为宇文泰书，声言遗军四道并出，令人漏言于远近。分遣土人义首，四出钞粮供军费，遂于夜中全军拔还邵郡。邙山之战，大军不利，摽自棺柏谷拔还，侯景追之，摽反兵而前十数里，景惧引退，乃得返斾。此公真得用兵机要，惜以轻敌致败，遂降于齐，壮烈不终，临难苟免，不足称也。

思光《海赋》奇句，实有超子元虚者，《齐史》纪之可也。刘璠《雪赋》，其视谢庄，不啻奴隶，乃亦载之。璠之大概已可见，令狐何无鉴裁也。

高昌兼有夷夏文字，有《毛诗》《论语》《孝经》，置学官弟子，以相教授。习读之，皆为胡语。按：高昌在汉为车师地。中国圣人之书，戎狄乃能诵习，实破天荒。在今当在甘、兰、肃、洮①诸州，乃西边极远塞，不知尚有其教否邪？

　　粟山按：本朝疆域日廓，即今准、回诸部，咸受戎索，车书混一，远至二万里外，岂第区区甘、洮诸州，咸讫声教哉！

---

① "洮"原作"桃"，据下文"粟山按"改。

《隋书》

诸史皆有序,或书成奏进表,惟《隋书》无之。末后有记,亦不言何人笔记云。开皇、仁寿时,王劭著《隋书》八十卷,编年纪传无缺。唐武德五年,起居舍人令狐德棻请修梁、陈、齐、周、隋五代史。十二月,诏中书令封德彝、舍人颜师古修《隋史》,数载不成。正观①二年,诏秘书监魏征修《隋史》。征奏于中书省置秘书内省,令中书侍郎颜师古、给事中孔颖达、著作郎许恭宗②撰《隋史》。征总知其事,序、论皆征所作。帝纪五,列传五十。十年正月,征上之。十五年,又诏左仆射于志宁、太史令李淳风、著作郎韦安仁、符玺郎李延寿同修《五代史志》,凡十志三十卷。显庆元年五月,太尉长孙无忌上之,后编入《隋书》,别行。案征本传,正观七年为侍中。十年,史成,加光禄大夫,封郑国公。俄逊位,拜特进。今诸本并云特进。《经籍志》云侍中、郑国公魏征撰。今纪传题以征,志以无忌,从众本。《李延寿传》正观三年,与颜师古同被敕修《隋史》,其年以内忧去职,今本并不载延寿等名。《天文》《律历》《五行》三志,皆淳风作。《五行志序》则褚遂良作。玄成乃诤臣,原非史才,诸序皆俳偶颓弱,议论条例则纯正。李淳风虽精乾象,亦无文笔,《五行志》附会矫妄,亦多有之,盖沿《晋书》体制也。岂其条论亦出遂良,褚

<hr>

① 正观,即贞观。该段所论对象为宋天圣二年所刊《隋书》之跋,因避宋仁宗赵祯讳,以"正"代"贞",系避讳原文之沿用。

② 许恭宗,即许敬宗。该段所论对象为宋天圣二年所刊《隋书》之跋,因避宋太祖赵匡胤之祖赵敬讳,以"恭"代"敬",系避讳原文之沿用。

登善一代直臣,其论機祥亦近巫史。屈国之南史,作鬼之董狐,要非所长矣。古史多出一人之手,元成既为总裁,纪、传、志不出一人之笔,体义杂而不纯。作俑近代史院,实始《隋书》,唐贤不能无罪矣。

　　粟山案:恭宗即敬宗,避讳也。

　　史官纪载易代之前,尽是直书,隋文父母止须称父称母,不须曰皇考、皇妣,仍隋臣之制。《礼》"死曰考曰妣",乃人子之称所生,非他人通谓也。

　　《隋书》法多杜撰。开皇三年二月,壬申,宴北道勋人。是何书法?

　　四年四月,敕总管、刺史,父母及子年十五以上,不得将之官。非朝廷教孝之义要,当为之禁。令不得干外政,可也。

　　十三年五月,诏人间有撰集国史、臧否人物者,皆令禁绝。隋文得国非正,欲塞天下之口,以掩篡弑之恶,即秦焚书坑儒意。

　　晋王屡书讳,仍隋之旧,未之改正,当日撰史,诸臣不知所讲何事。

　　文帝禁江南诸舟船长三丈以上者,皆括入官。民间贸易何以泛三江、涉大河? 当令商贾不行,何以为政!

　　"上性严重"以下史臣之论已详而尽,又赘"史臣曰"一段,屋下架屋矣。

　　《炀帝纪》"坟塋之处,不能侵践"。塋字无从考其音训。

　　军礼则陆琁,嘉礼则司马裦,陈多因《梁书》。后齐则阳休之、元修伯、王晞、熊安生,周则苏绰、卢辨、宇文弼。隋文命牛弘、辛彦之采梁及北齐《仪注》以为五礼。

　　梁武讲明礼乐,然郊祀尚及天一、太一,又星中另祀轩辕、太微、文昌、北斗、三台、老人、风伯、司空、雷电、雨师，皆不合于古义。何佟之议天欑题宜云"皇天座"，地欑宜曰"后土座"。字书欑，徂宫切，丛木也。又积竹杖，又音缵，《左传》昭元年注：禜祭为营欑。佟之所云天欑、地欑，他书未见，未知何制？意是欑竹木为次于坛，如今之席厂云尔。

隋文祀昊天上帝，配以日月、五星、内官四十二座、次官一百三十六座、外官一百一十一座，无乃太烦。地祇配以神州、迎州、冀州、戎州、拾州、柱州、营州、咸州、阳州，为九州，亦不典。文帝既受禅，人心未惬，因多称符瑞，造作而进者不可胜记。南郊之文，极为胪述。隋文枭雄阴鸷，亦效王莽符命，欺天伪定一时，遗哂万古。

炀帝时议立七庙，诸儒许善心、褚亮议："《礼记》：'天子七庙，三昭三穆，合太祖而七。'郑玄注：'周制也。太祖及文武二祧，与亲庙四也。殷六庙，契、汤与二昭穆。夏五庙，禹与二昭穆而已。'玄谓天子惟立四亲庙，并始祖而五；周以文、武为受命之①祖，特立二祧，为七庙。王肃谓天子七庙，通百代之言；《王制》：'天子七庙，诸侯五，大夫三。'降二为差。天子立四亲庙，又立高祖之父、之祖，并太祖，为七。周有文、武、姜嫄，合十庙。汉诸帝各立庙，无迭毁。元帝时，匡衡始议以高祖为太祖，而立四亲庙。刘歆以为天子七庙，诸侯五，大夫三，降杀以两。七者常数，宗不在数内，有功德则宗之。班固称诸儒之论，刘歆博而笃矣。光武建高庙，乃立南顿君以上四亲庙，就祖宗而为七。魏初，高堂隆为郑学，立四亲庙。景初间，乃依王肃，更立五、六世祖庙，为六庙。晋武亦立六庙。宋武受禅，亦止六庙，不及为太祖。姬周以下，皆各立庙，汉初因之。光

---

① "之"字原重。

武总立一堂，群主异室，欲从省约，自此因循不变。请依古典，建七庙。"属有行役，遂寝。按七庙之说，王肃为长，康成谓止周制，殆弗深考《商书》。伊尹曰："七世之庙，可以观德。"商初已有七庙之文，故知王肃通百世之言为可信也。殷六夏五，郑氏不知何据。汉儒当焚书之后，每穿凿以附会己说，后代纷纷。惜无有引证于《尚书》，足以破万世之惑，明康成周制之说之非也。

后齐后主躬事鼓舞，以祀胡天。后周亦有拜胡天制。人有夷夏，天岂有胡夏之分？袭中原帝皇之号，乃犹仍胡人妖祀之风，知用夏变夷之难也。

隋祀太山，命道士女冠数十人，坛中设醮，总效汉武。

后齐①为蚕坊、蚕宫、蚕室廿七，置先蚕坛于桑坛东，绿襜襦、褠衣、黄履，供蚕母使。公卿以太牢祀黄帝轩辕氏为先蚕，皇后亲桑，女尚书执筐，女主衣执钩，蚕母在后。皇后躬桑三条，命妇以次就桑，鞠衣五条，展衣七条，绿衣九条，授蚕母。后周皇母翠辂，率三妃、三㚟、御媛、御婉、三公夫人、三孤内子至蚕所，以太牢一，奠先蚕西陵氏。隋依齐制。

梁严植之以亡月遇闰，后年中祥，疑所附月。武帝谓："闰盖余月，月节各有所附。节属前月，则宜以前月为忌；节属后月，则宜以后月为忌。祥逢辰闰，则宜取远日。"

梁陈以前，王公贵人之丧，听出凶门柏历，柏历未详仪制。隋制：辒车，三品以朱丝络网，帴竿诸末垂六旒苏。又祭服诸斋官皆皂衣绛襈。襈字，考字书未见，不审何音。既衣辒车，又作祭服，未详何形饰。

___

① "后齐"原作"后周"，据《隋书》卷七《礼仪二》改。

后齐策秀才、贤良，皇帝坐朝堂，秀才各以班草对，有脱误书滥、孟浪者，起立席后，饮墨水，脱容刀。临轩而士饮墨水，邻于戏侮脱刀，免冠以谢，斯为得体。

羊车一名辇。小儿数人，青布袴褶，五辫髻，引之，名"羊车小史"。梁贵贱通乘之，名"牵子"。副辇加笨，谓之"蓬辇"。始于梁武。

隋制：马珂，三品以上九子，四品七子，五品五子。珂乃贝饰，色白，故每比之珂月、珂雪。唐人诗每称玉珂。今称九子、七子，直是今之马铃，以银、锡饰之，白如珂也。

梁制：元会，黑介帻，通天冠，平冕。俗所谓"平天冠"者也，以冕加于通天冠之上，前员后方，前垂四寸，后垂三寸，十有二旒，齐眉。平天冠之称，梁世已有之。

梁武谓："日月星辰，此以一辰摄三物也。山龙华虫，此以一山摄三物也。藻火粉米，此以一藻摄三物也。是为九章。孔安国云，'华，音花也。'则为花非疑。"如此解经，不顾全文，巧为牵缀，以合时制。若以一山摄三物，华则花矣，虫则何物乎？且龙独非虫乎？若以一藻可摄三物，则宗彝黼黻，上下割截，四字作何解乎？

皇帝临臣之丧，三品以上锡衰，五等诸侯缌衰，四品以下疑衰。此等缞服，未详其制。

獬豸冠，隋更施珠两枝，为豸角形，无乃为戏。

　　粟山按：獬豸，神羊也。古称神羊一角，即以象形，施珠两枝，亦属非是。

委貌冠，未冠双童髻，共顶黑介帻，国子、太学、四门生服之。空顶黑介帻，今小儿空顶帽是也。

流外五品以下，九品以上，绛褠衣公服。注：褠，即单衣之不垂胡也。袖狭,形直如褠。褠,臂衣也,宰夫所用绛褠公服,类今箭衣。

　　粟山按:《史记》武帝幸平阳公主家,董偃绿褠,以庖人礼见,与注所证恰合。

　　惠文冠,如淳注《汉官仪》曰"惠,蝉也。细如蝉翼。"故名惠文。天子笏曰珽,以玉为之,即今圭也。

　　陈后主遣宫女造《黄鹂留》《玉树后庭花》《金钗两鬓垂》等曲,歌词绮艳,男女倡和,其音甚哀。魏破慕容中山,获晋乐官,皆委弃之。天兴初,创上庙乐,杂以《簸逻回歌》。

　　隋文以诈力夺周鼎,本无功德,乃欲袭帝王之声,容七年,乐不成,欲罪牛弘等。牛弘、郑译、苏夔皆庸材,取七声于鸠兹苏祇婆胡琵琶,补为十二律,以成旋宫之制,舛矣。何妥耻,不逮译,立议非旋宫之说,沮坏之,独用黄钟一宫。隋文信其佞说,虽历代旧乐毕集,不能定为雅声,杂用戎夷歌舞,以飨郊庙。狂子继之,淫哇益甚,以底灭亡。

　　粟山按:隋乐工万宝常闻乐声而知隋之将亡,大是知音。惜当时无知之者,卒以伶人终焉。

　　《律历志》五音用火尺,则其事火重;用金尺,则兵;用木尺,则丧;用水尺,则天下和平;用土尺,则乱。魏及周、齐贪布帛长度,故用土尺。隋乐用水尺,开皇初以此调律吕,万宝常所造名"水尺律",即后周铁尺。宋代人间所用,传入齐、梁、陈,与晋后尺、刘曜浑天尺近。

　　宋元嘉何承天历,迄齐仍之。梁天监中,改用宋祖冲之《甲子元历》,陈亦无改。齐文宣用宋景业历。西魏入关,行李业兴历。周武时,甄鸾造《甲寅元历》。大象初,马显上《丙寅元历》。开皇四年,用张宾历,十七年改行张胄玄历。天监九年,用祖冲之《甲子元历》颁朔。大同十年,命冲之孙散骑侍郎暅更造新历,甲子为元,六百一十九为章岁,千五百三十六为日法,百八十三年冬至差一度,月朔以迟疾定小余,有三大二小。未及施用,侯景乱,遂寝。陈氏仍用冲之历。

　　齐文宣受禅,命散骑侍郎宋景业依图谶,造《天宝历》。至后主武平七年,董峻、郑元伟非之曰:"景业移闰于天正,退命于冬至交会际,承二大之后,三月之交,妄减平分。使日①之所在,差至八度,节气后天,闰先一月。妄设平分,虚退冬至,虚退则日数减于周年,平分妄设,故加时差于异日。五星见伏,有违二旬,迟疾逆留,或乖两宿。轨辙之术,妄刻水旱。上《甲寅元历》,并以六百五十七为率,二万二千三百三十八为蔀,五千四百六十一为斗分,甲寅岁甲子日为元纪。"又有广平人刘孝孙、张孟宾更制新法。又有赵道严,准日影之长短,定日行之进退,更造赢缩,以求亏食之期。刘孝孙以百十九为章,八千四十七为纪,九百六十六为岁余,甲子为上元,命日度起虚中。张孟宾以六百十九为章,四万八千九百为纪,九百四十八为日法,万四千九百四十五为斗分。元纪共命,法略旨远。日月五星,并从斗十一起。盈缩转度,阴阳分至,与刻漏相符,日影俱合。上拒春秋,下尽天统,日月亏食五星所在,以二人法考之,无有不合。其年,与历家预刻日食。六月戊申朔,刘孝孙言卯时,张孟宾言申时,郑元伟、董峻言辰时,宋景业言巳时,至日食,乃于卯辰之间,皆不能中。争论未定,国亡。西魏入关,尚行李业兴《正光历》。周明帝武成元年,诏露门学士明克让采祖暅旧议为历,

---

　　①　"日"原作"巳",据《隋书》卷十七《律历中》改。

周齐并时，而历差一日。武帝时，甄鸾造《天兴历》。上元甲寅至天和丙戌，积八十七万五千七百九十二算外。章岁三百九十一，蔀法二万三千四百六十，日法二十九万一百六十，朔余十五万三千九百九十一，斗分五千七百三十一，会余九万三千五百一十六，历余二十六万八百三十，冬至斗十五度。终于宣政元年。大象元年，太史上士马显上《丙寅元历》，表奏："周斟前代，历变壬子，元用甲寅。高祖以为未臻其妙，敕显等刊定更造，上元丙寅至大象元年己亥，积四万一千五百四算上，日法五万三千五百六十三，亦名蔀会法。章岁四百八十八，斗分三千一百六十七，蔀法一万二千九十二。章中为章会法。日法五万三千五百六十三，历余二万九千六百九十三，会日百七十三，会余一万六千六百一十九，冬至日在斗十二度。小周余、盈缩积，其历术别推入蔀会，用阳率四百九十九，阴率九。每十二月下各有日月蚀转分，推步加减之，乃为定蚀，而加时之正。"其术施行。隋高受禅，道士张宾自言洞晓星历，依何承天，微加赠损。四年二月撰成。既行，刘孝孙与冀州秀才刘焯，并言其失，凡六条：其一云，何承天不知分闰之有失，而用十九年之七闰；其二云，宾等不知度数之差改，而冬至之日守常度；其三云，连曜合璧，七曜须同，乃以五星别元；其四云，宾等惟知日气余分恰尽而为立元定法，不须明有进退；其五，宾等惟识转加大小余二十九以为朔，不解取日月合会准以为定。若乃验影定气，何氏所优，宾等去之弥远。合朔顺天，何氏所劣，宾等寻彼迷踪。失其菁华，得其糠秕者也。魏杨伟《景初历》驳难前非，云："加时后天，食不若朔。"宋何承天著历表云："合朔月食，不在朔望，亦非历意。"遭皮延宗饰非致难，事不得行。后魏龙宜弟修《延兴历》，云："日食不在朔，而习之不废，《春秋》书食，乃天之验朔也。"此三人者，前代善历，皆有其意,未正其书。今孝孙法,并按明文,定其合朔,欲令食必在朔,不在晦、二之日也。纵使频月三大、一小,得天之统。今法有三:第一,勘日食证恒在朔。《诗》云:"十月之交,朔日辛卯,日有食之。"甲子元历推算,符合不差。《春秋》日食三十五。二十七日食有朔,推与元历不差。八食无朔,左氏云:"不书朔,史失之也。"公羊云:"不言朔者,食二日也。"穀梁云:"食晦也。"今以甲子元历推算,皆是朔日。丘明受经孔子,于理尤详,公、穀皆臆说也。第二,勘度差变验。《尚书》:"日短星昴,以正仲冬。"尧时冬至,日在危宿,昏时昴正午。《竹书纪年》尧元年丙子。今以甲子元历推算,合尧时冬至之日,昴星昏时正午。《汉书》太初元年丁丑,落下闳定太初历冬至之日,日在牵牛初度。今以《甲子元历》推算,即得斗末牛初。晋初姜岌以月食验于日度,知冬至之日,日在斗十七度。宋文元嘉十年癸酉,何承天验乾度,冬至日在斗十七度。尧年汉日①,所在既殊,惟晋及宋未改,故知度,有变差。大隋甲辰之岁,知冬至之日在斗十七度。第三,勘气影长验。《春秋纬命序》:"鲁僖公五年正月壬子朔旦冬至。"今以甲子元算推算,得合不差。宋元嘉十年,何承天以土圭测影,知冬至已差三日。诏外考验,起元嘉十三年,毕元嘉二十年,八年之中,恒与影长之日差校三日。今以《甲子元历》推算,冬至之日恒与影长之日符合不差。于时张宾有宠,刘晖附会②,共短孝孙,及焯,焯以他事罢斥。宾死,孝孙为掖县丞,委官入京,又上前事,为刘晖所诘,寝不行。留孝孙直太史,累年不调,抱书舆榇,恸哭阙下。高祖异焉,以问祭酒何妥,遣与宾历比校短

---

① "日"字原为空缺,据《隋书》卷十七《律历中》补。
② "会"字原重。

长。信都人张胄玄以算术直太史，久未知名，与孝孙共短宾历。十四年七月，参问日食，杨素奏："太史凡奏日食二十五，惟一晦一朔，依克而食，尚不得其时，又不知所起。胄玄所刻，时起分数，合如符契。孝孙所克，验亦过半。"高祖引见孝孙、胄玄，劳之。孝孙请斩刘晖，高祖不怿而罢。孝孙卒，杨素、牛弘惜之，又荐胄玄。高祖令参定新术。刘焯又增损孝孙法，更名《七曜新术》奏之。与胄玄法颇相乖，袁充与胄玄害之，焯又罢。十七年，胄玄历成，司历刘宜驳胄玄，谓《命历序》及《左传》勘《春秋》三十七食，《命历序》合处最多，依《左传》合者至少，知《传》为错，胄玄信情置闰，《历序》及《传》气朔并差。又测影极长为冬至，极短为夏至，二至古史可勘者二十四，其二十一日有影，三有至日无影。见行历合一十八，差者六。胄玄①历合者八，差者一十六，二差后二日，一十四差后一日。今十七年，张宾历闰七月，胄玄历闰五月。审至以定闰，胄玄历至既不当，置闰必乖。见行历四、五月频大，胄玄历九、十月频大，为胄玄朔弱，频大在后晨，故朔日残月晨见东方。又频年日、月食，胄玄历不能尽中。迭相驳难，踰时不决。通事舍人颜恋楚上书："汉落下闳改《颛顼历》作《太初历》，云后八百岁，此历差一日。"高祖欲神其事，乃以胄玄历付有司施行。太史令刘晖，司历郭习、刘宜，骁骑尉任悦，四人并除名。拜胄玄员外散骑侍郎，领太史令。胄玄学祖冲之法，兼传其师法，克食颇中。开皇十七年所行历，冬至起虚五度，后稍觉其疏。大业四年刘焯卒，乃改法，起虚七度，诸法率有增损。

---

① "胄玄"原作"胄至"，据前文改。

开皇二十年,袁充①奏日长影短,高祖以历事付皇太子,遣更研详。太子征天下历算之士②咸集。刘焯复增修其书,名《皇极历》,驳正冑玄之短。焯为太学博士,负其精博,志解冑玄之印,官不满意,称疾归。仁寿四年,焯言冑玄之误于皇太子。一曰,冑玄所上见行历③,日月交食,星度见留。虽未尽善,得其大较。但因人成事,非其实录,违舛甚众。二曰,冑玄弦望晦朔,违古且疏,气节闰候,乖天爽命。时不从子半,晨前别为后日。日躔莫悟缓急,月逡妄为两种,月度之转,辄遗盈缩,交会之际,意造气差。七曜之行,不循其道,月星之度,行尤出入,应黄反赤,当近更远,亏食乖准,阴阳无法。去极晷漏,应有而无,食分先后,弥为烦碎。随事纠驳,凡五百三十六条。其三,冑玄以开皇五年,张宾历行后,即赍所造历拟上,在乡流布,散写甚多,今所见行,与焯前历不异,与旧悬殊。且孝孙因焯,冑玄后附孝孙,历术之文,又皆孝孙所作。则原本偷窃,事甚分明。恐冑玄推讳,依前历为驳,七十五条并前历本俱上。其四,冑玄为史官,自奏亏食,多与历违,今算其乖一十三事。又前与刘晖较其疏密五十四事,云五十三条。计后为历,应密于前,见用推算,更疏于今。今纠发并,凡四十三条。其五,冑玄于历未精,然孝孙初造,皆有意,征天推步,必出孝孙。其六,焯以开皇三年,奉敕修造,自许精微,秦、汉以来,无所与让。冑玄所违,焯法皆合,冑玄所阙,今则尽有。请征冑玄答,验长短。焯又造历象异同,名曰《稽极》。大业元年,下其书与冑玄参校,冑玄难云:"焯

---

① "袁充"原作"袁克",据《隋书》卷十八《律历下》改。
② "士"原作"壬",据《隋书》卷十八《律历下》改。
③ "历"字原作空缺,据《隋书》卷十八《律历下》补。

历有岁率、月率,而立定朔,月有三大、三小。案岁率、月率者,平朔
之章岁、章月也。以平朔之率而求定朔,值三小者,似减三五为十
四;值三大者,增三五为十六也。校其理实,并非十五之正。故张
衡、何承天创有此意,为难者执数以校其率,率皆自败,故不克成。
今焯为定朔,须除其平率,然后可。"互相驳难,是非不决,焯又罢。
四年,太史奏"日食无效"。帝召焯,欲行其历。袁充方幸于帝,左
右胄玄,共排焯历。焯死,历既不行,然术士咸称妙。按以上历法,
互有异同,竟未归一,此出李淳风笔,故能淹贯如此。

张衡《灵宪》:"中外之官,常明者百二十,可名者三百二十,为
星二千五百,微星之属万一千五百二十。"衡所铸浑天仪,遇乱湮
灭,星官名数,今亦不存。吴太史令陈卓,始列甘氏、石氏、巫咸三
家星经,著于图录。总二百五十四官,一千二百八十三星,并二十
八宿及辅官附坐一百八十二星,总二百八十三官,一千五百六十五
星。今三家星经现存,张平子《灵宪》所载星仅存十之一二,仰观天
象,所云微星万一千五百之属,亦多未见。岂西人仰观器数,平子
时先已有之,故能瞩见九重,织悉无隐邪?

《周髀》、宣夜诸论,总非至极。既有浑仪度数,天体已定,岂在
多言?《天文》泛引诸占,旁及五代,当因他史未言,以此补其缺。

和士开言于武成曰:"自古帝王,尽为灰土,尧舜、桀纣竟亦何
异?宜及少壮,恣其欢乐,一日可以当千年。无为自勤约也。"韩长
鸾言于后主曰:"纵失河南,犹得为龟兹国。淮南今没,何足多虑。
人生几何时,但为乐,不须忧也。"二佞之言,先后一辙。

《地理志》仿佛《汉书》,雄阔可喜。《隋书》中铮铮者,视他文成
翘楚。

蜀人尤足意钱之戏。意钱,字本此。豫章之人,衣冠多有数

妇,暴面市廛,争分铢以给其夫。及举孝廉,虽有积年之勤,子女盈室,犹见放逐,以避后人。俗呼争讼,而尚歌舞。一年蚕四五熟,勤于纺绩,亦有夜浣纱而旦成布者,俗呼有鸡鸣布。今豫章刀讼之风,大异古昔。妇工之勤,亦不如前。

今人纺木棉曰“纱”,谓是今时俚谚。《隋书》已有浣纱之目。诸暨西施浣纱石,当亦是隋唐人所目。

《经籍志》有王乔《鸟情占》,又《鸟情逆占》《鸟情书》《禽杂语》,不一而足。知葛卢、公冶非为虚语。伯乐《相马经》,宁戚、王良、高堂隆《相牛经》,淮南八公《相鹄经》,浮丘公《相鹤书》《相鸭》《相鸡》《相鹅经》,皆有目无书。

玄成论高祖“佐命元勋,鲜有终其天命,配享清庙,寂寞无闻”。盖草创帝图,事出权道,本异同心,故久而逾薄。深文巧诋,致之刑辟。高祖沉猜之心,固已甚矣。求其余庆,不亦难哉! 良然良然。

韦孝康予子弟书,“孃春秋已高,温靖宜奉”。《木兰歌》“不闻耶孃唤女声”。呼母为“孃”,隋时已然。

赵王谋剪隋文,以安帝室,自是维藩之正。李安与隋文徒有汲引之恩,非有君臣之分,乃发叔璋之谋,卒被屠灭。在璋,不失为周室之忠臣;在安,实李氏之贼子。

尉迥于沁水上流纵大筏、焚桥,高颍为木狗以御之。木狗不知何物。

北魏设三省官为执政,侍中、尚书、中书三省,北齐增门下、集书为五省,以太师、太傅、太保为三司,其余宰执遂有仪同三司之衔,隋唐因之。

隋文遣使突厥,苰杀大义公主,真是惨刻无余地。

乞伏慧为荆州总管,见以篓捕鱼者,出绢买而放之,百姓号曰

"西河公簺"。簺,先代反,音塞,行棋相间,曰"簺"。簺,乃断阻之义,岂即今之鱼簖邪?

粟山按:鱼簖。簖,俗字应作椴。

侯莫陈颍为桂州总管,溪洞生越多来归附。今有生猺、生黎、生苗,古乃有生越,竟以越为蛮夷之名,可谓新突。

高祖以魏收褒贬失实,平绘事不伦序,诏魏澹别成《魏史》。自道武以下及恭帝,为十二纪,七十八传,别为史论及例一卷,并《目录》,合九十二卷。与魏收多所不同:其一曰,《礼》"诸侯不生名"。诸侯不名,况天子乎!太子必书名。子者对父生称,父前子名之礼也。马迁周之太子,并皆言名;汉之储两,俱没其讳。窃谓非义。《春秋》《礼记》,太子必书名,非当时、异代遂为优劣也。班固、范晔、陈寿、王隐、沈约参差不同,魏收讳储君之名,书天子之字,过又甚焉。今所撰史,讳皇帝名,书太子字,尊君卑臣,依《春秋》之义。其二,名器不及后稷,追祀止及三王,此前代龟鉴也。平文以前,部落之长耳。太祖远追二十八帝,须南、董直笔正之,反更饰非。力微灵异,尊为始祖得宜。平文、昭成基业所始,道武宗庙复存,大功大孝,实在献明。此之三世,称谥可也。自兹之外,未之敢闻。其三,南巢桀亡,牧野纣灭,幽王死骊山,厉王奔彘,未尝隐讳,劝善惩恶,昭戒将来。太武、献文并皆非命,立纪不异天年。杀主害君,莫知名姓,逆子贼臣,何所惧哉!今兹直书,不敢回避。且隐、桓之死,闵、昭杀逐,丘明据实直书经下,况复悬隔异代而致依违哉!其四,楚子问九鼎,吴人征百牢,无君之心实彰,夫子皆书"卒"。宇宙分崩,或帝或王,各自署置。生日聘使,略如敌国,及其终也,书之曰"死",便同庶人。今史诸国皆书曰"卒"。其五,纪传出自《尚书》,不学《春秋》。范晔云:"春秋者,文既总略,好失事形,拟作所以为短。纪传者,史、班所变,事义悉周,此焉为优,故继而述之。"
观晔所言,岂直非圣人之无法,又失马迁之意旨矣。马迁创立纪
传,述者非一人,无善恶,皆为立论。行述具在正书,重叙繁文。今
所撰史,可为劝诫者,论其得失,其无得失,所不论也。澹所著《魏
书》,大矫收、绘之失。按传所署如此,恨书不传,对秽史而益增。
澹书太子书字,良史当无其例,不可不知。

　　侯白通侻不持威仪。侻,同脱,轻狡也。

　　炀帝退朝,便命柳䛒入阁,言宴终日。帝与后妃对酒,时逢兴
会,辄命同榻,若友朋。犹恨不能夜召,刻偶人,施机,能坐起拜伏,
以像䛒,月下对酒,辄令官人置之于座,酬酢为欢笑。

　　元德太子全载虞世基哀册文,虽绵丽亦赘。世基文"下申霜于
玉除","申霜"二字尖新;"将宁甫窆","甫窆"未详其义。

　　　　粟山按:窆,穴也。言始为卜葬穴也。

　　权武果劲绝人,倒投于井,未及泉,复跃而出。唐之柴绍可以
配之。武字武弄。弄,玩戏之意。字以表德,边鄙之人不知文义,
以此为字,所以喷饭。

　　《刘子诩传》:永宁令李公孝四岁丧母,九岁外继,父更别娶后
妻,至是而亡。河间刘炫以无抚育恩,议不解任。子诩驳曰:"《传》
云'继母如母',配父之尊,居母之位,齐杖之制,一如亲母。又'为
人后者,为其父母期'。服期自以本生,非殊亲之与继也。父虽自
处旁尊,子须隆其本重。是以令云,'为人后者,为其父母并解官,
申其心丧。父卒母嫁,为父后者虽不服,亦申心丧。其继母嫁不解
官。'此专据嫁者生文耳。知继母在父室,制同亲母。若谓非有抚
育,同之行路,何服之有?服既有之,心丧焉可独异?三省令旨,其
义甚明。今言令许不解,何其甚缪!且后人者为其父母期,未分亲

继,亲继既等,故知心丧不殊。服以名重,情因父亲。子以名服,同之亲母,继以义报,等之己生。如谓继母之来,在子出之后,制有浅深考之经传,未见其文。譬出后之人,所后者初亡,后之者始至,可以无抚育之恩而不服重乎?昔长沙人王毖,汉末上计京师,吴、魏隔绝,毖于内国更娶,生子昌。毖死后为东平相,始知吴之母亡,便情系居重,不摄职事。议者不以为非。继母之与前母,于情无别。若以抚育始生服制,则王昌何去乎?晋羊祜无子,取弟子伊为子。祜薨,伊不服重。祜妻表闻。伊辞曰:'伯生养己,伊不敢违。然无父命,故还本生。'尚书彭礼议:'子之出养,必由父命,无命而出,是为叛子。'诏从之。然则心服不得缘恩而生也。苟以母养之恩始成母子,则恩由彼至,服自己来,则慈母如母,何必待父命。又云:'继母慈母,并实路人,临己养己,同之骨血。'若如斯言,子不由父,纵有恩育,得如母乎?慈继虽在三年之下,而居齐期之上。继母本以名服,岂藉恩之厚薄也。又论云:'取子为后者,将以供祭祀,承祧庙,不得使归其故宅,以子道事本父之后妻也。'然本父后妻,因父而得母称,若如来旨,本父亦可无心丧乎?何直父之后妻。炫违礼乖令,使出后之子,无情于本生,名义之分,有亏乎风化。"事奏,竟从子诩议。子诩之论,有补天伦。后人多引古礼,薄其本生。经传原不改父母之称,宋儒执义甚辨,然终于理未实,遂以欧阳濮议为邪说。隋时已有本生解官、心丧之令,足以补六经之未详,敦一本之天属。

《董纯传》:东海贼彭孝才入沂水,保五不及山。今沂水未审何山是其旧也。

赵才为右侯卫,肃遏奸非,无所回避。涂遇公卿妻子有违禁者,辄丑言大骂。时人患其不逊,然才守正,无如之何。夫公卿妻子违禁，小者讥诃之，大者按劾之，可也，何以丑诋闺闱，尚云守正。尝与宇文化及饮，请劝其同逆杨士览等十八人酒。才执杯曰："十八人止可一处作，勿复余处更为。"诸人默然。遂遇疾。化及为窦建德所破，才复见房，心弥不平，数日而卒。才年已七十三，临难不能刚决，转展乱贼之手，隐忍以死，不亦鄙乎。

《裴政传》：武职交番，舍人赵元恺作辞见帐，庶子刘荣云："但尔口奏，不须造帐。"太子问："名帐安在？"元恺曰，"刘荣不听造帐。"以名籍为名帐、帐簿之名，始此。

王劭附会符瑞，奏有人于黄凤泉得二白石。大土文理，有却非及二鸟，鸟人面，《抱朴子》所谓"千秋万岁"也。小玉亦有却非、五岳及犀之象。却非何物？当是辟邪、天禄之类。

裴蕴、虞世基之逢迎、蒙蔽，宇文恺、何稠之淫巧、蛊惑，王劭、袁充之以星气符瑞为附和，皆当列之佞幸也。

《李密传》：密分兵千余，于林间伏发，须陀众溃，遂斩须陀。《须陀传》则称密伏数千人林木间。一称千人，一称数千，即一事而自相同异。

百济妇人辫发垂后，已出嫁分为两道盘于头上。新罗妇人亦辫发绕头。今时国妆，隋时海外已有之。

常骏使赤土国，在林邑东南入海见绿鱼群飞水上。

女国有鸟卜，事阿修罗神，又有树神，以人祭。

疏勒国王字阿弥厥，手足皆六指，产子非六指则不育。

冼夫人权略既尔过人，如集僚佐，哭陈之亡。因孙暄，劾其逗遛通贼。皆有纯臣风节，宜其威服炎荒，庆流奕世。

阅隋《列女传》，不胜叹息。隋德不长，臣弑君，子弑父，拂天经、悖人伦，比比而是。乃闺门之内，若兰陵、南阳二宫主，襄阳、华阳二妃,郑善果、陆让二母,刘昶之女,砥行砺节,拔俗维风。岂天厌隋德,贞良廉耻之防,不树于男子,皆钟于妇人耶?苟此数人皆为丈夫,参于朝列,必不为奸谄、佞谀、凶危、谗贼。长君逢君,以覆其国。隋文曰:"衰门之女,兴门之男。"不亦信哉!

茗香堂史论卷三

海盐彭孙贻羿仁氏著

同里朱葵之粟山校正

《唐书》

《唐书》诸帝论断甚佳，谓灵武即位为非。紫阳、涑水咸本乎此。

一行论历甚详而核。《五行志》较前代矫诬甚为超出，盖五经之理至宋而大明，纬书之诬一洗矣。

唐伏远弩纵矢三百步，四发而二中；擘张弩二百三十步，四发而二中；角弓弩二百步，四发而三中；单弓弩百六十步，四发而二中。宋时神臂弓亦弩也，及三百步，当是伏远弩遗制。

唐太宗令决囚必三覆奏，又令二日五覆奏，决囚日尚食勿进酒肉，教坊、太常辍教习。诸州死罪亦三覆奏。其日蔬食深得圣人哀矜勿喜之意，然五奏法司不太烦乎！三奏足矣。要令执法者无罪，自然无冤。

《唐书》于隐太子强为之辞，宋臣因唐之旧存以传，疑非实录也。贻以为：唐有天下，创谋自太宗。唐公柔懦无断，不能效王季舍伯邑考立武王；建成又无东海王强、宋王成器之贤思，拱手而有储位；太宗雄略盖世，岂能抑首而居庸主之下乎！敬德、英、卫之

徒,于秦王有腹心生死之交,欲其舍英主而事他人,彼豪杰枭果之
才,势必为乱,唐祚未得安也。高祖诚能喻太子以让,而锡之东藩,
优异其礼,建秦王以储副,早禅天位,蹀血禁门之事当不复生。乃
贪恋大宝,不念创业之功,不思两全之道,遂令同气弯弓,遗讥万
世,诚足叹矣!

凌烟功臣段志玄非第一流人物,然其孙文昌、成式或以豪侠
显,或以文章传人,故不可以无后信哉!

刘文静首倡大议,太宗因以起事,其功不在萧何下。唐祖昏
耄,顾以与裴监有隙,陷而杀之。寂之才,岂文静比,以宫女私侍之
恩令居功臣之首。

　　粟山按:唐之有天下,实发端于文静,高祖以武周虚无之
　　事信谗行戮,冤哉! 且其设施不在房、杜之下,未竟其用。太
　　宗登极后,亦不一为表暴,岂惧彰父愆耶? 此案千古梦梦,思
　　之扼腕。

温造劾李祐违诏献马,人多称其刚直,不知其入兴元军斩乱兵
之杀李绛者八百人,一军慑服不敢动。其胆略谋勇,尤出人数倍。

唐功臣多以字行,房玄龄名裔,封德彝名伦,尉迟敬德名恭,秦
叔宝名琼,殷开山名峤,亦一时风气然耶? 任环字玮。一字字自项
羽后亦少矣。

李嗣真闻章怀太子制乐,先占其败。又掘地得黄钟,太常乐以
和。又闻马鸣谓其主必坠死,闻佩声知新妇之必离,此可列之《艺
术传》,附于温大雅、彦博传末,不伦矣。

　　粟山案:此与隋万宝常"知音"一律。

苑君璋知唐之必兴,不能弃武周以事唐。武周死,依突厥以拒
命,高满政谓:"夷狄无礼,岂可北面臣之,不如尽杀虏众以投唐。"

不听。满政降唐，君璋引突厥杀满政，迫部曲离畔，穷蹙请降。赐以金券，犹怀二三。颉利召之，遂执送元普，受羊马、锦裘之赐。听郭子威之邪谋，不从子孝政之忠谏，反复无定，幸而降唐，以殁其身。君璋可谓用夷变夏、鸱眼不化之人，岂可与唐功臣齐列乎！

杜淹在隋，因苏威以隐者诏得美官，乃与韦福嗣共入太白山，为不仕者。隋文恶之，谪戍江表。乃仕王世充，又欲仕隐太子，乃倾危险陂之士。仕于贞观，以功名终，幸矣。

裴矩奸于隋而忠于唐，封德彝则始终谐佞。宇文士及弑逆①，同产知时不容，托唐自安，卒以佞自全。此辈当别为《佞幸传》可也，乃与名臣错综乎。

张玄素、孙伏伽在隋皆为令史。伏伽每不自讳，玄素一遭太宗询出身，色若死灰，其逊伏伽远矣。玄素能犯颜强谏若此，虽出令史，何害萧曹，不为吏卒，为汉功臣之首，所以君子贵观其大也。

人第知娄师德宽厚长者，不知其将略深沉、有赵充国之风。拒吐蕃，开营田，积粟丰州数百万，无转饷和粜之费。入为宰相，知贤荐士，忮忌不行，卒以功名终于告密之世，其所处之难有百倍于汾阳者。身兼将相，富贵不危，岂非一代之巨人欤？宋子京论赞独称其勇，以为"勇于敢则杀，勇于不敢则活"。如此议论开前人所未发，增几许论世人心眼。

刘仁轨、裴行俭皆起儒生，怀将略，立功徼外，功名相等。行俭知人善任，雅量藻鉴，凡所赏拔，皆为名将；仁轨表袁嗣宗知裴炎反状不告，武后诏拉杀之。仁轨子卒为酷吏所杀；行俭子光庭相继为相，以功名终。天道岂曰无知！

---

① "宇文士及"，疑当作"宇文化及"。

　　粟山按：仁轨将略卓绝一时。其表陷袁嗣宗也，武夫不学，实患失之所致。惜哉！

　　裴炎表废中宗，卒成母后专制、废唐为周之祸。一言丧邦，此之谓矣。然中宗无庐陵之幽，则韦后弄权不在天后之下。无天后之才而有其乱，乱虽不亡唐，而乱天下也尤甚。君子之责人也，固当原其心，又未可厚诛于炎也。

　　粟山按：裴炎终于伏诛，武后已疑其心矣。处人骨肉，固若是乎！

　　李昭德为洛桥，累石代柱，锐其前厮，杀暴涛势，水不能怒，自是无患。"前厮"当是桥柱，向来水一面，今洛阳万安桥亦同此制。

　　李渤隐庐山后，徙少室，屡征不起。韩愈移书责之，乃起，孤介特立，屡以直言被斥。自虔州徙江州后，为桂管观察使，皆有利济及民。今江州庐山有李渤读书堂，直道高风，凌厉百代，如见其人。

　　粟山按：李渤竟为书法所掩。

　　穆宗虽杖杀柳泌，复惑于方士之言。布衣张皋上书切谏，帝善其言，访皋，不获。真高人一等矣。

　　宋祁传赞钩深抉隐，笔亦挺劲绝人，然颇嫌于碎僻。要之，宋文之特立不倚者也。

　　事有反覆不测者，武士镬为有唐佐命勋臣，乃生女子入宫，灭唐子孙殆尽。以武后熏灼之时，乃有武攸绪思远权势，隐居不仕，不与三思、承嗣、延秀等同诛，奇矣。孙元衡、儒衡接迹而起为唐名臣，天之报施固不爽耶！

　　玄宗时纷纷议报，引魏征议增舅服为小功。夫圣人制服重本支轻外姓，故外姓之服不过缌，惟外祖以尊，加从母以名加至小功。魏征欲变先王之礼，以推隆母族，已悖圣人别嫌明微之义。玄宗引之以变礼,宜乎再罹后妃之祸,至于播迁也。

郭震出入将相,有大功于国,身系西北之安危,岂非社稷之臣欤?玄宗讲武骊山,亲御枹鼓,元震引礼请止,亦大臣之义也。玄宗乃欲以军容不肃,坐纛下,将斩之。无故而杀大勋上佐,自撤社稷之卫,虽曰讲武,何益乎!

　　粟山案:玄宗此举欲以树威,虽非本心,已伤国体。其后任用蕃将,几致丧邦,即云女祸使然,何前后如出两人也。

和逢尧于武后时,负鼎阙下,愿助天子和饪,为有司所诘,流庄州。其人固非佳士。乃举进士,摄鸿胪使突厥,以辨折虏,为唐奉使者首称。人固不可测欤!

张曲江曾孙《仲方传》:李训既诛,群臣谒宣政,半扉启,传召仲方曰:“有诏,可京兆尹。”然后门辟。“可”字似讹。又“髌足旁午”,又“仲方势笮,不能有所绳削”,皆艰涩不成语。子京好用奇字,然耶?

　　粟山按:此即刘几“天地轧,万物茁,圣人出”之流亚,宜欧阳公以札闼洪祯相戏也。

韩休风节矫矫,韩滉更兼将相,掊刻以效忠,然功名赫然,威加邻藩,协奉帝室,有大臣之节。书画皆绝人,书亚张旭,画埒韩干,可谓一代奇士。清介自守,所聚敛皆以纾国难,观过知仁,斯之谓矣。

元次山父延祖少孤,不仕,为春陵丞,弃去。闻禄山反,戒结以“世故多,不得安山林,勉树名节,无近羞辱”。次山《春陵行》感慨恻怛有自来矣。

唐人小说于李泌、陆贽多所訾短,谓宣公下石窦参以至死。宋子京独判其诬,谓参之贬,帝意欲杀之;贽以为太重,乃贬骧州司马;宫侍谤不已,竟赐死邕州。直笔表微,不第为贤者讳也。吴通玄以宗室女为外妇,帝怒其淫污近属,诘之,不敢答,赐死长城驿。如宣公才器,焉能沮其不作相,何怪人喜为异论也。宋人议论每过迁,然于大经大义多赖之发明,不第此等事也。

段司农、颜鲁公同传甚佳,论赞亦深切,惜笔弱不及史公耳。

平凉之盟李晟、柳浑力争,不能止。骆元光知虏有变,请与浑城连屯,城不从。元密徙营次城屯。既会,元望云物知不祥,传令部曲列阵以待,会泾原节度李观亦以精兵五千伏险,与元军相应。虏劫盟,城奔还,元兵已成列,观兵亦起,虏乃退。元遣车重先行,与城徐行振旅还,虏不敢逼。是役也,非二军,城不免。帝嘉之,赐姓名李元谅。人皆幸咸宁之得脱,不知二师力也。为将,信不可无备。

唐宰相正直剀切者,惟陆宣公一人,可以追配魏郑公。魏公遇太宗,其言故尽行;宣公遇德宗,言不尽用,其效不大显。盖为郑公易,为宣公难。郑公当开创初基,欲英主之持盈也,易;宣公当颠沛之日,欲猜主之推诚也,难。子京辨其谤,申其功,洞中古人之隐。

粟①山按:宣公出处,尤高于郑公一筹。

韦皋立功西南,开拓万里功名之盛,诸葛之后未之有加。王叔文专政,皋使刘辟私于叔文,请尽领剑南,否则将修怨焉。叔文怒,欲斩之,辟遁去。皋遂上表请太子监国,又暴叔文之奸,劝进太子。大臣继之,太子受禅,因投殛奸党。皋以强藩内制朝廷,虽愧汾阳之忠谨,然志清君侧,臣节未亏。韩弘养寇市重,淮、蔡之讨不自从戎,阴怀二三,鹜侮诏使。齐、蔡既平,惧而入觐,幸以功名终,其于

---

① "粟"上原衍"一"字。

韦皋功业大有径庭。子京以皋、弘"阴慝，诚言自解，长没天年"，恐非笃论。皋固未尝有阴慝之迹也。皋功大势盛，首击权幸，中朝忌之，国史所著，恐非其实。盖子厚与叔文为石交，昌黎辈又为子厚之友，执简之臣偏护执柄有由来矣。皋贵极人臣，又求兼领剑南，欲何为乎？辟之私情，莫须有也。

窦群母丧，啮一指置棺中，庐墓终丧。夫人身体发肤受之父母，不敢毁伤，刲股救亲尚且有讥，啮指置棺益复无谓。人子养志显扬为大孝，若群吊诡好名之甚者，阴贼狼戾即此可卜。

崔彦昭事母孝，与王凝为外昆弟。凝先贵显，而彦昭未仕，尝见凝，凝倨不冠带，嫚言曰："不若从明经举。"彦昭憾之。凝为兵部侍郎，彦昭作相，母敕婢多制履袜，曰："王氏妹必与子皆逐，吾将共行。"彦昭泣且拜，不敢言怨，而凝竟免。呜呼！非特彦昭之孝，其母亦善于教子矣。今之士大夫同气或阴相挤，况外兄弟之有怨者乎！阅此三叹，羡之敬之。

元鲁山母在未命娶，母亡遂终身不娶。人或以绝嗣议之，德秀曰："兄子在，先人未尝乏祀也。"初，兄子丧母，无赀得乳媪，德秀自乳之，数日湩流，能食乃止。岂非至诚所格，天亦为之动耶？房次律谓："一见紫芝，使人名利之心都尽。"如此人即婚宦且不能撄其怀，何况名利耶？求之古人，亦未有二紫芝。以未奉母命而不娶，终非圣贤之大经，亦可谓不善体母志者。其所云先人未尝乏祀，则孝子之心，千舌如此。

粟山按：舜不告而娶，孟子以为行权，舜岂无弟象在耶？设紫芝兄子竟不育，抑再娶耶？听其绝祀耶？此畸人一节之行，不可为训。

辛谠为云京孙，少耕，力能止牛斗，折其角。已乃从危乱中破贼立功,真豪杰也。

田游岩自称"泉石膏肓,烟霞锢疾",然受崇文学士之命,又不能洁身引去,以裴炎之死坐累放归。其退又不以道,不得为高蹈也。武攸绪不以后族自累,可谓见几明哲之士。司马承祯、孙思邈宜列《方术》中。

贺知章老乃乞闲,知上好仙,乃请为道士出家,岂须奉旨邪?又乞剡川为放生池,可谓老不知止,戒之在得,岂得列于《隐逸》?

唐初图功臣于凌烟阁,首房玄龄、杜如晦等十六人。德宗即位,录武德以来将相、勋名特高者九十二人。大中初,诏求李岘、王珪、戴胄、马周以下至李澄等三十七人画像,续图凌烟阁。后增益至一百八十七人,自房玄龄至南霁云为第一等,窦威至姚闿为第二等,其间忠臣义士及逍遥公韦嗣立无不在焉。乃忠烈如颜鲁公、功名如郭汾阳顾不及之,不可解也。

以卢奕忠义,乃有子杞之奸邪。杞之奸邪,乃有子元辅之清介,人固不可测也。士贵自立,不可恃祖父之忠义门风以自满,必须勉厉自树,乃克无忝家声。恃家声以败节者,比比也,可不戒哉?若先世获罪,更宜奋身特立,以雪前人之耻,不可以先恶自堕厥志也。

宋子京持论最为有意,《张巡传》载巡子去疾诋远不死一段,抑扬以尽疑,而后入韩愈之文为定论,深得作者之法。盖欲以此塞万世下好奇弹射者之口,俾远无遗议,其有功名教不浅云。

文宗喜经术,宰相李石言施士匄《春秋》可读。帝曰:"朕见之矣,穿凿好为异同。学者如浚井,得美水而已,何必劳苦旁求,然后为得耶?"此最得帝王读书法。孔明略识大意,亦是此意。梁武、魏文父子驰精浩博,每兴儒者争长,于治天下之道则昧昧也,读书何益! 文宗亦其流也。桓文谓简文、惠帝之流清谈差胜,亦其类也。

突厥既款献牛、羊各数千,太宗却之,令还所掠俘,甚得帝王之道。宜其禽颉利、臣突厥,雄概千古无两!

《五代史》

欧阳《五代史》文体省静，无一冗语，洵良史也。然笔力衰飒，不能望唐人，何况两汉。

庐陵帝朱温，千古皆以为非，庐陵引鲁桓、宣及郑、卫二君以为例，似是而非。鲁、郑、卫四君皆以公子弑逆，虽犯大恶，犹周公、唐叔、武公之后也，其事比乎？群公子之争立，姬姓未斩也；温起盗贼，非群公子之例矣。弑昭、哀二帝，杀九王，以斩李氏之祚，其视莽、操、懿、昭，惨恶倍之，较唐、晋、汉、周诸君，万不及也。聚麀宣淫，禽兽不如，乃帝之乎哉。曰："不没其实，其实常为君矣。"夫温之篡唐，以至友贞之见灭，不过十余年耳。河东、赵魏、浙西、淮、蜀割据自若也，安在其为君乎？絜之五代，以著干统之实，稍异其书法于四代，以严乱贼之防，不亦可乎！无紫阳以正之，何以明大纲而立人纪者也。

《梁本纪》于济阴之废，曰"封唐王为济阴王"。徐无党注曰：谓天子为唐王，录其本录语如此。庐陵大误矣！依《春秋》之法，则当书曰："奉唐帝为济阴王。"今乃依乱贼之文，贬天王之号，于笔削之义乖矣。又于温之被弑书曰："六月，疾革，郢王友珪反。戊寅，皇帝崩。"书没篡弑之实，亦非《春秋》之义也。按《春秋》之法，宜书曰："戊寅，友珪弑帝。"弑父之贼，亦不得书爵也。凡书反者，皆系举兵于内外，乃泛然叛逆之称也。友珪弑父，谋之寝室之中，加以割刃之惨，异乎称戈弄兵之辈。庐陵之书亦鹘突不明。

每书赦必曰"德音"，此系臣下赞谀之辞，非史臣纪实之体。

王彦章之死书爵，以纪之嘉之也。徐无党注亦瞆瞆不明。

唐庄被弑于郭从谦，辞同朱温例，亦非也。

刘知远，本沙陀种，乃追尊汉高、光为不祧主，岂刘氏乃刘聪、刘曜后邪？本纪略而不书，无可稽考。

唐、晋、汉屡书民间一产三男子，不系灾祥，何关治乱！书之本纪，何不惮烦！

《家人传》后妃、王子错综成文，不若后妃合为一传，王子合为一传，俾五代之君孰得孰失，燎若列眉也。

庐陵之主濮议，《五代史》已详言，之一则见于《晋出帝本纪》，再则见于《晋家人传》。其言曰："为人后者，必有所生之父，有所后之父。为人后者所承重，故加其服以斩。而不绝其所生之亲者，天性之不可绝也。然而恩有屈于义，故降其服以期。服，外物也，可以降，而父母之名不可改，故著于经曰：'为人后者，为其父母服期。'"云议大礼者本此。

唐臣《李袭吉传》：晋王使袭吉为书谕梁，梁太祖使人读之，至"毒手尊拳，交相于暮夜；金戈铁马，蹂践于明时"，叹曰："李公僻处一隅，士有如此，使吾得之，傅虎以翼！"使敬翔答之，不工，袭吉书传于世。夫"毒手尊拳"数语，何足云工而摘之，诚足笑也。

徐无党注多矫诬，如晋臣吴峦之死。峦守东门方战，而左右报郜珂已反，峦顾城中已乱，即投井死。无党注：峦不能察珂之奸，反委以兵。是已又谓契丹入贝州，又不能拒战，遽投井死，死不足贵，故不列于《死事》。夫本传已书"峦守东门方战"，而无党乃谓又不拒战。夫死于战、死于井等死耳而谓不足贵，何哉？昌黎传许远，谓与张巡同烈，此是纪死事之准。《五代史》之不书死事多矣，宁止一吴峦哉！

分代立传,然须贤、奸各自为类。桑维翰与景延广同传,二人正自相反,犹以为契丹得失著戒,可也。若苏逢吉之奸回,乃冠之史弘肇之前。杨邠聚敛臣而持己则俭,刘铢刚暴而遇周祖不屈以死,皆有一节之可取。王章亦聚敛臣,然皆兴汉之佐。宜以史弘肇为首,而杨邠、王章、刘铢附之。苏逢吉怨史弘肇等之异己,激李业等为诛僇功臣之谋,卒召乱以亡国。然则逢吉固祸首也,宜以为魁,而李业、聂文进、后赞、郭允明附之,则劝戒昭而贤奸判矣。

《死节传》三人,皆终始无疵,梁王彦章、唐裴约、南唐刘仁瞻。文亦连绵不断,中插裴约一段,似过文,又非过文,顿挫殊妙。后段感慨抑扬,尤为妙绝,是一部《五代史》点睛处。

《死事传》夏鲁奇徐无党注曰:吴峦兵可战而不战,鲁奇食尽力穷,故取舍异。夫峦之不列于《死节》者,以用郙珂之失也。珂既任兵事,引契丹入贝州,城中已乱,而谓兵犹可战,不亦谬哉!

《死事传》张敬达亦可谓表表无疵者。食尽,食马。杨光远屡趣之降,敬达曰:"诸公何相逼邪!何不杀我而降?"光远即斩敬达降契丹。无党注:责其不诛光远而讽其杀己以降贼,故不书死节。传录其死者,嘉其不屈。然虽不屈而讽人降贼,故不得为死节。无党之持论,何其诬也!敬达之言,盖亦怒而斥光远云尔,岂其身则捐生而讽人背主者乎!将士皆已心变,敬达岂能诛光远耶?光远亦岂肯束手受诛乎!书生不揣时地,轻易责人如此。庐陵分《死节》《死事》为二传,别自有意,不可妄为穿凿也。

《死事传》序曰:吾于五代,得全节之士三人而已。其初无卓然之节,而终以死人之事,得十五人,而战没者不得与也。然吾取王清、史彦超者,其有旨哉!今按:二人皆战殁之士。王清,唐将也,改事晋而战殁于契丹。彦超,汉将也,改事周而战殁于太原。

二将皆非纯臣,庐陵列之《死事》,自云有旨,其义殆难测矣。岂非以石晋勾夷乱华,二将皆能尽节于中华之主故邪? 以为识《春秋》之大义,故节而取之。

唐臣任圜、张宪、赵凤,皆卓然之士。豆卢革、卢程徒以门望,皆奴才也,反冠于首,舛已。

孙晟早年纵横干进,几杀其身,亡命奔吴,见用李氏。奉使于周,至死不屈,子卿、文山无以过之,乃不登《死节》之传,似亦太苛。

《唐六臣传》裁断甚佳。张文蔚、杨涉、张策、赵光逢,皆醇谨自修,薛贻矩、苏循则奸佞无取,然皆与于劝进禅授之班,合为《唐六臣传》。以为万古卖国求荣之镜戒,其意深、其感切矣。杨涉子凝式有文词,善笔札,历事梁、唐、晋、汉、周,官至太子太保,则又不止于冯道四姓十君矣。前段始裴枢,后段论朋党,萦回组舞,大有妙裁,恨笔弱未遒耳。观其持论,迥出前此史臣之上。

沙陀兵强于天下,多以义儿有功。庐陵《义儿传》略尽克用、存勖用兵之概,是亦画家写生手也。

《伶官》《宦官》二传忽叙事,忽立论,波澜开阖,有龙门之遗,庐陵得意文章也。《宦官传》叙张承业、张居业方毕,便入"五代文章陋矣"一段,至"可不戒哉",几五百言,忽接"昭宗信狎宦官",散叙马绍宏、孟汉琼诸事,半持论半纪述,至"呜呼"以后,总作论结,无头无尾,如乱如整,此庄生笔法也。

《温韬传》详载,唐昭陵厚葬制度之闳丽,以为后世戒。后述周太祖瓦棺、纸衣之遗诏。将葬,开棺示人;既葬,刻石告后,其意深矣。又葬平生所服、通天冠、绛纱袍各二,其一京师,其一澶州;又葬剑、甲各二,其一河中,其一大名。此魏武疑冢之意也。其藏衣冠剑甲,未必真器甲;其藏遗骨,未必真遗骨也。此英雄深虑,其葬必甚闳,不明书于实录。

朱宣、朱瑾兄弟起盐盗,与朱温俱破黄巢、秦宗权,已而宣为温所灭,瑾走,依杨行密。梁攻淮南,瑾击杀庞师古。行密死,徐氏专政,瑾复击杀徐知训以安吴。惜隆演驽劣不能用以诛徐氏,遂为徐温所害,投尸雷塘。江淮之人惮其神明,温亦惧其精爽,收骨立祠。瑾诚烈丈夫哉!

李振为李抱真孙,为唐金吾将军,使浙不行,以策干梁祖,得为郓节度副使。为温画策出昭宗、降师范,一至京师,必多贬斥,人目之为鸱枭。又建策投裴枢于浊流,弑昭宗于椒兰,此乃贼温羽翼之首也,乃不收之《梁臣传》而置之《杂传》,亦是失于裁制。

冯道事四姓十君,盖自唐庄、明、愍、出四帝,晋二帝,汉二帝,周二帝,乃卒,在四朝十君耳。若论其姓,唐四君三姓,晋、汉四君两姓,周二君两姓,十君共七姓,当云事七姓十君可也。书此,以发后人一笑。

《宋史》

《宋史》四百九十六卷,本纪四十七;志一百六十二,曰天文、五行、律历、地理、河渠、礼、乐、仪卫、舆服、选举、职官、食货、兵、刑法、艺文;表三十二,曰宰辅、宗室世系;列传二百五十五,后妃、宗室、公主、名臣、循吏、道学、儒林、文苑、忠义、孝义、隐逸、卓行、列女、方技、外戚、宦者、佞幸、奸臣、叛臣、世家、周三世、外国、蛮夷。总裁者右丞相脱脱,史官则泰不华、汪泽民、贡师道、李齐、余阙、贾鲁、张翥、危素等二十三人,笔不出一人,纪不出一手,最为冗滥。礼、乐、仪卫、舆服、食货尤为猥亵,河渠、律历究无成说,今纵不能别行修纂,当照本文删去一半,使简明可诵。而名臣、奸臣各以世次,类从相判,俾南北兴亡、治乱之故一目燎然,斯为善矣。

《太祖本纪》:建隆二年十月丙午,葬明宪皇太后于安陵。乾德二年三月,册上明宪皇太后谥曰"昭宪",皇后贺氏曰"孝惠",王氏曰"孝明";四月乙卯,葬昭宪皇太后、孝明皇后于安陵。前已书葬,此又更书,必有一误。又与孝明同葬安陵,妇、姑同兆,信不合礼。

太祖以天下予太宗,可谓至公。太宗杀其子及弟,楚王元佐亦从废斥。父子兄弟,盖多惭德,要其祸不首于赵普,实杜太后一言误之也。夫陈桥拥戴,其谋发于太宗,成于赵普,犹乎李唐基业实本太宗,必不能俯首而事建成也,明矣!太后诚推明翼戴之首谋,以弟及为末命,太祖且敬听,终优德昭、廷美以大藩,岂有异日之纷纷乎!故吾谓六月四日之事衅始于唐高,岂容再误之祸,实开于杜后。

　　粟山按：太宗赋性忮刻，无赵普再误之言，亦不传弟以及侄。即无杜后金匮之书，亦必自取。观其太子庙见，因民呼为少年天子，心滋不怿，父子尚然，何况余人。然则烛影斧声之案，传信非传疑也。高宗南渡之后，有天下者，卒归太祖裔孙，天道循环。吁，可畏哉！

大中祥符二年，诏韶州罢献频婆果。此果产于北，宋时乃贡自炎方，今、古地产不同邪？

　　赐杭州草泽林逋粟帛。"草泽"是何书法？宜曰"隐士林逋"。

　　《真宗纪》：延①恩殿九天司命天尊降。此等书之，何异汉武之诞。

　　真宗赞谓："宋诸臣见其君有厌兵之意，进神道设教之言，假是以动敌人之听闻，庶几消其觊觎。"王钦若、丁谓之徒以是媚主希宠，王旦、寇准不免焉，岂尝念及此乎，是亦强为之词耳。

　　仁宗时，皇太后服衮衣、仪天冠飨太庙，太妃亚献，皇后终献。宋家法极严，几为庄献所乱，是时廷臣无一言，赖宋祁乞罢，撰纪微示讳恶之义，稍足愧之。

　　仁宗为宋诸帝第一，废后一事，不能无玷。犹之光武，事事寡过，废后遂成惭德。二帝之贤，先后一辙，故知全德为难也。

　　《五代史》书赦必曰"降德音"，盖宋史官笔习以为常。临文宜直书，无事文饰，《宋史》往往仍此失。

　　二府，一为中书政事堂，有同平章事、参知政事；一为枢密院，有正使、副使，有同知枢密、知枢密使宰执，极尊者兼之。其次两

---

　　①　"延"字原作空缺，据《宋史》卷八《真宗三》补。

省,则中书、门下。

仁宗天质纯粹,好学博闻,乃追册温成,制乐享庙,其失非细。

仁宗以富弼母丧罢大宴,君臣恩礼复绝今古。

仁宗赞:"二十四年吏治若偷惰,而任事蔑残刻之人;刑罚似纵弛,而决狱多平允之士。国未尝无弊幸,而不足以累治世之体;朝未尝无小人,而不足以胜善类之气。君臣上下恻怛忠厚,有以培三百余年之基。子孙矫其所为,骎至于乱。《传》曰:'为人君,止于仁。'帝无愧焉!"其言最为精切,亦是千古明言。

宋赦最多,往往及常赦所不原者。虽意近仁厚,长恶惠奸,非政之善。与其多赦,不若慎刑罚、严失入,使刑无滥,斯善矣!元祐中,断大辟二千九百一十五人,何其多辟!

孤、寡、不谷,人君之称,宋诸帝往往受群臣尊号。当礼乐大明之世,有此不经陋典,贤哲如林,无一人匡正,何也?

今贡举三场,元祐中进士试四场。

元祐中,以张诚一穿父墓取犀带,责授左武卫将军,提举亳州明道宫。发父冢者,罚仅尔,亦是失刑。

米脂砦本夏人地,元符元年始城之,遂为米脂盗亡明张本。

宁宗开禧元年,初置澉浦水军。

孝宗生秀州青杉闸官舍。宋时杉青闸乃有官舍,今不可考。

孝宗时屡书五星皆见。隆兴十三年七月己未,五星皆伏。八月乙亥朔,日、月、五星皆会于轸。人有以七政皆会为奇者,夫五星之会本非奇,若会于朔日日躔之度,则七政自然皆会。

宋太祖至仁宗,四传而享国百年,邵雍谓前代所无。高宗至宁宗,亦四传而享国九十八年,史臣谓亦前代不偶。

粟山按:本朝自顺治至嘉庆,五传而享国一百七十六年,尤为亘古罕闻。

孝宗、理宗皆以宗人子继统。宁宗屡生皇子不育,嘉定十四年立皇子竑。八月辛卯,遂有文武官毋得归宗之令。

史弥远背君命,私废立,乱常干纪,直与梁冀、杨素等。理宗徒顾私恩,不复正其罪,群臣亦无复敢言其事,真千古缺典也。

宋之禅代者四,钦宗受命于患难之中,宁宗摄立于危疑之际。钦宗不能用李纲、种师道等而亡,宁宗用韩侂胄、史弥远而削,虽付托无惭而克戡有忝,以视孝宗之养志克家,大有径庭。以孝宗之孝,乃有此不孝之儿,可谓天道无知! 光宗惟用妇言,遂陷大逆,与唐肃宗无二。张后、李后妒,与不孝略同。

赵范言:"宣和海上之盟,厥初甚坚,讫以取祸,不可不鉴。"帝问赵葵金事,亦言:"兵力未瞻,姑从和议。俟根本既立,雪二帝之耻,以复中原。"二赵老谋长算。天方授元,即不合宋势,足亡金。金亡,则宋必为之续,报先世之怨,不可谓非。特秉国者无远猷,横挑强寇,恀壬弄兵,战士解体,其亡可翘足而待。

史嵩之露布告金亡,诏遣郭春汛扫诸陵,以完颜守绪骨告太庙,亦是一时快事。俘囚张天纲、完颜好海等命有司审述以闻,则可笑,此事有何可审!

理宗时,有宗室赵与𥳑知临安府。元兵攻嘉定州,马塈御之。𥳑字、塈字不知何音。

粟山按:𥳑,古"寿"字。塈,古"坤"字。

理宗优柔奸臣,相继秉政,台谏皆恘邪。江万里、董槐稍自立,乃排击去之。余玠有功于蜀,籍其家,锢其子孙,劳神短气,安得不危!

理、度二宗不言寿,史臣之漏也。元臣谓理宗表章理学,首斥安石,从祀九儒,后世得以复古帝王之治,实自帝世始。具言至公。

宋季边衅已开,急在兵食,而诸臣往往争道学、论天人,其言非不明且正。然于功罪无分,措置失所,寄安危于宵壬,弃智勇于敌国,诸贤殆未之讲也。豹养内,虎伤外,虽身心无病,何益乎!

宋亡,诸将皆降,惟孙虎臣兵败自杀,可与张世杰辈争烈。

《宋史》屡书"流星自某星,急流至浊没"。所云"浊",乃天汉白光厚处也。名之为浊,殆是不知天象,其字义亦无典。

马融云:"玑衡者,即今浑仪也。"宋王蕃云:"天梁、地平以定天体,四游以缀赤道,此即玑也;望筒横箫,以窥七曜之行,知其缠次,所谓衡也。"六合、三辰四游仪,李淳风所作。黄道仪,一行所增也。张衡祖洛下闳、耿寿昌法,别为浑象,置密室,以漏水转之,以合璇玑所加星度,则浑象别为一器。李淳风、梁令瓒始与浑仪并用。

太平兴国中,巴人张思训作浑天仪,起楼丈余,机隐于内,规天矩地。下设地轮、地足;又为横轮、侧轮、斜轮、中关、天柱;直神,左摇铃,右叩钟,中击鼓,以定刻数,昼夜周而复始;木为十二神,自执辰牌至时,循环而出,随刻数定昼夜长短;上有天顶、天条,布三百六十五度,为日、月、五星、紫微宫、列宿、斗建、寅黄赤道,以日行度定寒暑进退。开元遗法,运转以水,至冬凝冻迟涩,遂为疏略,寒暑无准。今以水银代之,则无差失。并著日月象,皆取仰视。按旧法,日月昼夜行度皆人所运行。新制成于自然,尤为精妙。

熙宁中,沈括上《浑仪》《浮漏》《景表》三仪。《浑仪议》云:"汉以前,为历者必有玑衡自验,其后玑衡不为历用。一行《大衍历》始用浑仪,故其术比诸家所得为多。璇玑玉衡,康成粗记其说。洛下闳制圆仪,贾逵加黄道,其详皆不存。张衡为铜仪浑象,非古玑衡也。孙吴时王蕃、陆绩皆为仪,旧以二分为一度,张衡改为四分,椎重难运。蕃以三分为度，周丈有九寸五分寸之三。刘曜时，南阳孔定为铜仪，有双规、横规、特规、游规、窥管，曜太史令晁崇、斛兰为铁仪，与定法大同，惟南北柱曲抱双规，下有纵卫水平，银错星度，小变旧法。李淳风为圆仪三重，一行以为难用，率府兵曹梁令瓒以木为游仪，因淳风法稍附新意，诏与一行杂校得失，改铸铜仪，古今称其详确。至道中，初铸铜仪多用斛兰、晁崇法。皇祐中，改铸用令瓒、一行之论，而去取交有得失。古今象数，不合者十①有三事：其一，谓'中国居地东南，当西北望极'，又'天倾西北，极星不得居中'。古之候天者，自安南至浚仪②六千里，北极之差十五度，稍北不已，庸讵知极星不直人上也？然东西南北数千里，日未尝不出于卯半而入于西半，则知天枢尝北无疑矣，此施四海而同者。极星之果中，果非中，无足论。直当据建邦之地，裁以为法，可也。其二，纮乎以象地体，浑仪置崇台之上，下瞰日月，则纮不与地际相当。浑仪有实数，有准数。实者，此数即彼数也。准者，以此准彼，此之一分，准彼之几千里也。今台之高下所谓实数，天地之大岂数丈足累其高下？若衡之高下，所谓准数也。衡移一分，则彼不知其几千里，衡之低昂当审，台之高下非所恤也。其三，月行之道，过交则入黄道六度而稍却，复交出黄道之南亦如之。月行黄道，如绳之绕木，月交而行日之阴，则日为亏；其不亏者，行日之阳也。每月退交，二百四十九周有奇然后复会。今月道既不能环绕黄道，又还交之道，每日差池，必候月终而顿移，终不能符会天鹿，当省去月环。候月出入，专以历法步之。其四，衡上下二端皆径一度有半，用日

---

① "十"原作"才"，据下文改。
② "仪"下底本空缺一字。

之径也。若衡端不能全容日月之体,则无由审日月定次。欲日月正满上衡之端,不可动移,所以用一度有半为法也。下端亦一度有半,则不然。若人自迫下端之东以窥上端之西,则差几三度。凡求星之法,必令所求之星正当穿之中心。今两端既等,则人目游移,无因知其正中。今以钩股法求之,下径三分,上径一度有半,则两窍相覆,大小略等。人目不摇,则所察自正。其五,前世皆以极星为天枢,自祖暅以玑衡窥考天极不动处,在极星之末一度有余。今铜仪天枢内一度有半,乃缪以衡端之度为率。若玑衡端平,则极星常游天枢之外;玑衡小偏,则极星乍出乍入。令瓒旧法,天枢径二度有半,盖欲使极星游于枢中也。臣考验极星三月,而后知天枢不动处远极星乃三度有余,祖暅窥考犹为未审。今为天枢径七度,使人目切南枢望之,星正循北极。枢里常现不隐,天体方正。其六,令瓒以辰刻、十干、八卦皆刻之于纮,然纮平正而黄道斜运,当子午之交,白径度而道促;卯酉之际,则日迤行而道舒。如此,辰刻不能无缪。新铜仪移刻于纬,四游均平,辰刻不失。然令瓒天中单环,直中国人顶之上,新铜仪纬斜络南北极之中,与赤道相直。旧法故之无用,新仪移之为是。然当侧窥如车轮之牙,而不当衡规铁鼓陶,其旁迫狭,难赋辰刻,又蔽映星度。其七,司天铜仪,黄赤道合铸于纮,不可转移,虽与天运不符,至于窥测,先以距星考之定三辰所舍,复运游仪抵本宿度,乃求出入黄道与去极度,无异令瓒之术。本于晁崇、斛兰,虽不甚精,颇为简易。淳风尝谓斛兰铁仪,赤道不动,乃如胶柱,以考月行,差或至十七度,少不减十度。此直以赤道候月行,其差如此。今黄赤道度,再运游仪抵所舍度宿求之,月行则以月历每日去极度算率之,不可谓胶也。新法定宿而变黄道,此定黄道而变宿,但可赋三百六十五度而不能具余分,此其为略也。

其八，令攒旧仪，黄道设月道之上，赤道又次月①道，而玑最处其下。每月移一交，黄道道辄变。今当省去月道，徒玑赤道之上，而黄道居赤道下，则二道与衡端相迫，星度易审。其九，规环一面刻周天度，一面加银丁。夜候天晦，不可目察，则以手切之。今司天监三辰仪，设齿于环背，不与横箫会，当移列两旁，以便参察。其十，旧法重玑皆广四寸，厚四分。其他规轴，椎重朴拙，不可旋运。今小损其制，使之轻利。其十一，古人知黄道岁易，不知赤道之因变也。黄道之度，与赤道相偶者也。黄道徙而西，则赤道不得独胶。今当变赤道与黄道同法。其十二，旧法黄赤道平设，正当天度，掩蔽人目，不可占察。其后别加钻孔，尤为拙缪。今当侧置②少隔，使天度出此际之外，自不凌蔽。其十三，旧法地纮正络天经之半，候三辰出入，地际为地纮所伏。今当徙纮稍下，使地际与纮之上际相直。候三辰伏见，专以纮际为率，自当默与天合。"沈括《浮漏议》其文特妙，大有考工笔法，其概有：播水之壶三，受水之壶一。曰求壶、废壶、复壶、建壶。废壶，以受废水。三壶皆以播水，为水制也。有玉权酾于建壶。求壶之幂龙纽，以水出不穷也。复壶士纽，士所以生法也。废壶鲵纽，止水之涓也。箭一，博箭二十有一。镣匏，箭舟也。文多不能尽录。元祐中，苏颂作仪瓯，上置浑仪，中设浑象，旁设昏晓更筹，激水以运之。三器一机，吻合躔度，最为奇巧。宣和更作，悉归于金。绍兴三年，工部员外郎袁正功献浑仪木样，太史局募工铸造，不就，廷臣罕通其制。乃召苏颂子携取颂遗书，考质，携亦不能通也。颂书浑象为详，尺寸多不

---

① "次月"原作墨丁，据《宋史》卷四十八《天文一》改。
② "置"字原重。

载,是以难复。至十四年,铸浑仪成,以二置太史局。高宗自为一仪置宫中,其制差小,水运之法与浑象则不复设。旧有白道仪以考月行,在望筒之傍。熙宁中沈括以为无用,去之,不复设。中兴造浑仪,太史令丁师仁言:"临安地势向南,于北极高下当量行移易。"局官吕璨言:"浑天无量行移易之制,若用之临安与天参合,移之他往必有差忒。"遂罢。后邵锷铸仪,则果用临安北下法为之。以清台仪较之,实去极星四度有奇也。按:此乃即沈括旧仪。熙宁时已言之,即就中原测之,已去极星将四度,非因临安而言也。

唐一行作《大衍历》,以仪测毕、觜、参、鬼四宿,与古不同。皇祐初,日官周琮以新仪测度候,与唐一行尤异。绍圣二年,清台以赤道度数有差,复命考正。惟牛、尾、室、柳四宿与旧合,其二十四宿度次或多或寡。天度不齐,古人特纪大纲,后世渐极精密也。宋元史官谓躔次不同,古人特纪大纲,后世渐为精密,大缪。古人制器尚象,实开后人所未有,岂徒大纲而已。近代西人汤若望谓今古躔次,多从赤道验之,而不知日行黄道,时刻密有迁移,则躔度亦积渐而变,是以古今不同也。余谓万古,此赤道亦万古,此黄道安得遂有变迁乎!大都恒星虽丽天而行,然一星自为一道,原未尝牵缀同转。特其迟速皆同,不若五星之复绝,然其中有毫忽先后无差者,亦有分秒先后稍移,积之数千年,未免有分秒之异矣。是以二十八宿即其图形,亦与古渐异,岂关黄赤道之移耶?

冬至之日,尧时躔虚,三代则在女,春秋时在牛,后汉永元在斗。六十余年辄差一度。开禧占测在箕,较之尧时退四十余度。汉太初至南渡,差一气有余。太阳所躔十二次,大约中气前后,乃得本月官次。太阳日行一度,约退一分四十余秒。盖太阳微迟,一周天而微差,积累分秒而躔度见焉。历家考之,万五千年之后,所差半周天,寒暑将易位,世未有知其说者。今西人谓此差经二万五千四百余年,而行天一周,则是万二千七百年而差半周天也,与宋人之论又微异。

岁星色青,比参左肩;荧惑色赤,比心大星;镇星色黄,比参右肩;太白色白,比狼星;辰星色黑,比奎大星。古法谓岁星十二年一周天,乃约数耳。唐一行言岁星自商迄春秋季,率百二十余年而超一次,因以为常。绍兴历法,岁星每年行一百四十五分,是五年行一次之外有余一分,积一百四十四年剩一次矣。先儒之言,未可全据。

《宋史·七曜》备书三百年内飞流、逆犯,而不屑屑胪列事应,一洗千古矫诬穿凿陋说。

绍兴二十四年,海盐县洋有巨鳅,群虾从之,声若讴歌。抵岸偃沙上,扬鬐拨剌,其高齐县门。咸平元年五月,抚州王羲之墨池水色变黑如云。此非灾眚当是右军之灵吐其光怪。

乾道六年,西安县官塘有物,鸡首人身,高丈余,昼见于野。此殆六丁六甲中丁酉之神。酉,金行也,西夏用兵之兆。

建炎三年四月,鼎州桃源洞大水,巨石随流下,文曰:"无为大道,天知人情;无为窈冥,神见人形。心言意语,鬼闻人声;犯禁满盈,地收人魂。"此文似箴似铭,殆天垂戒有道之士语,类阴符。

五代之季,王朴制显德《钦天历》,宋初因之。建隆四年,王处讷造《应天历》,未几,渐差。太平兴国行《乾元历》,气候又差。继作者《仪天》《崇天》《明天》《奉元》《观天》《纪元》,迄靖康丙午,百六十余年,凡八改历。南渡后,曰《统天》,曰《乾道》,曰《淳熙》,曰《会元》,曰《统元》,曰《开禧》,曰《会天》,曰《成天》,至德祐丙子,又百五十年,复八改历。惟《奉元》《会天》二法不存。太平兴国间,《应天历》气候渐差,诏处讷重加详定。会冬官正吴昭素、徐莹、董昭吉各献新历,测验,皆言昭素朔气尤均,赐号《乾元历》。端拱二年四月己未,太宗手诏:"张玭览《乾元历》,此夕荧惑当退轸宿乃顺行,今止到角宿即顺行,得非历差否?"玭奏:"据今历法,验天荧惑差二度,差疾者八日。"至道元年,知天文郑昭晏考验司天监丞王睿雍熙历,四年所上历,以十八事按验,所得者六,所失者十二。太宗命昭晏兼知历算。二年,屯田员外郎吕奉天言:"经史,周、秦以前,多无甲子。太史公虽言岁次,与经传都不符合,史迁言武王元年岁在乙酉。唐兵部尚书王起撰《五位图》,言周桓王十年,岁在甲子,四月八日佛生,常星不见;又言孔子生于周灵王庚戌之岁,卒于悼王四十一年壬戌之岁,皆非也。臣探索百家,用心十载,知唐尧即位丙子,迄太平兴国元年丙子,凡三千三百一年。据经传正文,用古历推较,无不合。起问王①小甲七年二月甲申朔旦冬至,自此之后,每七十六年一得朔旦冬至,此乃古历一部;每部积月九百四十、积日二万七千七百五十九,率以为常,直至鲁僖公五年正月朔旦冬至,了无差爽。用此法,以推经传,小有增减,经传之误,皆可发明。"

司天冬官正杨文鉴上言请以百二十年书甲子。有司以无据,寝不行。太宗曰:"干支虽止六十,倘再周甲子,成上寿之数,使期颐之人得见所生之年,不亦善乎?"遂诏新历甲子纪百二十年。再周甲子,于古未有,太宗此举,亦畴人佳话也。

乾兴初改历,司天役人张奎以八千为日法,一千九百五十八为斗分,四千二百九十九为朔,距乾兴元年壬戌,岁三千九百万六千六百五十八为积年。又与历官宋行古造历,以一万五百九十为枢法,得九巨万数,命曰《崇天历》。纪上元甲子,距天圣二年甲子,岁

---

① "商王"原作"问王",据《宋史》卷七十《律历三》改。

积九千七百五十五万六千三百四十。上考往古,岁减一算;下稽将来,岁加一算。

　　嘉祐末,英宗即位,司天历周琮言:"旧历气节,后天半日;五星行,差半日次;日食候,差十刻。"因命琮等作历,范镇等考定为密,名《崇天历》①。琮言:自太初至今,冬至差十日,刘歆《三统》最疏,刘洪减朔余,苟合时用。自此以降,率意加减。何承天以四十九分之二十六为强率,十七分之九为弱率,于强弱之际求日法。以七百五十二,得一十五强,一弱。自后治历,莫不因之,皆不悟日月有自然会合之数。今定新历以三万九千为日法,六百二十四万为度母,九千五百为斗分,二万六百九十三为朔余,稽古验今,若应绳准。又以日行、月行之余,会日月之行,以盈不足平之,并盈不足,为一朔之法。月法也。乃以大月乘不足之数,以小月乘盈行之分,平而并之,为一朔之实。周天分也。以法纪实,得日月相会之数,皆以等数约之,悉得今有之数。二法相乘为本母,各母互乘,以减周天之余,则岁差生焉,亦以等数约之,即得岁差、度母、周天实用之数。理极幽眇,占历家皆所未达。琮考岁差,虞喜谓:"尧时冬至日短星昴,今二千七百余年,乃东壁中,则知每岁渐差之所至。"何承天云:"以中星较之,差于尧时二十七八度,即尧时冬至,日在须女十度。"祖冲之立岁差,率四十五年九月却一度。虞邝、刘孝孙各有增损。若从虞喜验,昴中则五十余年,日退一度;若依承天之验,火中不及百年,日退一度。《皇极》总两率而要其中,故七十五年而退一度。今改新率,七十七年七月,日退一度,上元命于虚九,可以上覆往古,下逮于今。琮又论:"古今之历,必有术过前人,可为万世法者。

---

　　①　"崇天历",据《宋史》卷七十四《律历七》当作"明天历"。

一行为《大衍历》,校正历世,以求历法强弱,为历法体要。刘焯悟日行有盈缩。李淳风悟定朔之法,气闰、朔余,皆同一术。张子信悟月行有交道表里,五星有入气加减。何承天悟测景以定气序。晋姜岌悟月食所冲之宿,为日所在之度。后汉刘洪作《乾象历》,始悟月行迟疾数。祖冲之始悟岁差。唐徐昇作《宣明历》,悟日食有气、刻差数。《明天历》悟日月会合为朔,所立日法,积年有自然之数,王法推时日晷景,知气节加时所在。后之造历,莫不遵焉。其疏谬之甚者,苗守信之《乾元历》、马重积之《调元》、郭绍之《五纪历》也。"

宣和六年七月,王黼言:"方士王姓,出素书,言玑衡之道甚详。令应奉司造小样验之,二月乃成,其圆如丸,具三百六十五度四分度之一,置南北极、黄赤二道,列二十四气、七十二候、六十四卦、十干、十二支、昼夜百刻,列二十八宿、内外三垣、周天星。日月循黄道天行,每天左旋一周,日右旋一度,冬至南出赤道二十四度,夏至北入赤道二十四度,春秋二分黄、赤道交出卯入西。月行十三度有余,生明于西,其形如钩,下环,西见半规,及望而圆;既望,西缺下环,东见半规,及晦而隐。其星始见,某星已中,某星将入,皆与天合,无丝毫差。玉衡植于屏外,持扼枢斗,注水激轮,其下为机四十有三,钩键交错相持,次第运转,不假人力,多者日行二千九百二十八齿,少者五日行一齿,疾徐相远如此,而同发于一机,其密与造化者侔焉。其余悉同一行之制。然一行旧制机关,铜铁为之,涩即不能自运,今改以坚木美玉之类。旧制外络二轮,以缀日月,而二轮亏蔽星度,仰视躔次不审,今制日月附黄道,而行如蚁行砲上。旧制虽有合望,月体常圆,上下弦无辨,今以机转之,圆缺隐见悉合天象。旧制止有辰钟鼓,昼夜短长日出入更筹之度,皆不能辨,今为司辰寿星,十二时轮,所至时刻,以手指之,又为烛龙,承以铜荷,时正吐珠振荷,循环自运。其制皆出一行之外。即其器观之,全象天体者,璇玑也;运用水斗者,玉衡也。昔人或谓玑衡为浑天仪,或谓有玑无衡者为浑天象,或谓浑仪望筒为衡,皆非也。惟郑康成以运转者为玑,持正者为衡,其说最近。又月之晦明,自昔勿烛其理,独杨雄云:‘月未望则载魄于西,既望则终魄于东,其溯于日乎?’京房云:‘月有形无光,日照之乃光。’始知月本无光,溯日以为光。沈括用弹况月,粉涂其半,以象对日之光,正侧视之,始尽圆缺之形。今制与三者之说若合符节。宜命有司置局如样制,筑台陈之,以测上象。”

中原既失,星翁离散,《纪元历》亡,绍兴二年,高宗重购得之,六月,语辅臣:“历官推步之差,今历差一日,明年当改正。”五年,日官刻元旦日食九分半,亏在辰正。常州布衣陈得一言,当食八分半,亏在巳初,得一言验。命得一改造新历,赐名《统元》,赐得一号“通微处士”。史官修神宗实录,求《奉元历》不获,诏得一与道士裴伯寿赴阙补修之。《统元历》行,有司不善用之,暗用《纪元》法推步而以《统元》为名。乾道二年,日官以《纪元法》推三年丁亥十一月甲子朔,将颁行,裴伯寿诣礼部陈《统元历》法当作乙丑朔,于是依其法正之。光州士人刘孝荣言:“《统元历》交食先天六刻,火星差天二度。”礼部亦谓《统元历》宜改。诏尚书周执羔提领改造。四月戊辰朔日食,孝荣刻食一分,日官刻二分,伯寿并非之,既而不食。孝荣刻八月庚戌月食六分半,候之,止及五分。又刻戊子二月丁未望日食九分以上,出地,其光复满。伯寿言:“当食既,满在戌正三刻。”至明年二月,月食生光复满,如伯寿言。屡令多官测验《纪元》《统元》、新历异同。互有疏密,诏新旧参用,礼官言:“参用实难,新历比旧稍密。"诏用新历,赐名《乾道历》。初,局官荆大声与孝荣共定新历。乾道四年,礼部员外郎李焘监视察测验,奏荧惑之差,诏访通历者。福州布衣阮兴祖言新历差谬,大声即补兴祖为局生。大声以太阴九道变赤道别演一法,与孝荣立异①。历官盖尧臣、宋允恭等上台测验,以为皆未尽善,别撰历请与定验。裴白寿上书言:"孝荣新历谬甚。顾假职,运算立法,当远过前历。"谏议大夫单时等言:"大声、孝荣同立新法,今犹反复,他日动摇,全功尽废。请令孝荣、伯寿、尧臣各具乾道五年五月巳后至年终,太阴五星躔度,令测验官参考。"六年,日官言:"明年用何历颁布?"诏权用《乾道历》一年。成都历学进士贾复进《历法九议》。太史局李继宗等测十二月月食,与贾复、刘大中所刻不同。谏议大夫姚宪监继宗等测验五月朔日食,时刻、分数皆差舛,继宗、大声削降有差。已而太史局吴泽言,"乾道年历十一年正月一日注:癸未朔。《崇天》《统元》二历算得甲申朔,再行推步,宜用甲申。"从之。淳熙元年,颁明年历仍用《乾道历》。十一月,吴泽推算太阳交食不同,敕责之,并罚造历者。三年,太史局李继宗奉集在局通算重撰新历,校《纪元》《统元》《乾道》诸历,为密,诏名《淳熙历》。五年,礼部验得孟邦杰、李继宗等所定五星分数,各有异同。孝宗曰:"自古历无不差,况近世此学不传,求之草泽,亦难其人。"以《淳熙历》权用一年。五年,金使来贺会庆节,妄称九月庚寅晦为己丑晦。接伴使丘崇辨之,使者辞穷,于是朝廷益重历事。李继宗、吴泽言:"今年九月大尽,金国作小尽,不当见月体;乞九月三十日、十月一日差官验之。"诏遣礼部郎官吕祖谦验之,如继宗、泽言。十年十月,诏,甲辰岁历字

---

① "异"原作"累",据《宋史》卷八十二《律历十五》改。

误,令礼部更印造,继宗、大声削降有差。十二年九月,成忠郎杨忠辅嗣言:"《淳熙历》简陋,与天道不合。"孝宗曰:"日月之行有疏数,故历久不能无差,大抵月之行速,多不及,无有过者。可遣台官、礼部同验之。"其夜阴云,不辨月食。礼部侍郎颜师鲁请诏精于历学改定新历,孝宗曰:"历久必差,闻来年月食者二,可俟验否。"十三年,诏有通天文历算者,所在军、州以闻。八月,布衣皇甫继明等言:"今岁九月望,以《淳熙历》推之,当在十七日。太史令乃注于十六日之下,迁就以掩其过。"乞与刘孝荣等各具己见,合用历法。必使气之与朔无毫发之差,始可演造新历。礼部议,令各具太阴亏食分数、方面、辰刻,定验拆衷。既而孝荣差一点,继明差二点,忠辅三点,乃罢遣之。十四年,国学进士会稽石万言:"《淳熙历》立元非是,气朔多差。设欲考正,如去年测验太阴亏食,使更点乍浮乍疾,随景走弄,以肆欺蔽。若依晋、隋、唐课历故事,取《淳熙历》与万所造之历各推而上之千百世之上,以求交食,与夫岁、月、日、星辰著见经史者为合与否,然后推而下之,以定气朔,与前古不合者为差,合者为不差,甚易见也。然其谬不特此,冬至昼极短,夏至昼极长;二分昼夜等。此地中古今不易之法。至王普有南北分野、冬夏昼夜长短三刻之差。今《淳熙历》冬至昼四十刻、夜六十刻,乃在大雪前二日,所差一气以上;冬至之后,昼渐长,夜渐短,今过小寒,昼犹四十刻,夜犹六十刻,所差七日有余;昼、夜各五十刻,不在二分之下。至于日之出入,人视以为昼夜,长短有渐,不可得而急与迟也。今日之出入增减一刻,近或五日,远或三四十日,一急一迟,与日行常度无一合者。请考正其差。"诏礼部详之,皇甫继明等言:"石万所造《五星再聚历》,窃唐《崇元历》而婉其名。《淳熙历》立法乘疏,请置局更历。"诏继明与万各造来年历。宰相王淮奏:"万历与淳熙十五年历差二朔,《淳熙历》十一月下弦在二十四者,恐法有差。"孝宗曰:"朔岂可差? 朔差则所失多矣。"命吏部侍郎章森等参定。十五年,礼部言:"万历与《淳熙历》法不同,当以其年六月二日、十月晦日月不应见而见为验。"诏礼部侍郎尤袤与森监之。六月二日,袤奏:"是夜月明,至一更二点入浊。"十月晦,袤奏:"晨前月现东方。"孝宗曰:"诸家孰为疏密?"周必大奏:"三人各定二十九日早,月体尚存一分,独忠辅、万谓既有月体,不应小尽。"孝宗曰:"十一月合朔在申时,是以二十九日尚存月体耳。"绍熙元年,诏太史局更造新历。二年,历成,赐名《会元》。四年,布衣王孝礼言:"冬至日景表当在十九日壬午,《会元历》在二十日癸未。弗立景表,莫知其差。乞令太史局以铜表测验。"朝廷未暇改作。庆元四年,《会元历》占候多差,诏杨忠辅造新历。五年,历成,赐名《统天》。六年六月,推日食不验,乃罢忠辅。开禧三年,大理评事鲍澣之言:"忠辅《统天历》舛,私成新历。"秘书监曾渐言:"刘孝荣、王孝礼、李孝节、陈伯祥所拟改历,及澣之所进历,皆已成书,愿以众历参考,择其与天道最近且密者颁用。"诏渐充提领官,澣之充参定官,草泽尝献历者皆延之,《开禧》新历始定。诏戊辰年权附《统天历》颁之,行世四十五年。嘉泰元年,秘书监俞丰等请改新历,太史局吴泽、荆大声、周端友各降一官。廷臣又言:"颁正朔,所以前民用。一日之间,吉凶并出,异端并用,如土鬼、暗金兀之类,添注凶神之上,首揭九良之名,末出九曜吉凶之数,至于《周公出行》《一百二十岁宫宿图》,闾阎鄙俚之说,无所不有。是岂正风俗、示四夷之道哉! 顾削不经之论。"从之。二年五月,日食,太史谓午正,草泽赵大猷言午初三刻日食三分。测验,大猷言然,历官抵罪。嘉定、淳祐间,局官推日食,屡不验。御史陈垲言:"淳祐十年冬颁十一年历,成永祥依《开禧历》推，辛亥岁十二月十七日立春在酉正一刻，今所颁乃相师尧依淳祐新历推，壬子岁立春在申正三刻。差前历六刻，颁行天下，贻笑四方！许时撰新历，考验交食，《开禧历》仅差一二刻，李德卿新历差六刻有奇，前后两历立春亦差六刻。旧历未可遽废，新历未可轻用。"十二年，太府丞张湜同李德卿算造历，与谭玉续进历颇有抵牾，省官参订。合众长为一，历成，赐名《会天》。咸淳六年十一月三十日冬至，之后为闰十一月。既已颁历，浙西安抚司官臧元震言："历以章法为重，法以章岁为重。历数起于冬至，十九年谓之一章，必置七闰，必第七闰在冬至之前，必章岁至、朔同日。故《前汉志》云：'朔旦冬至，谓之章月。'《后汉志》云：'至、朔同日，谓之章月。'《唐志》云：'天数终于九，地数终于十，合二终以纪闰余。'章法之不可废也如此。今自淳祐壬子数至咸淳庚午，凡十九年，是为章岁，其十一月是为章月。以十九年七闰推之，闰当在冬至之前，不当在冬至之后。以至、朔同日论之，冬至当在十一月初一日，不当在三十日。则是章岁至、朔不同日矣。若闰在冬至后，则十九年内止有六闰，又欠一闰。历法之差，莫甚于此。况天正冬至乃历之始，必自冬至后积三年余分，而后可以置第一闰。今庚午章岁丙寅日申初三刻冬至，去第二日丁卯仅有四分日之一，且未正日，安得遽有余分？未有余分，安得遽有闰月？则是后一章之始不可推算，其谬可知。今欲改之，有简而易行之法。历法有平朔，有经朔，有定朔。一大一小，此平朔也；两大两小，此经朔也；三大三小，此定朔也。今正以定朔，当以前十一月大为闰十月小，以闰十一月小为十一月大，则丙寅冬至即可用为十一月初一日，以闰十一月一日之丁卯为十一月初二日。冬至既在十一月初一，则至、朔同日矣；闰月既在至节前，则十九年七闰矣。夫历久未有不差，差则未有不改者。岂欲与历官较胜负，既知其失，安得不言！"诏与太史局辨正，太史词穷，元震转一官，太史局各降有差。因更造历。七年，颁行，即《成天历》也。德祐后，陆秀夫拥益王，走海上，命礼部侍郎邓光荐与蜀人杨某作《本天历》，今亡。《宋·律历志》泛滥之极，改历十八竟无一是，殊可怪叹！元震改朔，以正闰于章法合矣，然合朔不在晦日，故三十日为朔，倘朔不合，奈何？

　　粟山按：元震所言当时之朔，似无不合。所奏虽未明言，岂当日太史不能以此相诘，竟尔词穷耶？

　　陈尧佐知滑州，筑大堤，叠扫城北居民，凿横木，下垂木数条以护，谓之"木龙"。黄河每以物候测水，有"信水""桃花水""菜花水""麦黄水""瓜蔓水"。朔野有"矾山水""豆花水""荻苗水""登高水""复槽水""蹙凌水"。又有"搭岸""抹岸""塌岸""沦卷""上展""下卷"、横射"径𨙸"、"拽白""明滩""荐浪"。伐荻谓之"芟"，伐木枝叶谓之"梢"，芟索、铺梢谓之"卷埽"。有"马头""锯牙""木岸"，有"蛾眉埽"，有"铁龙爪扬泥车""浚川杷"。

　　宋之治河，东流、北流无一定之说。永叔、子由之论最当，荆公之论最僻，其余得失相半，大都顺而导者易为功。挽河、回河之论，水官徼赏，贪夫乾没耗物、力戕人命，皆可斩也。

　　九河故迹湮于齐桓泄水潴田，以为富强，不顾邻国，为壑。曲防之戒，盟主已首犯之。宋之河道尚在大名之境，今又徙而南，在淮泗之境。若北方卫河、白河、汶淄、沂泗诸水，与河判不相属。《河渠志》并及天下诸水利，卷帙之繁，令人头岑岑欲睡。

　　粟山按：志所列，有为前志所无、可为后世法者，惟采择欠精耳。

　　《孝经》严父配天之文，反为佞人借口，作俑于仁宗之配英考。

此后益为滥觞。高宗闻道君之丧，恔人复援之为例，非陈公辅之
言，昏德公且追配郊鲧之文矣。

粟山案：以人子罔极之心推之高宗，即有是意，亦可观过
知仁，但臣下当裁之以义，不当藉以迎合耳。

太宗时，太山父老请封太山，厚赐以遣之。宋琪等复三上表以
请，殿灾乃罢。作法于凉，遂有景德天书之事。

大观三年，立算学，以文宣为先师，配享，风后、箕子、商高、大
桡、隶首、客成、常仪、鬼俞区、巫咸皆为公，史苏、卜徒父、卜偃、梓
慎、史赵、卜楚丘、裨灶、史墨、荣方、甘德、石申、鲜于妄人、耿寿昌、
夏侯胜、京房、翼奉、李寻、张衡、周兴、单扬、樊英、郭璞、何承天、宋
景业、萧吉、临孝恭、张胄玄、王朴皆为伯，邓平、刘洪、管辂、赵逵、
祖冲之、商绍、信都芳、许遵、耿询、刘焯、刘炫、傅仁均、王孝通、瞿
昙罗、李淳风、王秀明、李鼎祚、边冈①、郎𫖮、襄褚俱为子，司马季
主、洛下闳、严君平、刘徽、姜岌、张丘建、夏侯阳平、甄鸾、卢大翼俱
为男。宋人诞妄不经，数乃六艺之一，必将射、御、书亦各为学耶？
且风后、大桡、箕子、巫咸等，皆古圣，佐仲尼南面，列诸圣于两庑，
譬则圜桥頖水，列伏羲、黄帝、尧、舜、禹、汤于孔圣之庑，岂先师所
安耶？

武成庙配享诸葛武侯，封之为顺兴伯，亦可笑。武乡本已侯
矣，又何封焉！

《礼仪志》入阁仪有"麟靴急行"。"麟"字未详何音。

光宗不能执孝宗之丧，宁宗嗣服，大祥毕欲更服两月。御史胡
纮言："孙为祖服，已过期年。持禫两月，不知何礼？若嫡孙承重，

---

① "冈"字原为空缺，据《宋史》卷一百五《礼八》补。

则太上宫中自行二十七月重服，陛下又行之，是丧有二孤也。自古孙为祖服，何尝有此？"诏礼官集议，以绂所奏据经，委为允当。诏从之。易月之外，漆纱浅黄。朱熹不以为然，奏："已往之是失，不可追，将来启攒，当复初丧之服。"朱子上议，门人不以为然，熹未有以折之。后读《礼记正义·丧服小记》"为祖后者"条，因记其略曰："斩衰三年，嫡孙为祖。《礼经》无文，但《传》云：'父殁而为祖后者服斩。'然不见本经，未详何遽。但《小记》云：'父祖殁而为祖母后者三年'可以傍照。至'为祖后者'条下疏引《郑志》，乃有'诸侯父有废疾不任国政，不任丧事'之问，而郑答以'天子、诸侯之服皆斩'之文，方见父在而承国于祖服。向来上奏，无文字可检，故大约以礼律言之。亦有疑父在不当承重者，时无明白证验，但以礼律人情大意答之，归来稽考，见此，方得无疑。乃知学之不讲，其害如此。而《礼经》诚有缺略，不无待于后人。向使无康成，则此事未有所断决，不可谓古经定制，一字不可增损也。"朱子之论深明经意，今人祇知有父殁承重之礼，不知有父在承重之礼，非康成、朱子，谁为发明言之！然朱子云"父在而承国于祖服"，不若言"父在而承重于祖服"之为尤明白也。

　　宋之礼乐皆苟悦一时，多不师古。一代名儒明其理，未详其数，无神悟天解，徒求之方册之间。朱子、元定所著乐书，谓"古乐可复"，戛戛乎难之矣！五弦作于舜，七弦作于文、武。宋制二弦琴，曰两仪琴，每弦六柱。又为十二弦以象十二律。太宗为九弦，后大晟乐府止有存五弦。姜夔分琴为三准：自一晖至四晖为上准，四寸半，以象黄钟之半律；四晖至七晖为中准，九寸，以象黄钟之正律；七晖至龙龈为下准，一尺八寸，以象黄钟之倍律。三准各具十二律声，按弦附木而取。然须转弦合本律所用之字，若不转弦,误触散声,落别律矣。每弦各具三十六声,皆自然也。古乐《五弦琴》:"五音正音,故以五弦散声配之。其二变声,惟用古清商,谓之倒弄,不入雅声。"《七弦琴》:"七弦散而扣之,则间一弦于第十晖取应声。如宫调,五弦十晖应七弦散声,四弦十晖应六弦散声,二弦十晖应四弦散声,六弦十晖应三弦散声,惟三弦独退一晖,于十一晖应五弦散声,古今无知之者。黄钟、大吕并用慢角调,故于大弦十一晖应三弦散声;大簇、夹钟并用清商调,故用于二弦十二晖应四弦散声;姑洗、仲吕、蕤宾并用宫调,故于三弦十一晖应五弦散声;林钟、夷则并用慢宫调,故于四弦十一晖应六弦散声;南吕、无射、应钟并用蕤宾调,故于五弦十一晖应七弦散声。以律长短配弦大小,各有其序。"古者,大琴有大瑟,中琴有中瑟,有雅琴、颂琴,则雅瑟、颂瑟实为之合。燕乐以夹钟收四声:曰宫、曰商、曰羽、曰闰。闰为角,其正角声,其变、徵声皆不收,而独用夹钟为律本。宫声七调:曰正宫、高宫、中吕宫、道宫、南吕宫、仙吕宫、黄钟宫,皆生于黄钟。商声七调:曰大食调、高大食调、双调、小食调、歇指调、商调、越调,皆生于大簇。羽声七调:曰般涉调、高般涉调、中吕调、正平调、南吕调、仙吕调、黄钟调,皆生于南吕。角声七调:曰大食角、高大食角、双角、小食角、歇指角、商角、越角,皆生于应钟。此其四声二十八调之略也。蔡元定言:燕乐本出夹钟,以十二律四清为十六声,而夹钟为最清,所谓靡靡之音也。变宫、变徵既非正声,而以变徵为宫,变宫为角,反乱正声。若此夹钟宫谓之中吕宫、林钟宫谓之南吕宫,燕乐声高,实以夹钟为黄钟。所收二十八调,本万宝常所谓非治世之音也,又于七角调各加一声,流荡忘反,祖调亦不复存。教坊乐十八调、四十六曲:正宫调,曲三,《梁州》《瀛府》《齐天乐》;中吕宫,曲二,《万年欢》《剑器》;道调宫,曲三，《梁州》《薄媚》《大圣乐》；南昌宫，曲二，《瀛府》《薄媚》；仙吕宫，曲三，《梁州》《保金枝》《延寿乐》；黄钟宫，曲三，《梁州》《中和乐》《剑器》；越调，曲二，《伊州》《石州》；大石调，曲二，《清平乐》《大明乐》；双调，曲三，《降圣乐》《新水调》《采莲》；小石调，曲二，《胡渭州》《嘉庆乐》；歇指调，曲三，《伊州》《君臣相遇乐》《庆云乐》；林钟商，曲三，《贺皇恩》《泛清波》《胡渭州》；中吕调，曲二，《绿腰》《道人欢》；南吕调，曲二，《绿腰》《罢令玉》；仙吕调，曲二，《绿腰》《彩云归》；黄钟羽，曲一，《千春乐》；般涉调，曲二，《长寿仙》《满宫春》；正平调。

太宗洞晓音律，亲制大小曲及因旧曲创新声，总三百九十。凡大曲十八：正宫《平戎破阵乐》，南吕《平晋普天乐》，中吕《大宋朝欢乐》，黄钟《宇宙荷皇恩》，道调宫《垂衣定八方》，仙吕宫《甘露降龙庭》，小石调《金枝玉叶春》，林钟商《大惠帝恩宽》，歇指调《大定寰中乐》，双调《惠化乐尧风》，越调《万国朝天乐》，大石调《嘉禾生九穗》，南吕宫调《文兴礼乐欢》，仙吕《齐天长寿乐》，般涉调《君臣宴会乐》，仲吕《一斛夜明珠》，黄钟羽《降圣万年春》，平调《金觞祝寿春》。破曲二十九：正宫《宴钧台》，南吕宫《七盘乐》，仙吕宫《王母桃》，高宫《静三边》，黄钟宫《采莲回》，中吕宫《杏园春》《献玉杯》，道调宫《折枝花》，林钟商《宴朝簪》，歇指调《九穗禾》，高大石调《转春莺》，小石调《舞霓裳》，越调《九霞觞》，双调《朝八蛮》，大石调《清夜游》，林钟角《庆云见》，越角《露如珠》，小石角《龙池柳》，高角《阳台云》，歇指角《金步摇》，大石角《念边功》，双角《宴新春》，南吕调《凤城春》，仙吕调《梦钧天》，中吕调《采明珠》，平调《万年枝》，黄钟羽《贺回鸾》，般涉调《郁金香》，高般涉调《会天仙》。琵琶独弹曲破十五：凤鸾商《庆成功》，应钟调《九曲清》，金石角《凤来仪》，芙蓉调《蕊宫春》，蕤宾调《连理枝》，正仙吕调《朝天乐》，兰陵角《奉宸欢》，孤雁调《贺昌时》，大石调《寰海清》，玉仙商《玉芙蓉》，林钟角《泛仙槎》，无射宫调《帝台春》，龙池羽《宴蓬莱》，圣德商《美时清》，仙吕调《寿星见》。小曲二百七十。正宫十：《一阳生》《玉窗寒》《念边戍》《玉如意》《琼树枝》《鹔鹴裘》《塞鸿飞》《漏丁丁》《息鼙鼓》《劝流霞》。南吕宫十一：《仙盘露》《冰盘果》《芙蓉园》《林下风》《风雨调》《开月幌》《凤来宾》《落梁尘》《望阳台》《庆年丰》《青鬃马》。中吕宫十三：《上林春》《春波绿》《百树花》《寿无疆》《万年春》《击珊瑚》《柳垂丝》《醉红楼》《折红杏》《一园花》《花下醉》《游春归》《千树柳》。仙吕宫九：《折红渠》《鹊渡河》《紫兰香》《喜见时》《猗兰殿》《步瑶阶》《千秋乐》《百和香》《佩珊瑚》。黄钟宫十二：《菊花杯》《翠幕新》《四塞清》《满帘霜》《画屏风》《折茱萸》《望春云》《苑中鹤》《赐征袍》《望回戈》《稻稼成》《泛金英》。高宫九：《嘉顺成》《实边塞》《猎骑还》《游兔园》《锦步幛》《博山炉》《暖寒杯》《雪纷纭》《待春来》。道调宫九：《会夔龙》《泛仙杯》《披风襟》《孔雀扇》《百尺楼》《金樽满》《奏明廷》《拾落花》《声声好》。越调八：《翡翠帷》《玉照台》《香旖旎》《红楼夜》《朱顶鹤》《得贤臣》《兰台烛》《金镝流》。双调十六：《宴琼林》《泛龙舟》《汀洲绿》《登高楼》《麦陇雉》《柳如烟》《杨花飞》《王泽新》《玳瑁簪》《玉阶晓》《喜清和》《人欢乐》《征戍回》《一院香》《一片云》《千万年》。小石调七：《满庭香》《七宝冠》《玉吐壶》《辟尘犀》《喜新晴》《庆云飞》《太平时》。林钟商十：《采秋兰》《紫丝囊》《留征骑》《塞鸿度》《回鹘朝》《汀洲雁》《风入松》《蓼花红》《曳珠佩》《遵渚鸿》。歇指调九：《榆塞清》《听秋风》《紫玉萧》《碧池鱼》《鹤盘旋》《湛恩新》《听秋蝉》《月中归》《千家月》。高大石调九：《花下宴》《甘雨足》《画秋千》《夹竹桃》《攀露桃》《燕初来《踏青回》《抛绣球》《泼火雨》。石调八：《贺元正》《待花开》《采红莲》《出谷莺》《游月宫》《望回车》《塞云平》《秉烛游》。小石调九：《月宫春》《折仙枝》《春日迟》《绮筵春》《登春台》《紫桃花》《一林红》《喜春雨》《泛春池》。双角九：《凤楼灯》《九门开》《落梅香》《春冰坼》《万年安》《催花发》《降真香》《迎新春》《望蓬岛》。高角九：《日南至》《帝道昌》《文风盛》《琥珀杯》《雪花飞》《皂貂裘》《征马嘶》《射飞雁》《雪飘飘》。大石角九：《红炉火》《翠云裘》《庆成功》《冬夜长》《金鹦鹉》《玉楼寒》《凤戏雏》《一炉香》《云中雁》。歇指角九：《玉壶冰》《卷珠簿》《随风帘》《树青葱》《紫桂丛》《五色云》《玉楼宴》《兰堂宴》《千秋岁》。越角九：《望明堂》《华池露》《贮香襄》《秋气清》《照秋池》《晓风度》《靖边尘》《闻新雁》《吟风蝉》。林钟角九：《庆时康》《上林果》《画帘垂》《水精簟》《夏木繁》《暑气清》《风中琴》《转轻车》《清风来》。仙吕调十五：《喜清和》《芰荷新》《清世欢》《玉钩栏》《金步摇》《金错落》《燕引雏》《草芊芊》《步玉砌》《整华裾》《海山青》《旋絮绵》《风中帆》《青丝骑》《喜同声》。南宫调七：《春景丽》《牡丹开》《展芳茵》《红桃露》《啭林莺》《满林花》《风飞花》。中吕调九：《宴嘉宾》《会群仙》《集百祥》《凭朱兰》《香烟细》《仙洞开》《上马杯》《拂长袂》《羽觞飞》。高般涉调九：《喜秋成》《戏马台》《泛秋菊》《芝殿乐》《鸂鶒杯》《玉芙蓉》《偃干戈》《听秋砧》《秋云飞》。般涉调十：《玉树花》《望星斗》《金钱花》《玉窗深》《万民康》《瑶林风》《随阳雁》《倒金罍》《雁来宾》《看秋月》。黄钟羽七：《宴邹枚》《云中树》《燎金炉》《涧底松》《岭头梅》《玉垆香》《瑞雪飞》。平调十：《万国朝》《献春盘》《鱼上冰》《红梅花》《洞中春》《春雪飞》《翻罗袖》《落梅花》《夜游乐》《闻春鸡》。因旧曲创新曲声者五十八，皆藩邸所作，以述太祖美德。真宗不喜郑声，或为杂剧，未尝宣布中国。太平兴国中,伶官蔚茂多侍大宴,闻鸡唱,殿前发其声,制曲曰《鸡叫子》。仁宗洞晓音律,每禁中度曲,赐教坊。

李照、胡瑗、阮逸改铸铜磬,处士徐复曰:"圣人寓器以声,不先求其声而更其器,其可用乎!"蜀人房庶亦深订其非,因论古乐、今乐本末不远:"上古世质,器与声朴,后世稍变。金石,钟磬也,易为方响;丝竹,琴箫也,变为筝笛;匏,笙也,攒之以斗;土,埙也,变而为瓯;革,麻料也,击而为鼓;木,祝敔也,贯之为板。此八音者,于世甚便,不达者指庙乐、宫轩为正声,概谓夷部、虏部为淫声。殊不知大辂起于推轮,龙艘生于落叶,其变则然。古者俎豆,后世易以杯盂;古者簟席,后世更以榻按。圣人复生,不能易也。八音之器,岂异此哉。孔子曰'郑声淫',岂谓器不若古! 亦疾其声之变耳。诚使知乐者,由今之乐,寄古之声,去恏懘靡曼,中和雅正,则感人心,道和气,不曰治世之音乎! 世所谓雅乐,未必如古,教坊所奏,岂尽为淫声哉!"熙宁七年,教坊副使花日新言:"乐声高,方响诸部不中度,丝竹从之。宜去噍杀,归啴缓,下一律,改造方响,以为准。丝竹悉从其声,则音律协谐,足导中和之气。"诏从之。房庶之论,花日新之言,皆近人未达,足破拘儒俗士之见。

何承矩知雄州,请因积潦蓄为陂塘,大作稻田以足食。沧州临津令闽人黄懋亦言之,诏以承矩为制置河北沿边屯田使,懋为大理丞充判官,发兵万八千。雄莫霸州等军兴堰六百里,置斗门,引淀水灌溉。初年种稻,值霜不成。懋以晚稻九月熟,河北霜早,江东早稻七月即熟,取种种之,是岁八月,稻熟。初时,沮之者众;既稻不成,群议愈甚。至是,承矩载稻穗数车,诣阙下,乃息。莞蒲、蜃蛤之饶,民赖其利。余行燕齐之境,河涧、瀛沧、良涿地形卑下,水皆渐渍出道上。苟能隈水,种江东稻粱,当倍收于黍稷。北人不务力耕，真可惜也！

王安石以苏辙为条例司，出青苗法示之，辙曰："以钱贷民，使出息二分，本非为利。然钱入民手，良民不免非理费用；及其纳钱，富民不免违限。如此则鞭笞必用，州县多事矣。刘晏掌国计，未尝有所假贷，曰：'使民侥幸得钱，非国之福；使民依法督责，非民之利。吾虽未尝假贷，四方丰凶贵贱，知之未尝踰时。有贱必籴，有贵必粜，以此四方无甚贵甚贱，安用贷为？'晏之言，汉常平法耳，公诚能行之，晏之功可立俟也。"安石自此逾月不言青苗。河北转运使王广奏乞度牒数千道为本钱，于陕西私行青苗法。请行之河北，安石乃决行之，而辙以罢去安石。青苗钱春散秋敛，每一千令纳一千三百，是半岁而有三分之息也，一岁计之，不啻五分息，即今放米盘剥法也，岂朝廷所宜有！

艺祖常欲积钱帛二百万易敌人首，别储于景福殿。元丰初，更景福库名，自制诗揭之曰："五季失图，猃狁孔炽，艺祖造邦，思有惩艾，爰设内府，基以募士，曾孙保之，勿忘厥志。"一字一库，凡三十二库。后赢羡为二十库，又揭诗曰："每虑夕惕心，妄意遵遗业，顾予不武姿，何日成戎捷。"王师以救民伐暴，不以斩馘为功。艺祖以仁厚开基，乃积钱以易人首。只此一念，犯造物之忌，宜乎有开边召衅之子孙，卒倾其基祚。

建炎时，茶产东南者，浙东西、江东西、湖南北、福建、淮南、广东西，路十，州六十有六，县二百四十有二。雪川顾渚生石上者曰紫笋，毗陵之阳羡，绍兴之日铸，婺源之谢源，隆兴之黄龙、双井，皆绝品也。建宁腊茶，北苑为第一，最佳者曰社前，次曰火前，又次曰雨前，以供玉食，备赐予。始太平兴国，及大观以后制最精，胯式屡变。绍兴二年，蠲大龙凤茶千七百斤有奇。五年，复减京铤之半。

蜀茶视南方已下,惟广汉之赵坡,合州之水南,峨眉①白牙,雅安之
蒙顶,土人亦珍之,所产甚微,非江、建比。宋之取民至纤悉,如茶、
矾、香、酒、曲、铜、铁,无不为榷,犯者罪至死。宋之待臣下有恩,而
待百姓无一善政。国亡之际,士大夫仗节死义者多,而民之弃主迎
寇如敝屣,此亦士大夫之罪也。大中祥符,免诸路州军农器之税。
诸州津渡有算,水涸改置桥梁,有司责主者备偿。建隆初,诏除沧、
德、棣、淄、齐、郓乾渡三十九处算钱,水涨听民置渡,勿收其算。

　　建炎中,大食国进珠石宝具。上曰:"大观、宣和间,川茶不以
博马,惟市珠玉,武备不修,遂致危弱。今捐数十万缗市无用之物,
曷若以养战士乎?"诏勿受。又诏:"市舶自今有博买笃耨香、玛瑙、
猫儿眼睛,皆置于法。"真卓见也。

　　胡人谓三百斤为一婆兰。

　　太祖军制有骨朵子直、骑锯直、捧日锯。锯,屈,小钺也,其名
殊,不典。宋初内外兵三十七万八千,庆历中至一百二十五万九,
元丰、熙丰中犹五、六十万,崇宁、大观以来,童贯握兵,凡遇阵败,
耻之,第申逃窜。河北兵十止二三,往往住招,以其封桩为上供。
种师道入卫,止得万五千人。南渡后,内外大军十九万四千,川、陕
不与焉。李纲置水军号曰凌波、楼船,战舰有海鳅、水哨马、双车、
得胜、十棹、大飞、旗捷、防沙、底平、水飞马之名。

　　王韶在河北近地招汉弓箭手,其外地招蕃弓箭手。汉兵多盗
杀蕃兵为首功,蕃兵各愿于左耳前刺"蕃兵"字。从之。自来杀良
冒功者多,今乃杀兵冒功,是自戕其羽翼,焉得不败!

　　太祖拣军中强勇者号兵样,更为木梃,差以尺寸高下,谓之等

---

　　①　"眉"字原重。

长仗。

开宝初,造床子弩,矢及七百步。咸平元年,御前忠佐石归宋[①]献木羽弩箭,才尺余,所激甚远,中铠甲斡玄镞存,牢不可拔。相国寺僧法山,顾隶军伍自效,献铁轮拨,浑重三十三斤,首尾有刃,马上格战。诏补外殿直。皇祐四年,河北、河东、陕西总管司言,郭咨所造独辕冲车无敌流星弩,可备军阵之用。诏立独辕弩军。熙宁元年,入为副都知张若水进神臂弓,李宏所献,弩类也。檿为身,檀为梢,铁为镫子枪头,铜为马画牙发,麻绳札丝为弦。弓身三尺有二,弦长二尺有五,箭木羽长数寸,射三百四十余步,入榆木半笴。此神臂之始。淳熙元年,衢州守臣制木鹤觜弩,又湖北、京西造无羽箭。上曰:“矢不用羽,可谓精巧。”李昌图言:“神劲弓及远在神臂弓上,军中言其发迟,神臂三发,神劲方能一发。”诏金州制置司详议。吴挺奏:“神劲弓并弹子头箭,诚便捷,神臂不及也。”

咸淳元年,降式制回回炮,有巧者别制炮远出其上。又有破炮之策。用稻草成索,围四寸,长四十尺,每二十条为束,别以麻索系一头于楼后柱,搭过楼,下垂至地,或四层,或五层,周庇楼屋,沃以泥浆,火箭火炮不能施。炮石百钧无所施。按:火攻自古有之,未有用炮者。古惟发石以为炮,今如红夷大将军发熕等炮,皆用火药发之,其力尤猛。宋时称有破炮之方,可称奇。突然一索四寸之围,四十尺之长,每二十为束,一束之重当六七百斤,加以四五层,周庇于楼,何啻数万钧炮! 所未加楼,已有崩折之患,计未可行也。

仁宗时,知虔州周日宣诡奏水灾,有司论上书不实。帝曰:“州

郡多言符瑞。至水旱之灾，或抑而不闻。守臣意实在民，何可罪？"

粟山按：即此一念而扩充之，仁宗之所以为仁也。

内殿崇班郑从易母、兄亡岭外，岁余方知，请行服。神宗曰："父母在远，当朝夕为念。经时无安危之问，以至踰年不知存亡。"特除名。申真决赃吏法，三省取具祖宗故事，有以弃市事上者。帝曰："何至尔，但断遣之，足矣。贪吏害民，有不得已，杂用刑威。然岂忍置缙绅于死耶？"

宋末有释、道藏，俱载之《艺文志》，然尚寥寥。道君右道教，故道经多于释典。

宋家法最善，然明肃称制于前，慈懿悖逆于后，其去历朝母后之乱者无几矣。至圣莫如宣仁，不免奸臣诬谤。后德无如隆祐，再经废黜流离，卒之再造两朝，成中兴复辟之勋。奇矣！

金人叛盟，刘锜主战，幸医王继先从中沮之，因谋诛锜，帝有不悦色。刘婉仪阴访知之，宽譬帝，帝怪其言与继先合，诘之，得实。大怒，托他过废婉仪。韩侂胄请立曹美人为后，杨后衔其不附己，与杨次山谋诛侂胄。俾皇子竑奏侂胄"启兵端，不利社稷"，帝不答，后赞之，亦不答。后俾次山择廷臣共图之，史弥远奉命。侂胄早朝，弥远遣中军统制夏震伏兵六部桥，侧拥至玉津园，捶杀之。赴延和殿以闻，帝不之信。越三日，犹谓其未死，具谋悉出中宫，帝初不知也。此等大事，将相诛僇，岂宫禁所宜豫谋！高宗尚能独断，宁宗昏瞆若斯，终令皇子不保，危哉！

襄阳郡王允良好酣寝，以日为夜，一宫之人昼睡夕兴，薨赠定王。有司以其反易晦明，谥曰荣。理宗女汉国公主病，有鸟九首大如箕，集捣衣石上，是夕薨。九头鸟之见于书传，惟此。

太宗常称范质："宰辅能循规矩、慎名器、持廉节，无出质右者。

但欠为世宗一死耳。"读此，令冯道辈有泚九泉。

太祖尝问赵普，拜礼何以男子跪而妇人否，普问礼官，不能对。王溥子贻孙好读书，对曰："古诗'长跪问故夫'，是妇人亦跽也。唐天后朝妇人始拜而不跪。"普问所出，对云："太和中，幽州从事张建章著《渤海国》记，备言其事。"普大赏之。

　　粟山按：《北史》周时，诏命妇拜宗庙、天台皆肃拜，则妇人不跪不自唐始。

王审琦素不能饮，常侍宴，太祖酒酣仰祝曰："酒，天之美禄；审琦，朕布衣交也。方与共享富贵，何靳之不令饮耶？"祝毕，顾审琦曰："天必赐卿酒量，试饮之，勿惮也。"审琦受诏，饮十杯无苦。自此侍宴常引满，归私家即不能饮，强饮辄病。开天之主，神与天通如此，强藩那得不心折！

王景为唐将，以所部奔晋，妻坐戮。晋祖待之厚，问景所欲，对曰："受恩厚，诚无所欲。"固问之，稽颡再拜曰："臣昔为卒，常负胡床从队长出入，屡过官伎侯小师家，甚慕之。今妻被戮，诚得小师为妻足矣。"晋祖大笑，以小师赐景。景甚嬖之，累封楚国夫人。侯氏尝盗景金数百两，私遗旧人，景知而不责也。

夏人入寇，折可适先得其守烽卒姓名，诈为首领行视，呼出尽斩之。烽不传，卷甲疾趋，大破之尾丁硙。适胆量可谓绝人！

魏州人柴翁以经教里中，女入掖庭，明宗入洛，遣出宫。翁夫妇迎之，至鸿沟，女取装具，直千万，分其半予父母，令归魏，曰："儿见沟旁邮舍队长，项黯黑为雀形者，极贵人也，愿归之。"问之，乃周祖也。父母大愧，然不能夺。他日，语周祖曰："君贵不可言，妾有缗钱五百万资君，时不可失。"周祖因其资，得为军司。翁好独寝，人传其司冥间事。一日晨起，大笑不已，妻问，不对。翁好饮，令饮，极醉，因漏言曰："花项汉作天子矣。"其妻颇露之。柴后明识在吕公之上，英雄佐命必有其偶。邑姜佐周，洵非虚语。柴翁能知花项汉作天子，而不能知其孙之代花项也，抑冥数有不敢尽泄者耶？

王全斌纪律不严，然轻财好士，宽厚容众，军乐为用，黜居十年，怡然自得，转否为泰，以功名终，宜矣！

夏人有史凯、凯遇等。凯字不知何音义，书所不载。

李继隆夜涉栈道，雨滑，与马坠绝涧，深十余丈，绀大树。骑卒驰数十里，取火引绠出之。又治京西决河，易梁迥敝舟以济，舟覆，栖枯桑杪，赖他舟以济。屡危不死，立功至藩镇。为后戚以智保身，明德寝疾，欲面见之，上促其往。但诣万安宫门拜笺，终不入。上命诸王诣第候谒，终不设汤饮。卒以勋贵令终，不亦宜乎！

吾郡冯泾有曹王祠，其主署曰"宋侍中曹武惠王"。按：武惠下江南即班师，吾郡皆钱王境。钱氏纳土，功不在曹，祠之，不知何据。或曰，是乃唐曹王皋也。《宋史》武惠终于检校太师同平章事，卒赠中书令、济阳郡王，谥武惠，以光献太后追赠韩王，未尝为侍中。赠侍中者，乃曹玮也。

曹彬、潘美同传，功名、贵戚相亚，追王，皆谥武惠。

党进形魁岸，每环甲胄，毛发皆竖。太祖攻晋阳、太原，骁将杨业领突骑数百来犯，进奋身从数人逐业。业急入隍中，缒入城，获免。进之勇，可想见！

刘廷翰自卫士致上将，郊恩，追封三世。廷翰少孤，大父以上不知其家讳，上为撰名亲书赐之。按：本朝定南死事，追王三代，不知考妣名姓，朝命词臣拟定姓名以封之，在古先已有之矣。

李琼诣唐庄宗，与周祖等十人应募勇士，约为兄弟。一日会饮，琼熟视周祖，知非常人。因举杯曰："凡我十人，龙蛇混合，异日富贵毋相忘。"刺臂血为誓。周祖过琼,见其危坐读书,问何书,曰《春秋》。周祖令读之,谓琼:"当教我。"自是周祖出入常袖以自随,遇暇辄读,问难于琼,谓琼为师。琼之卓识,殊绝于人!

陈若拙诞妄,寡学术,当时以第二人及第为榜眼。若拙无文,目为"瞎榜"。

周世宗攻寿州,造竹龙,以竹数十万,围而相属,上设版屋,载甲士数百人,攻城,以袁彦为竹龙都部署。

祁廷训形质伟岸,无才略,时目为"祁橐驼"。

《李琼传》末曰:"太祖事汉、周,同时将校多联事兵间,及分藩立朝,位或相亚。宋国建,皆折其猛悍不可屈之气,俯首改事,且为尽力焉。扬雄言:'御之得其道,则狙诈咸作使。'此太祖之英武为创业之君欤!"史臣之论最佳。

李谷为周宰相,未尝仕宋,此五代史人物,不宜列在《宋史》之内。

吕公弼知太原,麟州无井,惟沙泉在城外,欲拓城包之,而土常陷。公弼用其僚邓子乔计,仿古拔轴法,去其沙,实以末炭,墐土于其上,板筑立,遂包泉于中。自是城坚可守。"拔轴法"未详何义。

曾公亮子孝广,所至皆以严称,遇盗,皆碎其手。此亦古肉刑遗意,止盗有余,不可为训。

范纯仁以著作佐郎知襄城,民不蚕织,劝使植桑,有罪而情轻者,视所植多寡除其罚,民赖之,呼为"著作林"。后以观察判官知襄邑。有牧地,初不隶县,卫士纵马,践民稼,捕一人杖之。主者怒曰:"天子宿卫,敢尔耶?"白于上,劾治甚急。纯仁言:"养兵出于税亩,若使暴民田不问,税安所出?"诏释之,听牧地隶县。此时朝廷亦甚明。

韩宗武为秘书丞，哲宗将祔庙，中旨索中书省书画甚亟。宗武言：“先帝祔庙，陛下哀慕方深，而丹青之玩，取索不已，惧损圣德。”皇太后见之，怒曰：“此皆为内侍辈所为。”欲尽加罚，帝委曲申救，乃已。太后对宰相嘉叹，谏官员缺当用之。坐谏，禁庭宣索，淮南转运使。贷上供钱，贬秩，归。蔡京欲以知颍州。帝语以秘书事，京不敢复言。徽宗好谀恶谏，初政已然崇信奸谀，浊乱海内，卒至宗社覆亡，父子奴僇，非曰天命，自作之孽耳。

包拯请立太子，仁宗曰：“卿欲谁立?”拯曰：“臣乞豫建太子，为宗庙万世计也。陛下问欲谁立，是疑臣也。臣七十，无子，非邀福者。”帝喜曰：“徐当议之。”按：本传拯卒年六十四，孝肃一代直臣，君前无欺，语所云七十，约略言之欤？抑史之纪言或误欤？又传云：拯初有子繶，通判谭州，卒。妻崔守死，不嫁。拯尝出其媵，归母生子。崔密抚其母，谨视之。繶死后，取媵子归，名曰綖。然则孝肃又未尝无子也。

贾黯论事明爽，时有出人意表者。然性卞急，判襄州，疑优人戏己，以人菌啖之。在开封为罪人所詈，又啖以人菌，言者讥之。菌音矢，人粪也。

唐询附贾昌朝，攻吴育，至谓育弟妇，故驸马都尉李遵勖妹，有六子而寡。育于弟妇久寡不使更嫁，欲用此附李氏自进。士大夫之言，何无耻至此极也！宋时理学名儒辈出，朝廷家法最严，乃士绅妻室往往挟赀再醮，豪贵攘夺，恬不为耻，反以不嫁弟妇为罪案，足可怪叹！

刘铱据岭表、恭城，周渭率乡人踰岭，奔道州。至都，书，赐进士出身，历仕有声。渭妻莫荃尚幼，有二子，父母欲嫁之。泣曰：“渭非久困者，远适必自奋。”蚕绩碓舂，以给朝夕，二子毕婚。二十六年，复见渭，朱昂著《莫节妇传》。

范正辞为江南转运使，按部饶州，富民甘绍为盗劫，州捕十四人，狱具，当死。正辞引问之，囚泣下，察其非实，徙他所讯鞫。有告群盗所在，潜召监军掩之。未至，遁去，正辞即单骑出郭二十里，追及之。贼控弦稍来逼，正辞大呼，鞭击，中贼双目，执之。贼自刃不死，余贼渡江散走，追之不获，旁得所弃赃。贼尚有余息，载归，令傅医药，创既愈，乃按之引伏，前十四人得释。正辞才略无双，然以转运使而单骑追贼，出于危道，非所以自重。

范讽旷达自许，母丧纵酒，押阖干进，不守名检，所与游者慕其所为，号"东州逸党"。山东人颜太初作《逸党诗》刺之。

蔡君谟工书，为当时第一，仁宗尝书"君谟"二字，赐之。君谟不肯书《温成皇后碑》，风节吏治，不但以书，名家而已。蔡京与同郡，欲附名阅，自称其族弟。政和初，襄孙佃廷试唱名第一，京侍殿上，以族孙引嫌，降为第二，佃终身恨之。士大夫不幸与奸臣同郡同姓也。

粟山按：闽茶之贡自君谟郡始，不无小胜盛德。

吕溱开敏善议论，然自矜贵，知杭州，接宾客不过数语，时目为"七字舍人"。

韩琦每不许人以胆，吾观王素全是一片胆，今举数端以见大略。京师旱，素请祷于郊，帝曰："太史言月二日当雨，今将以旦日出祷。"素曰："臣非太史，然度是日必不雨。"帝问故，曰："陛下知其且雨而祷之，应天不以诚，故臣知不雨。"帝曰："然则明日诣醴泉观。"素曰："醴泉近犹外朝，岂惮暑不远出邪？"帝悚然。更诏诣西太一宫，谏官故不在属车，乃命素扈从。日炽，炎氛翳空，驾还，未薄城，天大雷雨。王德用进二女子，素论之，帝曰："朕真宗子，卿王旦子,世旧,非他人比。德用实进女,然事朕已在左右,奈何?"素曰:"臣正恐其在左右耳。"帝动容,立遣二女。蒋偕建议筑大虫堡,役未兴,敌伺间要击,不得成。偕惧,归死。素曰:"罪偕,则堕敌计。"责偕使毕力自效。总管狄青曰:"偕往当益败。"素曰:"偕败则总管行,总管败,素即行矣。"青不敢复言,偕卒城而还。大雨,蔡河溢入城。诏军吏障朱雀门,素曰:"上不豫,众心怦怦,奈何更塞门以动众。"诏止其役,水亦不害。全是胆明识决,是以人定胜天也。

《彭思永传》:民以楮券为市,藏衣带中,盗置刃于爪,捷取之,鲜败者。思永得一人诘之,悉黥其党隶兵间。按:置刃于爪,即今剪绺盗也,或半钱、或分铁磨之,铦利,藏衣带或爪间,宋时已有之。

粟山按:楮券,即今俗所称钱票也。

侯官陈襄与陈烈、周希孟、郑穆倡道海滨,学者谓之"四先生"。

苏轼赠钱颢诗有"乌府先生铁作肝"之句,人目颢"铁肝御史"。

高平蛮叛,赵振为湖北都巡检使。以南方暑湿,弓弩不利,别创小矢,激三百步,中辄洞穿,蛮遂骇散。徙庆州,召降羌李钦等,置酒,取细仗,围财数分,植百步外共射,钦等百发不中,振十矢皆贯,钦等惊,誓不复犯塞。马怀德尝因战,流矢中颡,镞入于骨,以弩弦系镞,发机而出之。向宝年十四,与敌战,斩二级。及壮,以勇闻。有虎踞卑邪川,百里断人迹,宝一矢殪之。遇潼关盗郭邈山,多载子女玉帛,宝射走之,尽得所掠。至太原,梁适曰:"今之飞将也。"神宗称其勇,比之薛仁贵。

宋之边帅以李允则为第一。知雄州,阳建东岳祠,阴盗金银供器。因以护祠为名,合瓮城为一,教民陶甓以易苫盖。竞渡以习战棹,毁陷坑、望楼,令诸军筑短垣,浚沟洫为蔬圃,种榆满塞下。移浮屠北原上,可望三十里。甲仗被焚,阴以茗笼运而补之。厚遇谍

者,取沿边兵马、金谷数,印函以纵之。不承契丹移诘殴伤者。张
灯置酒,伺北酋入境者,深中机宜,使人莫测。若在边隅,固当令强
敌戢心,卧折不试。

刘涣知登州,益治刀鱼船备海寇。宋时海寇皆辽人也,今海东
北无寇,寇在东南。刀鱼船制,今亦不闻。

宋与夏人战,无如延川、好水之大衄。刘平料敌有大将风,范
雍用违其长,东西奔赴,乃至失利。若非黄德和先奔,亦不至大溃。
郭遵陷阵,骁将杨言当之,遵挥铁杵破其脑,复持铁枪进,所向披
靡。敌人持大絷索立高处迎遵马,辄为所断。注射之,中马,仆地,
被杀。遵铁杵、铁枪共九十斤,后耕者得其器于战处,并衣冠葬之。
任福兵败犹挥四刃铁简决斗,枪中颊,绝喉而死。王珪战镇戎城,
有骁将持白帜植枪以詈曰:"谁敢吾敌者!"枪直珪胸伤右臂,珪右
手杵碎其脑。继又一将以枪进,珪挟其枪,以鞭击杀之。一军皆
惊,引去。好水川之战,任福陷围中,望麾帜犹在,珪复入,杀数十
百人,铁鞭桡曲,手掌尽裂。马中镞,三易,犹驰击杀数十人。矢中
目,乃还,夜中卒。如此勇士,干城之选,良可惜也!

粟山按:此战事历历如绘,何减史公!

府谷张岊为牙将。西夏观察阿遇有子来归。阿遇寇麟州,还
其子,辄背约。安抚使岊诘问,径造帐中,阿遇屈,留共食。食以佩
刀,贯大肉啖岊,岊引吻就食,无所惮。阿遇复张弓镞,指岊而彀,
岊食不辍,神色自若。阿遇拊岊背曰:"真男子也。"悉归所虏。时
年十八,名动一军。中使赐军人,至麟州,不得前。军司马遣岊以
五十骑护之。遇贼青眉浪,流矢贯双颊,拔矢,斗愈力,夺马十二乃
还。尝从数骑夜侦羌中,羌觉追之,岊随羌疾驰,效羌语,与俱数
里,乃得脱。前后数中流矢,创发臂间,卒。

《宋史》论王介甫，前引朱子之言，后证以韩琦之说："安石为翰林学士则有余，处辅弼之地则不可。"神宗不听，遂相安石。呜呼！此虽宋之不幸，亦安石之不幸也。妙论微中。

蒲某传正知郓州，梁山泺，多盗，蒲治小偷微罪，亦断其足筋，盗为衰止，所杀不可胜计。性侈汰，每旦刲羊十、豕十，然烛三百。盥漱有小洗面、大洗面、小濯足、大濯足、大小澡浴，用婢数人，每浴具汤五斛。晚年学道谓有所得，苏轼箴之以"曰慈""曰俭"。蒲某其酷若此，其讦若彼，党邪丑正，乃云学道乎哉！

王韶战胜、攻取亦一时，健将不能保境息民，糜财用、披肝脑以争无用之地。晚年病狂，疽发，洞见五脏，多杀之阴谴也。

窦贞固以唐进士，历仕晋、汉，为周宰辅，罢相，封沂公。归洛，课役，同编氓。诉于留守向拱，拱不听。宋初，诣范质，求任东宫三少，奉朝请，质不为奏。乃还洛，放旷山水，携伎载酒。卒，年七十八。固患失，鄙夫也，宋固未尝用，宜列《五代史》杂传中。贞固少中蛊，若赘在喉，鲠阂。及为相，大吐，有物状蜥蜴落银盘，毒气冲盘，焚中衢，臭闻百步。蛊之毒如此，贞固之顽福且贵，遂不能杀之。

李涛弟瀚陷契丹，屡逃见获，遂卒。涛编其文章为《丁年集》。

李穆至孝，母卧疾，转侧皆自扶掖，乃称母意。穆坐秦王事属吏，其子维简给祖母奉诏决狱台中。及责授省郎，亦不以白母。隔日，佯为入直，即访友，或游僧寺。暨于牵复，母终不知。穆用心若此，可敬可涕！

宋琪论契丹形势，欲从山后进兵，直薄幽州，不可于雄霸平原之地，与彼争利。又条延州边事，谓入夏境，宜招接界熟户，使为向导，强壮有马者，去官军三五十里踏白先行。今西边有踏白城，即其遗也。契丹德光子述律代立，号为"睡王"。契丹主头下兵，谓之大帐；国母述律氏头下兵，谓之属珊；其游奕侦逻，谓之拦子马。

宋宰相以张齐贤为第一，雄才大略，每事必计久远，料敌制胜不减管葛。太祖语太宗："我幸西京，惟得一张齐贤。不欲爵以官，异日遗汝作相也。"知人之明，度越千古！

贾黄中幼而聪悟，五岁，父玭令正立，展书卷比之，谓之"等身书"，课其诵读。六岁举童子科，七岁能属文，触类赋咏。父常令赋蔬食，曰："俟业成，当食肉。"十五举进士。太宗召见其母，谓曰："教子如此，真孟母矣。"作诗赐之。上常戒之曰："小心翼翼，君臣皆当然；若太过，则失大臣之体。"因谓侍臣曰："尝念其母有贤德，七十余未觉老。黄中终日忧畏，必先其母老矣。"黄中五十六卒，其母尚无恙，如上言。父玭，凡士大夫子弟来谒，谆谆诲诱。葬乡党群从葬之十五丧，孤贫不自给者，教育婚嫁之。阴德如彼，母教如此，自宜有令子。

钱若水十岁能属文，陈抟曰："此子神清，可以学道；不然，当富贵。但忌太速耳。"太宗畜犬甚驯，上崩不食，送永熙陵。李至咏其事，欲若水书之以戒浮俗。若水不从，甚得大臣风节。时将城绥州，互言利害，命若水驰视之。率众渡河，分布军伍，咸有节制，戍将推服。上谓左右："若水，儒臣之知兵者。"若水奏，罢其役。谢病数月，始朝谒，与僚友会食僧舍，假寝而卒。去来翛然，可谓异人。

辛仲甫以补阙知彭州，课民种柳荫行路，人德之，名"补缺柳"[1]。

张洎清准旧仪，侍从官先入起居，毕，分侍立于丹墀下，谓之"蛾眉班"。然后宰相率正班入起居。中书、门下、御史台名三署。

---

[1]　"柳"原作"抑"，据《宋史》卷二百六十六《辛仲甫传》改。

赵逢历清近，有声，然惨酷，多诋许，缙绅目为"铁橛"。

冯瓒知梓州，军校上官进率亡命三千，掠民数万，夜攻城。瓒曰："乌合之众，必无固志。持重镇之，且自溃。"城兵止三百，分守城门。瓒坐城楼，密令促其更筹，夜分击五鼓，贼悉溃。纵兵追之，擒上官进，斩于市。

　　粟山按：仓卒定乱，胆识绝人！

吴虔裕多轻肆。右金吾上将军王彦超告老，虔裕语人曰："我纵僵仆殿上，断不学王彦超七十致仕。"人传笑之。

张勋性残忍好杀，每破城邑，但扬言曰"且斩"，颇有横罹锋刃者。将赴衡州，州民涕泣曰："'张且斩'至矣，吾辈何以安乎！"

范阳张藏英，唐末，举族为孙居道所害。藏英年十七，仅以身免。后逢居道于幽州，引佩刀刺之，不死，为吏所执。节帅赵德钧壮之，补牙职。居道避地关南，乃求为关南都巡检。至则微服，匿居道舍侧，伺其出击之，仆地，啮其耳噉之，归。设父母位，缚居道，号泣鞭之，脔其肉，三日，刳心以祭。诣官自首，官为上请释之。燕赵间目为"报仇张孝子"。藏英年少能报仇，可谓奇男子！解官迹仇，可也；求为都巡检，不可也。借官以报私仇，既非国法，且令仇人闻而先遁，焉能伸其志乎？藏英殆勇而寡谋者。自拔契丹，航海归周，诚豪杰之士。

郭进在山西，太祖遣戍卒，必谕之曰："汝辈谨奉法。我犹贷汝，郭进杀汝矣。"有军校诬进者，太祖诘知其状，送进，令杀之。进谓曰："汝敢诬我，信有胆。今舍汝罪，能掩杀并寇，即荐于朝；如败，可自投河东。"其人踊跃，果致捷。即以闻，道其职。太祖令有司造宅，悉用黄瓦。有司言，亲王宫主不可用。帝曰："进控扼西山十余年，使我无北顾忧。我视进岂减儿女耶？亟往役，无妄言。"

董遵诲常轻太祖。即位，召见之，请死，帝令扶起之，曰："尚记往日紫云、龙化之事乎？"因再拜呼万岁。有部卒击鼓，讼其不法，待罪，慰谕之，因问遵诲："母安在？"奏："母在幽州，经难暌隔。"太祖因令人赂边民，窃迎其母，送与遵诲。遵诲遣外弟刘综贡马以谢，太祖解所服真珠盘龙衣，命赍赐之。综曰："人臣，岂敢当此。"太祖曰："吾方委之方面，不此嫌也。"太祖之驭将如此，宜人人愿效死力。

马仁瑀十余岁，父令就学，辄逃归。习《孝经》，旬余不识一字。博士笞之，夜中独往焚学堂，博士仅以身免。集里中群儿戏，为行阵，日与之约，鞭其后期者，皆畏服。及长，挽弓二百斤。为密州防御，兖州贼周弼勇悍，材貌奇伟，号曰"长脚龙"，监军讨捕数不利。仁瑀率帐下十余人入太山，擒弼，尽获其党。

郭贵知德州，族人亲吏颇为奸利。梁梦昇后知德州，以法绳之。贵善史珪，图去梦昇。珪记于纸，将伺便言之。一日，上言："中外所任，皆得其人。"珪曰："今之文臣，未必皆善。如知德州梁梦昇欺蔑刺史郭贵，几至于死。"探怀纸以进。上曰："此必刺史所为不法。梦昇，真清强吏也。"以纸付中书，"即以梦昇为赞善大夫。"珪潜不行。太祖可谓神明！

王继勋在军阵，用铁鞭、铁槊、铁挝，军中目为"王三铁"。

谭延美知宁远军，契丹兵抵城下，延美开门以示之，不敢入。围城数日，开门如故，出取樵薪无异平日。契丹疑之，卒引去。深得古人机略。

银、夏都巡检梁迥粗率，不喜文士。故事，节帅出镇及来朝，便殿宴劳，翰林学士皆预坐。迥白太祖曰："陛下宴犒将帅，安用此辈预坐？"自是罢之。淳化中，学士苏易简白于太宗，始复之。以词臣为"此辈",无礼可笑! 太祖笼络边帅,特用其言。

　　粟山案:此时边帅之桀骜不驯,亦可见一斑。

　　王宾为亳州监军,时监军不许挈家至任所。宾妻悍妒,不能制,擅至亳,宾具白上。太宗召其妻,俾卫士捽之,杖百,以妻忠靖卒,一夕死。

　　许唐累世以财雄蓟州。后唐季,知契丹将扰边,白其父信请内徙,信恋产殖不从,唐潜携百金而南。晋以燕蓟赂契丹,归路绝。为商汴洛间,见进士缀行而出,叹曰:"生子当令如此!"因卜居睢阳,娶李氏,生子骧,风骨秀异。唐曰:"成吾志矣!"郡人戚同文经术聚徒,唐携骧诣之,曰:"唐来不辞父母,死有余恨。今拜先生,即吾父矣。自念不学,思教子以兴宗绪,愿先生成之。"骧十三,善属文,唐馨产为骧交时彦。贡部,与吕蒙正齐名,廷试擢甲科,累工部侍郎。唐见几自拔,教子成名,商贾有此,贤于士大夫远矣!

　　并州呼延赞勇鸷,遍文其体为"赤心杀贼"字,妻孥仆使皆然,诸子耳后别刺字曰:"出门忘家为国,临阵忘死为主。"作破阵刀、降魔杵;铁折上巾,两旁有刃,皆重十数斤;绛帕首,乘骓马,服饰诡异,然无统御才。

　　田绍斌①为龙捷都虞侯。盗官马,贸直偿博,狱具,引见太祖,惜其骁勇,使执于门外,遣内侍私问之。绍斌谓:"恩贷臣死,当尽节以报。"复引见,释之,密赐金令。统诸军借事五百人,为步斗军,抵升州,多所克获。太祖真能使贪饰者。

　　张思钩状小而精悍,太宗尝称"楼罗",自是人目为"小楼罗"。

　　王钦若使蜀,至褒城道中,遇异人,告以他日位至宰相。既去,

---

　　①　"田绍斌"原作"田绍宾",据《宋史》卷二百八十《田绍斌传》改。

视其刺,则唐相裴度也。既相,乃表修裴度祠。岂钦若姑妄言之,以迎合天书之好耶? 抑度果得仙也。

丁谓知郓州兼齐、濮安抚,契丹深入,民争趋杨刘渡,舟人邀利,不时济。谓取死囚给为舟人,斩河上,舟人惧,民悉得渡。遂部分,河上旗帜,刁斗,呼声闻百里,契丹引去。谓奸人,才固可。

陈尧佐谪判潮州,潮民张氏子与母濯于江,鳄鱼尾而食之,母弗能救。尧佐命二吏挐小舟操网往捕。鳄至暴,非可网得,至是,弭受网,作文示诸市而烹之,人皆惊异。

神宗好兵,蔡挺、章楶、王韶皆以儒生为大将。《传》曰:"上有好者,下必有甚。"然此之谓欤! 王安石为相,排斥正类,乃有邓绾、邓洵武父子之奸回,吕惠卿之反复,李定之罗织苏轼,舒亶之穷治郑侠,塞序辰、徐铎之类编司马光等章奏事状,正人一网,邦国为空。

王陶由韩琦奖拔,攻琦尤力,帝薄其为人,不复用。初,陶者寓京师教学,其友姜愚气豪乐施,一日大雪,念陶奉母寒馁,荷一锸刬雪,行二十里访之。陶母子冻坐,日高无炊烟。愚亟解锦裘,质钱买酒肉、薪炭,与附火饮食,又捐数百千为之娶。陶贵,尹洛,愚老丧明,自卫州新乡往谒之,意陶必念旧哀己。陶对之邈然,但出尊酒而已。愚大失望,归,病死。闻者益薄陶为人。

谏官刘安世言:"熙宁初,士大夫有'十钻'之目,王子韶为'衙内钻',指其结要人子弟也。"

陈绎务摧豪党,而口与貌违,缪为敦朴之状,好事者目为"热熟颜回"。不肃闺门,子与妇一夕俱殒卒伍之手,傲然无惭色。

李定除御史,宋敏求、苏颂、李大临相继封还词命,三人名益重,世称"熙宁三舍人"。

吕夏卿长史学,贯穿唐事,博采传记,于《新唐书》最有功。知颍州,得奇疾,身日缩,卒之日如小儿。

张舜俞尝弃官,归秀之白牛村,自号"白牛居士"。

李师中始仕州县,包拯为参知政事,或曰朝廷自此多事矣。师中曰:"包公何能为,今鄞县王安石者,眼多白,甚似王夷甫,他日乱天下,必此人也。"后二十年,乃信。师中好高论大言,时或未之许。只此一事,何其先见!

杨佐为陵州推官,州有盐井深五十丈,皆石也,底用柏木为井干。岁久干败,欲易之,阴气上腾,入者辄死。天有雨,气随以下,稍能施工,晴则亟止。佐教工人以木盘贮水,穴窍洒之,如雨滴,谓之"雨盘"。如是累月,井干一新。木盘之滴竟可代雨邪?理不可解。

李元在信州,人目为"错安头",以其无貌而有材也。

种放为高士,乃从子世衡、师中、师道,世为名将,如霍去病乃有弟光。种古慕从祖放为人,不事科举,时称"小隐君"。

种朴战殁,偏将王舜臣善射,以弓挂臂,独立败军后。羌万骑来追,七人介马而先。舜臣计必羌酋之尤桀者,不先殪之,吾军必尽,乃宣言曰:"吾当令最先行者眉间插花。"引弓三发,殒三人,皆中面;四人反走,矢贯背。万骑愕眙不敢前,因得整众。须臾,追者复来。舜臣自申及酉,抽矢千余发,无虚者。指裂,血流至踵。薄暮,乃逾隘。微舜臣,师几歼。

吕希哲以荫入官,父友王安石劝其勿事科举,以侥幸利禄,遂绝进取。安石为政,将用之,辞曰:"相公知久,万一从仕,不免异同,则畴昔相与之情尽矣。"乃止。公著作相,希哲独滞管库,公著叹曰:"当世善士,吾收拾略尽,尔独以吾故置不试,命也夫!"希哲母贤明，闻公著言，笑曰："是亦未知其子矣。"范祖禹，其妹婿也，言于哲宗曰："希哲经术操行，宜备劝讲，其父常称为不希。臣以妇兄之故，不敢称荐，今方将引去，窃谓无嫌。"于是擢崇政殿说书。一时父子内外亲友无非大贤，想见门庭之乐。

吴时为文，未尝属稿，两学目为"立地书厨"。

刘挚为南宫令，与信都令李冲、清河令黄莘，皆以治行称，人谓"河朔三令"。

蒋之奇六典、大郡皆有治办，好贤洁己亦能自立者。特以始进附濮议，恐为众论所不容，遂攻庐陵以自雪，终为正类所丑。夫濮议诚是，则附之非党，特以干进而附濮议，其意原非正，宜其反复也。之奇凿龟山左肘至洪泽新河，以避淮险，自是无覆溺之患。今洪泽之险不减于淮，往往苦覆溺，岂今古河有不同邪？

苏轼谓李之仪尺牍"入刀笔三昧"。

林灵素设讲宝箓宫，诏两学选士问道。司成以王俊义、曹伟应诏，俊义辞焉。逮至讲所，去御幄跬步，内侍呼名至再，俊义望幄致敬，不肯出。次呼曹伟，伟回首，俊义目之，亦不出。既罢，皆为之惧，俊义恬然。以太学上舍选，奏名甚下，徽宗亲擢其文第一。及赐第，望见容貌甚伟，大悦，顾侍臣曰："此朕所亲擢也，宜即超用。"蔡京邀使来见，不往，仅拜国子博士。后改吏部员郎外郎，入对，帝问："卿知前日所以亲擢乎？主司之意不一，是以天子自提文衡也。"当徽宗时，乃有特立不阿之士如俊义者，帝既知之，又知主司之不公，不能去蔽贤之臣、进刚直之彦，何也？

刘安世刚劲不回，廷争执词，旁观流汗，目之曰"殿上虎"。下梅州，蔡京因使者入海岛诛陈衍，讽使者过安世，胁使自裁。又擢土豪为判官，使杀之。疾驰将至梅，梅守遣客劝安世自为计。安世色不动，对客饮酒，徐书数纸付其仆曰，"我死，依此行之。"客密观此，皆经纪同贬当死者之家事甚悉。判官未至二十里，呕血死，乃免。惇、卞复以槛车收邹浩及安世二人付京师。行数驿，徽宗即位赦至，乃还。又七谪至峡州羁管。死葬祥符，金人发其冢，貌如生，惊曰："异人也！"盖其棺而去。安世百折不磨，死而不朽，真烈丈夫也！

冯拯遇事敢言，可谓直臣。然自奉奢靡，内臣抚问，奏其家俭陋，被服甚质，太后有衾裯锦屏之赐。结内官以希主眷，愧大臣之节。如寇准侈汰，未尝劝上以节俭，然不可谓非忠臣。

司马光尝语人曰："自吾为《资治通鉴》，人多求观，未终一纸，欠申思睡，阅之终篇，惟王胜之耳。"乃王益柔也。

蔡齐举进士第一，仪状俊伟，举止端重，真宗见之，顾宰相寇准曰："得人矣。"诏金吾给七驺，传呼以宠之。状元给驺，自齐始。

王嗣宗诚讦王曾，陵蔑王旦，丑詈种放，狠戾无匹。其掘邠州狐窟，焚其淫祠，亦是快事。尝自谓："徙种放、掘邠狐、按边肃，为去三害。"嗣宗攻明逸，大类烧琴煮鹤。明逸亦不自爱，赖真宗好贤，善于处此，否则焉能免于殆辱。

赵君锡字无愧，性至孝。母亡，事父良规不违左右，夜则寝于旁。衾裯厚薄，衣服寒温，药食精粗，饭食旨否，栉发翦爪，整冠结带，《内则》所载，无所不亲。及登进士第，以亲故不愿仕。良规每出，必扶掖上下，杂仆御中。尝从谒文彦博，彦博异其容止，问而知之，语诸子，令视以为法。后知应天，清明出郊，具奠杜衍、张昇、张方平、赵概、王尧臣、蔡抗、蔡挺之茔，邀七家子孙陪祭，时人传其风义。读此愧叹！为人子者，不当如此邪！

周起尝奏事殿中，仁宗始生，帝曰："卿知朕喜乎？宜贺朕有子矣。"即入禁中,怀金钱出,探以赐起。起同知枢密院,尝与寇准饮曹璋家,客多引去,独与准尽醉,夜漏上乃归。明日入见,引咎。真宗笑曰:"天下无事,大臣相与饮酒,何过之有?"一时君臣相洽,此风难追。

仁宗时,或请并天下农田税物名者,三司使程琳曰:"合而为一,易于勾校,可也。后有兴利之臣,复用旧名增之,是重困吾民也。"古今同弊。如今条鞭之则,乃合正杂税而名之也。往往别立名目以加派,不知所派者固已征于条鞭中矣。贤者深虑,已先及此。

高琼少无赖,为盗,败,将磔于市,暑雨创溃,伺守者稍怠,掣钉而遁。后乃贵盛无比。范廷召善射,出猎,尝一矢贯三乌。性恶飞禽,所至弹射殆绝。尤不喜驴鸣,必击杀之。

杨崇勋贪鄙,在藩镇日,役兵工作木偶,涂以丹白,舟载鬻于京师。张耆与章献太后有旧恩,赐第七百楹。家居为曲阑,积百货其中,与群婢相贸易。有病者亲为诊切,以药偿之,欲钱之不出也。

张玉遇夏人于青涧,有铁骑挑战,玉单持铁简出斗,取其首及马而还,军中号"张铁简"。

郭逵在延安,择诸校习金鼓屯营六十四人,人教一队,顷刻而成。善用偏裨,人尽其技。每战,先招怀,后战斗,爱惜士卒,不妄诛戮。杀贼老弱妇女,皆不赏。有古大将风。

赵稹使河北,过真定,曹玮谓曰:"君异日当柄用,愿留意边防。"稹问:"何以教之?"玮曰:"赵德明使人以马易汉物,不如意,欲杀之。少子元昊方十余岁,谏曰:'我戎人,本从事鞍马,而以资邻国易不急之物,已非策,又从而斩之,失众心矣。'德明从之。吾使人觇元昊,状貌异常,他日必为边患。"稹殊未以为然。比再入枢密，元昊果反，始叹玮之明识。

王则附《明镐传》末，可谓作文无法，此当叙入传中，且叙且及，则事可也。镐传既毕，又另纪则，则是明镐与王则联传也。

王禹偁草《李继迁制》，送马五十匹为润笔，却之。及出滁，为闽士郑褒买一马。或言亏马价，太宗曰："彼却继迁五十马，肯亏马价哉？"苏绅阴中王德用，有"宅枕乾冈，貌类艺祖"语，帝恶之，匿疏不下。出绅，知河阳。人主之明，使人感涕！苏绅、梁适同在两禁，语曰："草头木脚，陷人倒卓。"

哲宗问开封尹钱勰："比阅诏书，殊不满人意，谁可学士者？"勰以王钦臣对。帝曰："章惇不喜。"以勰为学士，钦臣领开封。帝知人可用，而畏奸臣之忌，何无英断。杨安国侍讲《周官》"荒札，则薄征缓刑"，曰："古所谓缓刑，贳过误之民耳。今众持兵仗取民廪食，一切宽之，无以禁奸。"仁宗曰："天下皆吾赤子，饥殍为盗。州县不能振恤，乃捕而杀之，不亦甚乎。"安国请书《无逸篇》于迩英阁后屏，帝曰："朕不欲背圣人之言。"命蔡襄书《无逸》、王洙书《孝经》列置左右。

五代文格卑弱。柳开始为古文，尹洙、穆修复振起之。然则宋初之文推欧阳，而不知柳、尹、穆三人也。

孙甫知翼城，杜衍辟为永兴司录，吏职皆倚办甫。甫曰："待我以此，可以去矣。"衍遂不复以小事属甫。衍与谦语，多言天下贤俊。衍曰："吾于属官，得益友。"保州兵变，大臣不时发，甫因弹枢密副司衍。尹洙为总管，以刘沪城水洛为违节度，将斩之。甫谓："水洛通秦、洛，于国家为利，沪不可罪。"洙遂罢。洙、衍皆甫所善，不少假。范仲淹知杭州，多以便宜从事。甫一切绳以法，然未尝不称其贤。若甫者，真邦之司直，和而不同者。

刘随临事锐敏敢行，蜀人号"水精灯笼"。

安邑司马池当殿试而报母亡，友匿其书。池心动，夜不能寐，曰："吾母素多疾，家岂无异乎?"行至宫城，徘徊不能入。因语其友，友以病告，遂号恸而归。至孝所感，匿丧就试者能无愧死。

编传不论门族，如司马朴宜与洪皓、朱弁等联传，不宜附司马池、旦等传末。

蒋堂知益州，建铜壶阁，制甚宏敞，材不预具，既半，乃伐乔木于蜀先主惠陵、江渎祠，又毁刘禅祠，蜀人不悦。蒋堂治尚宽，纵铜壶阁之建是亦不可以已，乃伐先代之陵木，毁明神之祠宇，固无忌惮之尤者乎!

陈希亮知宿州。州跨汴为桥，水与桥争，常坏舟。希亮作飞桥，无柱，以便往来。诏下其法，自畿邑至泗州，皆为飞桥。

陈季常慊少时使酒好剑，慕朱家、郭解之为人，闾里之侠皆宗之。在岐下，尝从两骑挟二矢与轼游西山。鹊起于前，使骑射之，不获，怒马独出，一发得之。自谓一世之豪，终不遇。洛阳园宅壮丽与公侯等，河北有田岁得帛千匹。晚遁光、黄间，曰岐亭。庵居蔬食，徒步山中，妻子奴婢皆有自得之意，不与世相闻，人不识也。所着帽方屋而高，因名之为"方山子"。轼谪黄，过岐亭，识之，始知为慊云。

周湛典郡有名，善弩射，隔屋亦中的。王鼎提点江东刑狱，与转运使杨纮、判官王绰摘发，微隐罪无所贷。官吏怨之，目为"三虎"。

寇瑊领施州，以白芳子弟数百人筑栅，守险要。

谢文节为南唐忠烈都虞侯。周世宗南征，文节擐甲渡江，潜觇敌垒，吴人号为"铁龙"。

李迪疾恶如仇，其孙孝寿依章惇、蔡卞指，锻炼上书人。孝称附蔡京意，执陈瓘子正汇。何忠良之无祚，而奸回之易染邪！孝寿残刻无状，亦有快心事。知开封府，有举子为仆所凌，忿甚，具牒欲送府，同舍生劝解，久乃释。戏取牒效孝寿书判云："不勘案，决杖二十。"仆明日持诣府，告其主仿尹书判私用刑。孝寿即追至，备言本末，寿曰："所判甚合我意。"如数予仆杖，而谢举子。都下翕然，无一仆敢肆者。

和斌子铣知雄州，上制胜强远弓，能破坚越三百步外，边人号"凤凰弓"。

宋守约御军严整，所居肃然无人声，蝉噪于庭亦击去之。

王光祖为沿边安抚，界河巡检赵用扰北边，契丹数万压境，造浮桥，如欲度。光祖在舟，尽撤户牖。或谓："单舟临之，如不测何？"光祖曰："其来，欲得赵用耳。避之则势张。"已而契丹欲相与言，命子襄往。兵刃四合，语惟在用，襄随机折之。其将萧禧挥兵去，邀襄食，付所戴青罗泥金笠为信，即上之。诏罢光祖，吴克曰："非光祖以身对垒，使子冒白刃取从约，则事未可知。宜赏而黜，何以示劝？"乃除真定钤辖。

刘正夫在太学，与范致虚、吴材、江屿号"四俊"。

张根至孝，父病蛊戒盐，根为食淡。母嗜河鲀及蟹，母终，根不复食。母方病，每至鸡鸣则少苏，后不忍闻鸡声。根诚至性过人者，故能尽忠极谏，迁谪不悔。

任谅提点京东。梁山泺渔者习为盗，谅伍其家，刻其舟，非是不得入。他县地错其间，刻石为表。盗发，督吏名捕，莫敢不尽力，迹无所容。以此治盗，水乡甚佳。如今寒山、半山盗薮，有司仿其法，按籍贯刻诸舫，盗发，按舟可迹，并可防盗舟者。

何灌为大山军巡检。贾胡疃有泉，辽人越境而汲，灌画界遏之，举兵犯我。迎射之，辄中，或着石没镞，敌惊以为神。后三十年，契丹萧太师与灌会，道襄河巡检神箭，灌曰："即灌是也。"萧矍然起拜。后与夏人遇，铁骑来追，灌射皆澈甲，洞胸出背，叠贯后骑，羌惧引却。

刘锜顺昌之捷，与锜意合者，惟部将许清号"夜叉"者与之同，故能成功。吴璘谓："信叔有雅量，无英概，恐不足以当逆亮，已而功不成。"《宋史》深是璘言。余谓锜未尝无英概，尔时齿既颓，而子弟皆不足当大敌。如吴、岳诸子皆能战，而锜子泛庸才，不能克敌。古今名将，必父子、兄弟人人知兵，而后成一军，而后可以率诸将。锜屯镇江，泛固请出战，锜不从。叶义问督众渡江，众以为不可，义问强之。瓜州之败，泛违节制，义问复违众，非锜罪也。

杨存中以克敌弓虽劲而蹶张难，以意创马皇弩，思巧制工，发易中远，人服其精。

罗汝楫与何铸阿桧旨杀岳飞。汝楫子愿知鄂州，有治绩，以父故不敢入飞庙。一日，自念吾政善，姑往祠之，甫拜，遽卒于像前。武穆英爽若此，宜兀术之褫魄也。

　　粟山按：愿亦一时名臣，忠武岂有修怨及之之理。其卒也，亦会逢其适耳。

《宋史》贤奸杂糅，观者目迷。宜以丁谓、王钦若、王安石各为传，而以景德、熙丰奸谀类附之；王潜善、汪伯彦、秦桧各为传，而以沮恢复，排宗泽、李纲，杀岳飞诸奸附之；以韩侂胄、史弥远、贾似道为专传，而以开边衅、攻伪学、误国是者附之，俾较然列眉，始足为快。

林栗治办多材。京镗出使，仗节徒以讲学。不合首倡伪学之目,得罪万世君子,所以戒忿懥之失正。

《谢深甫传》无一事之疵,与陈自强、高文虎辈同列,初甚讶之。及观史臣之论:"深甫出处,旧史泯其迹,若无可议者。然庆元之初,韩侂胄设伪学之禁,网善类而一空之,深甫秉政,适与同时,诿曰不知,不可也。况于一劾陈傅良,再劾赵汝愚,形于深甫之章,有不可掩者乎?"史臣既知之,则本传官增入,何得据旧文以糊饰也?

赵雄与虞允文协谋恢复,张栻亦论恢复。与虞、赵之论不同,孝宗是栻,虞、赵皆不乐栻。栻在荆州,雄遂事事沮之。夫恢复大计也,但求其当而已,不必谋尽己出也。雄无足责,雍公之不乐,何邪?敬夫久在魏公军中,论恢复必有见,然魏公每大举必大败,敬夫何不效谋于乃父耶?抑乃父不听其子耶?雍公采石之战、帅川之谋,举无遗策,然则敬夫之策未必是,雍公之不乐未必非也。

宦者甘昇既逐,高宗崩,用治丧事。俄提举德寿宫,中书舍人王信执奏。翰林学士洪迈适入,上语之曰:"王给事论甘昇甚当。朕白太上皇后,谓'一宫之事非我老人所能任,小黄门多不习事,独昇可任,今岂敢蹈故态'。以是驳疏不欲行。卿见王给事,可道此意。"信闻之乃止。夫君臣上下如此委曲相信,岂必固执以伤君父之心。孝宗之孝、谏臣之忠皆能克尽。若使光、熹之间,上下能同此心,岂有王、魏相倾之珰祸乎!

兵部郎宋德之祖耕,性刚介,一朝弃官去,莫知所终。从父廉语德之曰:"吾至临安府,有人言蜀有宋宣教过浙江而去,吾适越求之,入四明矣。"济之,渡浙江寻访,至雪窦,有蜀僧言:"闻诸耆老云:山后有烂平山,有三居士,其一宋宣教也。"德之攀跻至山,见丹灶,置祠其上而归。然则宋时尚有异人耶?

辛弃疾雄豪自命,思立功名自见。同晦庵游武夷,赋《九曲棹歌》。晦庵殁，伪学禁方严，门生故旧无送葬者。弃疾为文哭之。谢枋得常过弃疾墓旁僧舍，有疾声大呼于堂上，若鸣其不平，自昏至三鼓不绝。枋得秉烛作文，且且祭之，文成而声始息。稼轩英爽不磨，岂徒以文词名世者！

定蜀乱者，杨巨源倡其谋，李好义致其力。非巨源则安内之事不成，非好义则曦之勇不可制。二人皆不得其死，惜哉！

扈再兴屡破金人于唐，敛髑髅为人头埝。

张威每战酣，精采愈奋，两眼皆赤，时号"张红眼"，又号"张鹘眼"，威立"净天鹘旗"以自表。每战，操木棓号"紫大虫"，圜而不刃，长丈六尺，挥之掠阵，敌皆靡。荆、鄂多平川旷野，威曰："是彼骑兵之利也，铁骑一冲，我步技穷矣，蜀中战法不可用。"乃意创"撒星阵"，分合不常，闻鼓则聚，闻金则散。骑兵至则声金，一军分为数十簇；金人随而分兵，则又鼓而聚之。倏忽之间，分开合数变，金人失措，然后纵击，以此辄胜。御军严整，兵行常若衔枚，罕闻其声。每与百姓避路，买食物则倍价于市。按：张威治兵，深得武穆运用之妙，存乎一心遗意，惜不遇其时，不见大用。

宋季已无豪杰。襄阳张惟孝拔剑，自奋乱军中，夺舟赴郢。挥众登岸，无敢乱行。宣抚干次官钟蜚英异之①，语曰："今日正我辈赴功之秋。"惟孝不答，又叩之，曰："朝廷负人。"蜚英语宣抚姚希得②罗致之，宴仲宣楼，蜚英酒酣曰："有国而后有家，天下如此，将安归乎？"惟孝曰："从公所命。"乃请空名帖三十以还。逾旬，以三

---

①　"无敢乱行。宣抚干次官钟蜚英异之"句，《宋史》卷四百一十二《张惟孝传》作"毋敢乱次。干官钟蜚英见而异之"。

②　"姚希得"原作"姚希德"，同段下文亦作"希得"，参见《宋史》卷四百一十二《张惟孝传》。

十骑俱拥甲士五千人,旗帜部伍整肃。希得大喜,问所统姓名,惟孝曰:"朝廷负人,聊为君侯纾一时之难,姓名不可得也。"于是耀兵,数日,至万人,数战皆捷,江上平。制使吕文德招之,不就而遁,物色不可得,不知其其所终。呜呼!世未尝无人,史嵩之、贾似道为帅,谁能屈首就之乎!

宋季名臣江万里、文天祥、谢枋得、汪立信、李廷芝、家铉翁、陆秀夫等宜以类相从,乃忠奸并列,何也?陈仲微里山兵败,走安南,死葬其地。其子文孙降元,导其师入国。安南王愤,伐仲微墓,斧其棺。忠孝而亏,何以腼立于世!

孙奭刚方正直,知无不言,可谓名臣,列之《儒林》,未当也。

《宋史》《道学》之外,别为《儒林》,岂有道外之儒乎哉!或有博而未纯者,以经术别之,可也。其他则宜并之《文苑》。陆子静、杨诚商、蔡季通、刘屏山、真西山、魏鹤山诸公,岂得列于《道学》之外!

孙复、胡瑗、胡安国、胡寅乃不愧于儒。胡旦躁险干进,不得以儒名之。石介敢言,亦文人之雄耳。王向《公议先生传》乌有子虚之类,止可列《文苑》。郑樵好学,其书搜奇博古,然《文苑》为宜。杨万里刚劲不回,尽忠极谏,忧国致病,垂死尚愤愤侂胄之祸国。陈傅良历仕有声,守方不苟合,过宫之举,引裾廷哭,一代净臣。胡寅力谏和议,陈亮高才通达,贾谊之流,皆有宋名流,不得以《儒林》概之。

叶适,有用之才,非仅儒生也。侂胄出师,适请防江,不听。既败,始用适守建康。适请兼制江北,始可保江南。金兵大入,建康震动。适募市井并帐下二百人,使小将统之。夜半,伏茅苇中射金人,应弦倒;矢尽,挥刀出,金人错愕不敢进。黎明,知我军寡来追,已在舟矣。复命石跋、定山之人劫营,多俘馘。金人解和州围,退

屯瓜步。又遣石斌、夏侯成等分道而往，皆捷。金人遂遁。羽檄旁
午，遣治事如平时。兵退，大修堡坞四十七，东西三百里，南北三四
十里，首尾联络，流民争附。《宋史》讥适不能止侂胄之用兵。夫适
奏对，每言复仇之义。侂胄将用兵，屡欲用适为学士，籍其草诏动
天下，适已力辞。事寄在身，适力弭敌，有功不赏，反以为罪，何怪
上下偷安，令豪杰灰心、遗民解体哉！

　　秦桧不肯署名议立张邦昌。于胡安国之罢，三上章留之，不
报，即解相印以去。若无再相，以成其奸，万古必以桧为正人矣。

　　程迥知进贤县，省符下，知平江府王佐决陈长年辄私卖田，其
从子诉有司十有八年，母鱼氏年七十坐狱。廷辨按法追正，令候母
死服阕日，理为己分，令天下郡县视此为法。迥为议曰："天下之人
孰无母？子若孙宜定省温清，不宜有私财①。在律，别籍及异财者
有禁。报牒之初，县令杖而遣之，使听命于母可矣，何稽滞遍诉有
司，而达登闻院乎？《穀梁传》注：'臣无讼君。'夫诸侯之于命大夫
犹若此，子孙之于母乃使坐狱以对吏，闻之，不觉涕泗之横集也。
按令文：分财产，谓祖父母、父母服阕已前所有者。犹然则母在，
子孙不得有私财。倘使其母一朝尽费，其子孙亦不得违教令也。
既使归其母，其日前所费，乃卑幼擅用尊长物，须五年尊长告乃为
理。何至豫期母死，又开他日争端也？安知不令之子孙不死于母
之前乎？守令者，民之师帅，政教之所由出。宜正守令不职之愆与
子孙不孝之罪。"按：卖田而从子讼诉，必无子，而从子宜嗣者也。
父殁母在，财产亦当听母，何得名之为私卖？岂可追论父之费产至
讼系其母乎！守令既不知伦纪朝廷，乃颁为教令，大可怪也！迥之

①　"私财"原作"死财"，据《宋史》卷四百三十七《程迥传》改。

立义，足补名教，可为今日嗣产之立程、分财之致砭。

韩溥博学，详练台阁故事，多知唐事，号"近世肉谱"。

柳开始为古文，然能料敌制胜，决策若蓍龟，有志用世，不徒文士。

石延年、刘潜常造王氏酒楼对饮，终日不交一言。王氏怪其饮多，以为非常人，益奉美酒肴果，二人饮啖自若，至夕无酒色，相揖去。明日，都下传王氏酒楼二仙来饮，已乃知刘、石也。读此，想见其人，真神仙也。

郭忠恕纵酒跅弛，或逾月不食。盛暑暴露日中，不汗，穷冬凿河冰洛，凌澌消释。画室屋重复之状，颇极精妙。游王侯公卿家，或待以美酝，豫张纨素倚壁，乘兴即画之，苟意不欲，固请之，必怒而去。太宗召为国子监主簿，刊定历代字书。使酒，肆言，盗卖官物，减死，杖流登州。至临邑，谓部送吏曰："我今逝矣！"穴地，度可容面，俯窥而卒，稿葬道侧。累月，故人取尸改葬之，体甚轻，空空如蝉脱。恕先固异人也！

《宋史》分《忠义》《孝义》《卓行》，皆未善。忠、孝、卓行本无分别，名公巨卿就非忠义，必以杀身兵刃者为忠义，未当也。宜如《五代史》之书《死事》《死节》以表殉国、殉官者，而卓行则分见于《名臣》《孝义》诸传。至于吕祖俭、祖泰、陈东、欧阳澈、陆秀夫等死难，一节不足以尽之，当与郑侠、邹浩、胡寅、文天祥、谢枋得诸传以类次相次。

芮城樊景温，归信荣恕旻，兄弟异居积年。大中祥符中，景温檽树五株并为一，恕旻家榆树两本自合，两家感其异，复共居。人知田氏分荆，不知樊、荣两氏檽、榆复合，千古佳话也。

江州陈氏义门同居十三世，有百犬牢。河中姚氏亦十三世同居,孝睦不替,世为农家,无学者,家不甚富,有田数十顷,聚族百余人,农桑仅给衣食。三百年,经唐末、五代兵戈乱离,子孙保守坟墓,骨肉不相离,天下未有。

汀州宁化曾氏妇晏,夫死,守志抚幼子。寇破宁化,令佐俱逃,知将乐县黄峤令土豪结诸寨以拒贼,晏首助兵给粮,多所杀获。贼忿,集愈众,诸寨不能御,晏乃筑黄牛山,自为一寨。贼遣人索妇女金帛,晏召田丁[①]谕曰:“贼求妇女,意实在我。汝念主母,各当用命,不胜即杀我。”悉解首饰予田丁,感激咸奋。晏自捶鼓,使诸婢鸣金,以作其勇。贼退败。远近闻之,多挈家依黄牛山。聚众日广,复共论万全措置,折黄牛山为五寨,选少壮为义丁,互相应援为犄角,贼屡攻勿克。所活老弱数万人。知南剑州陈韡遣人遗以金帛,晏悉散其下;又以楮帛劳五寨,名其寨曰万安。事闻,诏特封晏恭人,赐冠帔,补其子承信郎。晏氏以妇人倡义,保御强寇,真不愧高凉、锦撒及夫人城。

谢叠山母与妻皆贤明义烈,足为忠臣生色,当与叠山同传。赵淮妾亦宜附见淮传。传列女者,其夫、其子无可纪,恐幽芳湮没不传,故别为目以纪。若名卿之妻、贤达之母、忠烈之女,皆宜载入诸公传中,互相映发,不宜与亡妇庶女同列。

洪州彭烈女,父泰入山伐薪,遇虎,将不脱,女拔刀斫虎,夺父而还。鄞章八娜,虎衔大母,女曳虎尾,祈以身代。虎释大母,衔女以去。虎诚顽类,乃畏彭女之拔刀,而不哀章女之请代,鬼神固无知邪?

咸平中,军士有流矢自颊贯耳,众医莫能取,阎文显以药傅之,信宿而镞出，因赐绯。韩晸从太祖征晋，弩矢贯左髀，镞不出几三十年。景德初，上遣医学刘赟视之，傅以药出之，步履如故，赐白金。

太平兴国中，江东有僧诣阙请修天台寿昌寺，且言请焚身以报。太宗允其请，命内官卫绍钦董其役。既讫，积薪于庭，请僧如愿，僧言欲见至尊面谢，绍钦曰："朝辞，亲奉德音，不烦致谢。"僧怖偃蹇，顾道俗望有救之者，绍钦促令跻薪上，火既盛，僧欲投下，绍钦遣左右以义抑按而焚之。此奄此举千古快事。

燕山合兵之役，王黼括天下丁夫，计口出算，得钱六千二百万，买空城五六而奏凯。当时加赋至此，民焉得不怨，国焉得不亡。

邢恕倾危，与蔡确造为异论，谤及宣仁，几摇社稷。子俖复阴构赵伦贻书余睹，卒贾粘罕①之怒，举兵南犯，遂覆宗社。父子凶悖中祸人国。宋室奸臣接踵，至章惇而诋宣仁为"老奸"，复请追废宣仁而发司马光、吕公著冢，斫其棺。若此等人，不知天壤间何者为名义，无父无君，其罪在秦桧、韩侂胄之上。史弥远矫遗诏，废济王易太子，其擅权废立，与章惇请废宣仁同一肺肝。

吕惠卿知延州，夏人全师入寇，修米脂诸寨以备。寇欲攻城不可近，欲掠野无所得，欲战诸将按兵不动，欲南则惧腹背受敌，留二日拔栅而去。惠卿之才固可，特不可与立朝耳。

韩侂胄名"侂"，取鲁宜子为子，名珍。侂与讬同。珍音红，彩也。命名皆如此怪僻。丁大全面蓝，类卢杞，当国之奸不必言。为子寿翁聘妇而艳，自娶为妻，为世所丑。

刘豫叛臣，乃为陈东、欧阳澈立庙于归德。宋汝为以吕颐浩书

---

① "粘罕"原作"粘空"，据《宋史》卷四百七十一《奸臣一》改。

勉豫忠义，豫以邦昌为戒。故李忠定僭逆、伪命二条，自是中兴定论，然行之太早，徒以坚中原人士仕金。及豫从逆，苟免之心非计之得也。必也宰执执之，而朝廷原之，俾迁居外郡，保全赡给，以全大信，以招来者，可也。

李全反复数四，朝廷乃以许国、姚翀为制使，翟朝宗、张国明知军郡。此辈庸奴焉能驯虎狼、縻鲛鳄乎！若用三赵控置淮楚，全尚未敢桀骜，驾驭得宜，可因其力以图山东，惜乎措置之失宜也。全兵已犯扬州，赵璹夫尚持史弥远许增全万五千人饷书并省札，全掷书不受，而留省札。璹夫始知见给，始发牌印迓赵范。夫军机呼吸，贼已临城，尚恋州印，不迎郡守，真可斩也。若非丁胜劫阇者以止之，扬州且不守矣。全留省札以此绐陷泰州，何其狡也！全既狡谲，而杨氏之狡又出全之上，观其诱夏全，逐姚翀，不耻以身为饵，从容杯酒谈笑衽席间，弄夏全如反掌，何其巧乎！军散众解，又甘言以慰其下，绝淮北去，老死涟水，固北寇之人雄哉！

《宋史》臧否至公，议论极正。惜其体裁未当、详略失中。删其繁芜，辨其伦类，斯善矣！

人君有疾不忍斥言之，名之曰"不豫"。寇莱公卒，纲鉴书"不豫"，当是《宋史》之误，而方山因之，未改也。

茗香堂史论卷四

海盐彭孙贻羿仁氏著

同郡朱葵之粟山校正

《辽史》

《辽史》起太祖阿保机,不叙先世。本纪既完,追叙于论赞之首,亦是创体。纪称阿保机生而体如三岁儿,三月能行;晬而能言,知未来事;龆龀言必及世务。伯父当国,疑辄咨焉。又谓豫知死日,丙戌秋初,必有归处。其然?岂其然邪?《太祖纪》于殂后称曰升天皇帝,何其俚也!阿保机长九尺,丰上锐下,诚异人也!

《圣宗纪》葬景宗于乾陵,以近幸朗、掌饮伶人挞鲁为殉,上与皇太后因为书附上乾陵。其事诞而可笑,隆绪只年十一,皆当国者为之。夷俗如此甚多,不足书之于册。

北土江寒,冬至大凌,中春始解。《圣宗纪》十一月观渔挞马泺;十二月己亥观渔玉盘湾,辛丑观渔潢渊。隆冬而渔,岂凿冰下窖耶?又然万鱼灯于双溪。鱼灯不知何义。七年,品打鲁瑰部节度使勃鲁里至自畀洒河,天地晦冥,大风飘四十三人飞旋空中,良久乃坠数十里外,一酒壶在地乃不移。

辽初荒陋无文。太祖时,因太子倍之言建孔子庙,已而制契丹大字。至圣宗,乃祀孔子。至兴宗,而工赋诗。道宗亲出题试进士，颁行《史记》《汉书》，后妃亦有能文词者。荒服之风渐变矣。

道宗时，三河县民孙宾及妻皆百岁，复其家。百岁异矣，齐眉尤异，自上古以来所未闻也。

祭山仪立君树、臣树；又植双树，为神门。又名拜山礼。瑟瑟礼所以祈雨，有射柳仪。再生仪又名柴册仪，岁一周星，天子一行是礼，所以报本，有再生母后搜索之室。射鬼箭，出师以死囚，还师以俘或谍，植柱缚之，矢集如猬，名"鬼箭"。

辽自开国，以兵力并北荒。太宗穷兵南伐，身死军中。大臣因东丹之让国，惩李胡之暴残，共立世宗，社稷之长计也。太后偏爱，阻兵。大母与嫡孙锋镝几交，辄、瞫相拒，于今为烈，非屋质解纷，纲常瓦裂矣。初废东丹，继祖李胡，国家重器，爱憎由于妇人。作法于凉，踵祸再世，兴宗不能尊崇嫡母，坐致上京之弑。何惑乎君臣剚刃，轻于凫雁。同气篡弑，憎于敌仇。虽复讲艺右文，焉能掩戎狄豺狼之习哉！道宗昏蔽于谗贼，焚椒之冤，妻子不保。哀哉！降而延禧，怠荒不武，用亡其国。然二百余年国祚，亦惟圣宗培之也。

钦淳后佐太祖，用贤伐叛，内赞功多。然舍太子立德光，已开乱端。犹云太宗雄略，能兴契丹也。继乃与世孙为难，发兵相拒，何哉？断腕殉葬，已见安忍之一端。耨斤以宫人生兴宗，兴宗既立，弑害正嫡。继又欲废帝，立少子重光，迁居庆州七栝宫。悔而迎归，侍养惟谨，终为不怿。帝崩，无戚容。崇圣悲泣如礼，反谓之曰："汝年尚幼，何哀痛如是！"此其为人，兽畜不如。

东丹为堂，医无闾绝顶藏书万卷，工文章、书画，画《射骑》《猎雪》《千角鹿图》，皆入秘府。既入中国，遣使问安不绝。从珂篡弑，乞师请讨。忠孝无亏，夷裔乃有此贤。

义宗、顺宗皆位当储贰，一则避地归唐，一则谗贼见害，大统终归。天与其子追尊崇，报有由来矣。义宗以元子让国，帝犯奄殁，群心并归世嫡。察割之变乱，定于穆宗，复以淫酗凶终，大统仍系世宗之子，不可谓非天也。

高模翰战关南方，与赵延寿聚议，有光自目中出，萦绕旗矛，焰焰如流星久之。喜曰："天赞也。"进兵，杀获甚众。猛将胜兵之气，乃见于眉宇，可谓异矣！

女里善识马，尝行野，见数马迹，指其一曰："此奇骏也！"以己马易之，果然。夫能辨骏于马迹，又在九方"牝牡骊黄"之上。

开泰五年秋，猎，帝射虎，马驰太速，矢不及发。虎将犯跸。左右辟易，陈昭衮舍马，捉虎两耳骑之。虎骇，且逸。上命卫士追射，昭衮大呼止之。虎虽铁山，昭衮终不坠。伺便，拔佩刀杀之。上设宴，悉以席上金银器赐之。骑虎救驾，忠勇雄绝今古。

太宗崩于滦城，大臣、诸王立世宗。太后怒，遣李胡以兵逆击，败归。尽执世宗臣僚家属，军次潢河横渡，隔岸相拒。耶律屋质从太后，世宗知屋质善筹，乃奉书，以试太后。太后以书示屋质。屋质曰："李胡、永康王皆大祖子孙，神器非移他族。太后宜思长策，与永康王和议。"太后曰："谁可遣者？"屋质请往，太后遣授书于帝。帝遣耶律海思复书，词多不逊。屋质谏曰："书意如此，国家之忧未艾。能释怨以安社稷，莫如和好。"帝曰："彼众乌合，安能敌我？"屋质曰："即不敌，奈骨肉何！况未知孰胜？借曰幸胜，诸臣之族执于李胡者无噍类矣。以此计之，惟和为善。"帝良久，曰："若何而和？"屋质曰："与太后相见，各纾忿恚，和之不难；不然，决战非晚。"帝乃遣海思诣太后。往返数日，议定。始相见，怨言交让，殊无和意。太后谓屋质曰："汝当为我画一筹。"屋质曰："太后与大王若能释怨,臣乃敢进说。"太后曰:"第言之。"屋质借谒者筹执之,谓太后曰:"昔人皇王在,何故立嗣圣?"太后曰:"太祖遗旨。"又谓帝曰:"大王何故擅立,不禀尊亲?"帝曰:"人皇王当立不立,是以去之。"屋质正色曰:"人皇王舍父母之国而奔唐,子道当如是邪? 大王见太后,不少逊谢,惟怨是寻。太后牵于偏爱,讬先帝遗命,妄授神器。如此何敢望和,当速交战!"掷筹而退。太后泣曰:"太祖遭诸弟乱,天下荼毒,疮痍未复,讵可再乎!"乃索筹一。帝曰:"父不为而子为,又谁咎。"亦取筹而执。左右感激,太恊。太后复谓屋质曰:"议既定,神器竟谁归?"屋质曰:"太后若授永康王,顺天合人,复何移?"李胡厉声曰:"我在,兀欲安得立!"屋质曰:"礼有世嫡,不传诸弟。昔嗣圣之立,尚以为非,况公暴戾,怨讟。万口一辞,愿立永康王,不可夺也。"太后顾李胡曰:"汝亦闻此言乎? 汝实自为之!"乃许立永康王。帝谓屋质曰:"汝与朕属尤近,何乃反助太后?"屋质曰:"臣以社稷至重,不可轻付,故如是耳。"上喜其忠。读此书忠肝义胆,字字阳秋。折太后之偏私,责永康以不逊。李胡残暴,卷舌吞声,传中情事如画。借筹掷筹,若愤若激,太后流涕,左右感恸,忠臣心舌,栩栩生动,《邺侯传》不得专美于前。屋质深情妙用,全在劝诱太后与帝相见。既已觌面,天亲骨肉自然感触。即有戾色违言,自然消歇。当老人泪堕,左右失声,尔时即有豺狼面目,铁石心肝,未免徘徊色动,干戈立解,不烦词说。

　　粟山按:屋质此举有三善:弭兵争一,正纲常二,戢凶暴三。然非太后始迷终悟,乱无已时矣。

　　屋质屡发天德等奸谋,又力请防察割,世宗不听。察割既弑太后及帝,因僭立。有言"衣紫者不可失",屋质亟易衣出,遣人召诸王及禁卫讨贼。遣弟冲迎寿安王。至,王尚犹豫。屋质曰:"大王

嗣圣子,贼得之,必不容。群臣将谁事,悔将何及?"王始悟。诸将
闻之,相继至。察割执百官家属,夜阅内府,见玛瑙枕,曰:"此希世
宝,今为我有!"妻曰:"寿安王、屋质在,吾属无噍类,此何足异!"察
割曰:"寿安年幼,屋质不过引数奴,诘朝来朝,不足忧。"迟明,诸军
围之。察割弑皇后枢前,怆惶出阵。其下多委兵归寿安,察割知其
不济,将杀群官家属。耶律敌猎在系中,进曰:"不有所废,寿安王
何以兴。藉此为词,犹可以免。"察割从之,遣敌猎往。寿安合敌猎
诱察割,至,脔之。穆宗即位,谓屋质曰:"朕之性命,实出卿手。"命
知国事。初,安端遣察割奏事太祖。太祖谓近侍曰:"此子目若风
驼,面有反相。朕若独居,无令入门。"太祖之明,屋质之智,察于几
先,可谓卓绝!

耶律沤里思每战重铠,挥铁楇,所向无前。从上伐晋,至河猎,
海东青鹘搏雉,晋人隔水以鸽引去。上顾左右曰:"谁为我得此
人?"沤里思请内厩马,济河擒之,并杀救者数人而还。帝以一鹘而
轻用猛将,何无大风猛士之思耶?

《金史》

金始祖函普居完颜部仆干水之涯，非姓完颜也，后遂以完颜为姓。考其国语，完颜乃汉语王姓，则金于汉音，固王氏也。

函普年六十余，完颜①有贤女六十而未嫁，函普以青牛聘之，遂生二子一女，为金之祖。奇矣！长子乌鲁始筑室居于安出虎水之侧，故金人之兴，异于诸族之逐水草者。

乌鲁并吞诸部，辽使问盈歌攻阿疏城事，方议偿其俘虏。乌鲁乃令人阻绝鹰路，扬言于辽："欲开鹰路，非女真节度使不可。"遂令乌鲁讨阻绝鹰路者，而罢问阿疏城事。以从禽之乐，不问所部之并吞，宜乎金之轻辽也。

辽人言女真兵满万不可敌，此见辽兵之积弱耳。若百战之兵，即女真十万犹可破之。背嵬、八字、西川、荆襄之兵，与女真长胜军力战，皆大破之，何言不可敌也！

金有三挞懒两婆卢火。一为穆宗子，左副元帅挞懒；一为太宗子，薛王宗懿深挞懒；一为平章政事毂英，原知名挞懒。一为平章事，泰州婆卢火；一为庆直尹婆卢火。

《金史》诸帅无定，即一撒离喝而，或称杲，或称撒离喝。一编之中，互书舛错如此。

徐徽言死节，不必详书于帝纪，但言不屈见杀，足矣。后诸将传中凡遇徽言之死，必详述，不嫌其复。金人重之，不嫌再三也。

---

① "颜"字原重。

粟山按：重忠节固属夷裔所难，然诸将传必详述，要非史例。

太宗吴乞买不自立，其子仍立太祖子亶，可谓大公。熙宗立，未几，宋王宗磐、翼王鹘懒以谋反诛矣。未几，降封太宗诸子。皆为公矣，何其少恩哉！

《海陵纪》以谏伐宋弑皇太后徙单氏于宁德官，即官中焚之，弃其骨水中。谏者，以下达上之称。太母以母训子，名"谏"可乎？书法倒置矣。

金初兵最强，海陵时宿将尽亡，子孙诛锄殆尽，行伍皆具文，故虞雍公得以书生决胜。世宗时，命护卫善射者押赐宋使弓宴，宋使中五十，押宴者才中其七。世宗谓左右将军曰："护卫出为五品官，每三日上直，役亦轻矣，饱食安卧。弓矢不习，将焉用之。"金武事之弛可见。世宗复修和好，大为有见。

世宗制为改嫁母服三年。此虽教孝，然使人轻于改嫁，守志苦节者鲜矣。圣人制礼，必为可经，宜善明其意，不必轻为改制。又制命妇犯奸，不用夫荫以子封者，不拘此法。亦是重法而轻节也。子贵而封，乃尚有犯奸者，当与命妇同科。然按法行之，虽足维风，无以安孝子于在位。世宗之制，虽非大经，观过知仁，与服嫁母同一义。

夏任得敬胁其主李仁孝，上表请中分其国。李石等皆请许之。世宗不许，并却其贡，甚得人君之度。后高丽王晧废兄晛自立，诈称让国，金因而册之。西京留守赵位宠叛之，请以四十余城附金，世宗不听。王晧遂杀位宠。晧以弟篡兄，位宠遂以臣叛主。世宗距位宠，位宠则以晛为辞也。晛终以幽死，金何以谢之！

世宗每令人歌女真词，欲谓太子、诸王曰："朕思先朝行事，未尝暂忘,故时听此词。汝辈自幼惟习汉人风俗,不知女真纯实之风,至于语言文字,或不通晓,是忘本也。"又命:"卫士有不闲女真语者,并令习学,仍禁自后不得汉语。"忧危思深,子孙苟知此意,何至亡国!

金酒禁甚严。海陵时,近臣有犯者,罪至死。世宗时,尚谆谆禁戒,非元旦、生辰不置酒,臣民非婚姻、祭祀、令节,不许饮酒。大定十八年,始许女真戍边人遇祭祀、婚嫁节辰,自造酒具,以戒淫侈、防昏乱。甚得妹邦《酒诰》之意,诸夏有不及者。

世宗谓:朕所至,有司每虚而不居,甚无取。元妃李氏丧,过市不闻乐声,谓宰臣曰:"岂以妃故禁之耶? 细民日作而食,禁之,废其生计也,其勿禁。"其见卓绝,曲体臣民又无不尽。大定二十一年,追贬海陵为庶人。二十二年,东京留守徒单贞以与海陵逆谋,伏诛;妻永平县主、子慎思,并赐死。讨贼一何缓也!

右司郎中段珪卒,世宗曰:"是人明正,可用。燕人自古忠直者鲜,辽兵至则从辽,宋人至则从宋,本朝至则从本朝。屡经变迁而未尝残破,盖以此。南人挺劲,敢言直谏者多,前有一人见杀,后复一人谏之,甚可尚也。"北人之见轻外朝,亦已久矣。异日与元为敌,为宋仗节,皆南士也。世宗真知人哉! 然在汉季,田畴不肯仕操,翼德流离从主,谓燕人自古鲜忠直,亦未可概也。

世宗谓唐太宗少年能用兵,虽居帝位,犹不能改,吭创剪发,皆权谋也。又谓光武人所难能,更始既害伯升,当离乱之际,不思报怨,事更始如平日,不见戚容,岂非人所难能乎;此其度量盖将大有为也,其他庸主岂可及。高祖英雄,驾驭豪杰,非光武能及,然即帝位,犹有粗豪之气,光武所不为也。卓识明论,言言破的。

卢沟桥章宗所作。章宗时,礼官言:"民一产三男,内有才行可用者,量材叙用。其妪婢所生,官给钱百贯,资乳哺,尚书省请更给四十贯,赎为良。"制可。夫品胎生人,偶异耳。量材而用,岂必一产三男之家哉!百贯乳哺,厚矣!又以四十贯赎为良,不亦过乎!当立为制,奴婢一产三男,准一人留役,二人免为良,不须给赎。章宗许内外官并承应人,祖父母、父母忌日给假一日,真锡类之孝。章宗好文多艺,无经国远图,传授非人,遗产不保,妻孥为戮,他何足称!

卫王记注失亡,王鹗求大安、崇庆事不可得,金故部令史窦祥年八十九,能记旧事,从之,得二十条。司正张正之写灾异十六条,张承旨家旧事五条,金礼部尚书杨云翼日录四十条,陈老日录三十条,藏史馆。多重复,校去重出,删其繁杂。《章宗日录》详其前事,《宣宗日录》详其后事。又金掌日女官大明居士王氏所记资明夫人授玺事,附于篇,可以存其梗概云。

宣宗谓宰臣:"江淮之人,号称选懦,然官军攻蔓菁峪,其众困甚,胁之使降,无一从者。河朔州郡,一遇北警,往往出降,此何理也?"从来争天下者,取北易,定南难。

天会五年,杨级造《大明历》,因宋《纪元历》增损之。正隆、大定以后,日食或先后天,命司天监赵知微重修之。翰林应奉耶律履亦造《乙未历》,命尚书、礼部集验太阴亏食,知微为近,终金百年用之。历惟一易。

金入汴,取宋浑仪致于燕,天轮、赤道、悬象、司辰、天池、水壶等器久皆弃毁,惟浑仪置太史局候台。汴距燕千里,地势高下不同,望筒中极星稍差,移下四度才得窥之。明昌①六年,龙起浑仪

---

① "明昌"原作"明旦",据《金史》卷二十二《历下》改。

鳌云水跌下,台中裂,浑仪仆台下,营缉,复置台上。贞祐南渡,遂
委而去。宣宗时,司天台官请铸浑仪,公私罄乏,遂寝。初,礼部尚
书张行简尝制莲花、星丸二漏以进,章宗置莲花漏于禁中,星丸漏
以备巡幸。贞祐南渡,二漏迁汴,汴亡废毁,无所考其制。

明昌间,荐牛鱼。注:牛鱼似鲔,鲔类也。无则鲤代。牛鱼不
知何状,大都鱼之大者。

大定八年,定功臣配享图,画于太庙。左庑:金源郡王撒改、
宋王宗望(斡离不)、金源郡王斡鲁、梁王宗弼(兀术)、金源郡王娄
室、鲁王阇母①、隋公阿离合懑、豫公蒲家奴(昱)、兖公刘彦宗、右
丞相韩企先、尚书令李石、右丞相金源郡王纥石烈志宁、左丞相仆
散忠义、左丞相崇公纥石烈良弼、右丞相萃公石琚、右丞相申公唐
括安礼、平章政事徒单合喜、参知政事宗叙十九人(又鲁庄明至阇
母)已。世宗思太祖、太宗创业艰难,求当时勋业最著者,图像衍庆
宫,辽王斜也、金源郡王撒改、辽王宗干(干本)、秦王宗翰(粘罕)、
宋王宗望、梁王宗弼、金源郡王习不失、斡鲁、希尹娄、楚王宗雄(谋
良虎)、鲁王阇母、金源郡王银术可、隋公阿离合懑②、金源郡王完
颜忠、豫公蒲家奴、金源郡王撒离喝、衮公刘彦宗、特进斡鲁古、习
室、齐公韩企先,凡二十一人,与配享太庙者大小同异。

古大享用牛,宋《政和五礼》太庙,亲祀用牛,有司行事则不用。
开宝二年,昊天上帝、皇地祇用犊,余大祀以二羊五豕代一犊。大
定十年,定祫祭亲祖,每室一犊,时享,亲祀宗庙共一犊,有司行事
则不用。十二年,祫祭摄官,共用三犊。二十二年,祫祭亲祀用三

① "鲁王阇母"原作"鲁王阁母",据《金史》卷七十一《阇母传》改。
② "隋公阿离合懑"原作"隋公阿离合满",据《金史》卷七十三《阿离合懑传》改。

牷,有司行事以鹿代。今祀孔子,以鹿代牛制始于金。

泰和中,完颜匡请以创业功臣配享武成王庙。于是,以宗翰、宗雄、宗望、宗弼等侍坐武成王,位在管仲上,降韩信而下立于庑。黜王猛、慕容恪等二十余人。胡人妄自夸大,至以粘罕、斡离不、谋良虎、兀术跻管仲之上。管仲尊周攘夷,真得太公兵法者。王猛不欲灭晋,其见亦与仲父同。金人卑之斥之,蜉蝣而笑大椿也。

泰和中,太常寺奏:"《开元礼》祭帝喾、尧、舜、禹、汤、文、武、汉高祖版御署,《开宝礼》高祖以下二十七帝不署。"平章政事镒等谓方岳之神各有所主,有国所赖,御署固宜;前古帝王,寥落杳茫,列于中祀亦已厚矣,不须御署。夫二帝三王,道法相传,有天下者,必宗述致敬,垂训将来。今谓不及方岳之神,列之中祀已厚。夫尧、舜、禹、汤、文、武,道之所在,天地同流。岂等若敖之鬼,望膻芗于后世,登之大祀,且不加增。夷裔之人较礼隆杀,谓之中祀已厚,真足喷饭。

女真拜礼,先袖手微俯身,梢却,跽右左膝,左右摇肘袖。上拂左右肩,下拂膝,凡四。如此者四跽,复以手按右膝,单跽左膝而成礼。国言摇手而拜谓之"撒速"。承安五年,命公裳则朝拜如汉制,便服则用本朝拜。是金人半用汉拜也。

金人仪仗,卫士皆金凤花交脚幞头或皂帽、拳脚幞头,或赤平巾帻长脚幞头、锦帽,仿佛宋制。金百官,从一品:三公、三师、尚书令、丞相、平章、元帅、枢密从者六十人,藤棒、骨朵、牙杖、交椅、水罐、锄锣、盂子、吐壶以次执之。其从盛矣,略如汉唐之制。明之六卿、内阁、公侯,只有开棍,并无仪导,今亦同之。

金之理财,最为无法,杂用辽、宋、刘豫旧钱。钱法既坏,济以铁钱,铁不可用,权以交钞,钞至不行,权以银货。官利于大钞,民利于小钞。于是易交钞为宝券，未几又作通宝，又改作宝泉，又织绫印钞，名曰珍货。珍货未久，复用宝会，讫无定制，而金以亡。国用之屈，未有若金者。盖金用兵，妻子咸予廪给赏，又无纪，焉得不匮。国家生财，田赋之外，无如钱法、盐法。金虽据有燕汴，然南方产铜之乡，西方兵甲之利，皆在宋、夏，而金欲以金源上京鱼盐梨枣之利，而袭中华声名文物之容，宜乎国易贫、财易绌、兵易弱矣。

金之失计，在于尽迁女真人户以实燕京而南徙河南，括民田以予军而民困，虚金源、黄龙诸户而兵弱，军民交困，焉得不亡！

世宗拳拳于上京，禁女真人户不许效汉装、汉语，深有见。金之交聘表，不亦赘乎！

女真初无文字，不知祖宗故事，太祖妹亦不知其名与所配。穆宗子乌带始好书，破辽，获契丹、汉人，始通二国字，乌带诸子皆学之。宗雄两月尽通契丹大小字，完颜希尹依契丹字制女真字。粘罕好访问女真老人，多得契丹及祖宗遗事。太宗复进士举，稍拔文学之士，诏求祖宗遗事，备国史。乌带摭始祖以下十帝，综为三卷，事始得传。

完颜十二部，皆以部为氏，亦有部人以部为氏，非宗姓也，遂不可辨。

金诸帅，粘罕、斡离不、兀术最强。粘罕欲先下西边，缓于江南，金主不能用，频年战江淮、巴蜀，终不能有，遂令西夏苟延，后遂许为敌国，始知粘罕之谋远矣。盖金虽克汴，而延西强兵皆为夏守。若金先以全力攻夏，夏不支而灭，灭夏而图宋，虽岳、韩、吴、刘之兵，且不能与金抗，不待元而南北为一矣。故知斡离不、兀术之谋皆不如粘罕也。

粟山按：金既破汴，虏徽、钦，江南之人且破胆，然犹不克底定。若移之攻夏，延西之兵强于宋南渡之兵百倍，且地势犬牙，骠骑精兵不下于金，乌能保其必灭？倘宋宗泽、韩、岳之师，卷甲长驱，乘间而入，金方腹背受敌，自顾不暇矣。粘罕之谋未必全是。

兀术取和尚原，榖英先夺新叉口，留兵守之。夜太雪，道路皆冰，吴璘重兵扼之，兀术用榖英计，自旁山丛薄间，出不意，遂取和尚原。榖英请速入大散关，本部为殿，以备伏兵。至仙人关，榖英攻之，兀术止之，不听，以刀背击其兜牟，使之退，榖英曰："敌气已沮，不乘此取之，后必悔。"已而果然。兀术叹曰："既往不咎。"乃班师。若用榖英策，急攻蜀，吴璘屡败不能振，必无蜀矣。兀术此时功成而怠，强弩之末矣。朱仙之败，席卷北走，盖又老而颓矣。《金史》粉饰之过，如所云"既往不咎"，圣人之言，兀术胡人，岂解雅言，理所必无，徒资一笑。

阿离合懑强记，一见终身不忘。始未有文字，祖宗族属并其默记，人非旧识，闻其祖父名，即能道其部族世次所出。积年旧事，人或遗忘，一一辨折言之。天辅三年，寝疾，宗翰日往问之，尽得祖宗旧俗法度。上幸其家，问以国事，对曰："马者甲兵之用，今四方未平，国俗多以良马殉葬，可禁止之。"乃献平生所乘战马。

完颜希尹本名谷神。金人始用契丹字，太祖命希尹撰本国字。希尹乃因汉人楷字，仿契丹字制度，合本国语，制女真字。其后熙宗亦制女真字。希尹所撰谓之女真大字，熙宗撰谓之小字。

刘豫、张邦昌次《兀术传》后，不伦太甚。邦昌传寥寥数行，云《宋史》自有传，此复列之尤赘。

挞懒纵秦桧南归，力主和议，称臣割地，杀大将以自弱，则挞懒固金之功臣也。兀术、斡离不本皆主战，故以挞懒归河南地为非。

夫割地资宋,挞懒之算固疏,然曰通宋为谋叛,则非也。夫桧之杀岳飞以为功,深畏金也。苟挞懒果奔宋,兀术等重兵压境,桧必执挞懒以悦金,挞懒岂能叛金哉!《金史》之言不足信也。

　　粟山按:秦桧主和议,不过迎合高宗之心,其杀岳忠武,以其梗和议也。即此以观,可知通金之非,实君子恶居下流,天下之恶,皆归其桧之谓矣。

　　郦琼谓金人南伐,元帅、国王亲临罪阵,矢石交集,免胄指挥,意气自若,将士孰敢爱死;江南诸帅,每身居数百里外,一介持文调发,制敌决胜委之偏裨,小捷露布飞驰,增加俘级以为己功,微功邀厚赏,大罪不诛,何能振起邪?众俱为确论。古今同弊。

　　孔彦舟荒于色,有禽兽行。妾生女姿丽,彦舟苦虐其母,使自陈非己女,遂纳为妾。

　　金人营汴,张中彦作河上浮梁,匠者未得法,中彦手制小舟数寸,不假胶漆,首尾自相钩带,谓之"鼓子卯",诸匠骇服。

　　张中孚、中彦传末谓二张虽小惠足称,然以宋大臣子,父战殁于金,若金若齐,皆不共戴之仇。金以地与齐则臣齐,以地归宋则臣宋,金取其地则又臣金;若趋市然,利所在,岂复知所谓纲常也哉。吁!此等议论有关名教。

　　夹谷吾里补多智略,膂力过人,虽老,勇健不少衰。致仕,一百五岁卒。世宗至上京,有老人百三十余岁,能言太祖、太宗时事,海陵时常召。曾从太祖破宁江州有功者,得百七十六人,赐酒帛。有忽里罕解衣进太子光英曰:"臣今百岁,有十子。愿太子寿考、多男子与臣等。"海陵使光英受衣,即以所服并佩刀赐忽里罕。辽水人多寿,有云出谷,产人参,人饮其水,故多寿。

　　世宗御馔不适口,召移剌温尝之,奏曰:"味非不美,盖南北边事未息，圣虑有所在尔。"上意遂释。可谓淡言微中，妙于解纷。

　　粟山按：然亦近于诣矣。

　　萧仲恭为辽公主子，能披甲超橐驼。辽之宗戚子别为一班，号"孩儿班"，仲恭尝为本班详稳。营建汴京，河东、陕西材木浮河下砥柱，筏工多沉。郑建请于砥柱解筏，顺流散下，令善浮者下流接之。此等心思，以干国事，有何难者！

　　世宗时，近侍请罢科举，世宗问张浩曰，"自古帝王有不用文学者乎？"对曰："有。"曰："谁欤？"曰："秦始皇。"世宗顾曰："岂可使我为始皇乎。"遂寝。

　　张元素素刚毅，人畏惮之，往往以片纸署字其上，治症辄愈，人皆异之。

　　奔睹名昂，海陵时纵饮，辄数日不醒。海陵常面戒之，得间辄饮如故。大定初，妻子为置酒，未数行，辄卧不饮。其妻大氏，海陵从母姊，怪而问之。昂曰："吾本非嗜酒，向时不以自晦，汝弟杀我久矣。今遇明时，当自爱。"奔睹虏人，乃得陈平之智。

　　乌延查剌手持两铁简，重数十斤，左右挥击，无不僵仆，号"铁简万户"。窝斡募人刺之，令伪为护卫，得阿不沙身长有力，奋大刀自后斫之，查剌回顾，以简背击阿不沙，折其右臂。查剌平居和易，临战奋勇，虽重围万众，出入若无人之境。

　　挞不野名大臬，盖姓大名臬也。字书无臬字，止有臭字，音胡考反，同杲，义未详，岂即此字之讹？

　　乌延蒲黑等传赞曰："陷泉之捷，震电烨烨。苻离之克，我势攸赫。陇、坻揲撚，淮、涡钩钑成矣。故列叙诸将之功。"故为聱牙，以文其拙，岂直笔之体乎！

　　《石琚传》末摭其遗事，曰：金内燕，惟亲王、公主、附马得与。

世宗一日召琚入，诸王窃语，世宗曰："使我父子家人安然无事，有今日之乐者，此人力也。"历举数十事，以晓之，皆伏议罪。大定末，世宗将立元妃为后，以问琚，琚屏左右曰："元妃之立，本无异词，如东宫何？"世宗愕然曰："何谓也？"琚曰："元妃自有子，元妃立，东宫摇矣。"世宗悟而止。人主家事，人臣所难言，许敬宗一言几亡唐祚，琚之格心，真忠臣也。史官书法，深得《史》《汉》遗笔。

徒单克宁遗表曰："人君往往重君子而反疏之，轻小人而终昵之。顾慎终如始，安不忘危。"真千古明言！

史抃搭拳勇善斗，枪长二丈，号"长枪副都统"。手箭长不盈握，百数散置铠中，以鞭击之，或以指钳飞掷，数矢齐发，发无不中，敌以为神。其箭以智创，虽子弟不传其法。按：此即今袖箭也。

完颜承晖守中都，外援尽溃，承晖别家庙，作遗表付尚书省令史师安石，论平章政事高琪，包藏祸心，终害国家。复引咎不能终保都城为谢。妻子已死沧州，为书以从兄子永怀为后。从容若平日，尽出财物，召家人随年劳多寡分之，皆与从良书。举家号泣，神色泰然，与安石引满。既被酒，取笔与安石诀，最后倒写二字，投笔叹曰："遽尔谬误，非神志乱耶？"谓安石曰："子行矣。"出门闻哭声，复还，已仰药死矣。承晖生富贵，居家类寒素，常置司马光、苏轼像于书室，曰："吾师司马而友苏公。"完颜乃有此人。

益都杨安国，倡乱山东，名杨安儿，金人屡讨，杀戮数十万，贼益聚，号"红袄贼"，时青、李全皆其余孽。

完颜仲完本姓郭，有功赐姓，兵最强，号"花帽军"，人呼谓"郭大相公"。

完颜霆拒宋兵于胊山，栅隔湖港，霆作港中暗桥，令偏将率死士由暗桥登山，霆以兵趋山下，约以昏时举火为期，上下夹击，宋兵大败,坠涧溺水死者不可计。暗桥之制未详。

初胡沙虎弑卫王,立宣宗,朝臣皆谓卫王失道,自绝于天,虎推戴有功,无罪。尚书省请修卫王事迹,史官谓贾益谦常事卫王,宜知其事,遣编修一人就郑访之,益谦谓之曰:"昔海陵被弑而世宗立,禁近能暴海陵恶者,辄得美任,故当时多所附会。卫王勤俭,慎惜名器,较其行事,中材不及者多矣。吾知此而已,设欲饰吾言以实其罪,吾亦何惜余年。"朝论伟之。《金史》谓益谦尽事君之义,海陵之事,君子不无遗憾;正隆之恶,暴其大者足矣;中篝之丑史不绝书,嘻! 其甚矣。诚如益谦所言也。

宣宗弃中都迁汴,已无可为,一时谋臣谏士尚有高汝砺、张行信①、完颜素兰、陈规、许古之徒共攻。术虎高琪之诛,金已坏不可支。若尽用胥鼎、侯挚、完颜弼、必兰阿鲁带等,犹可稍支河北,收拾关陕,延数十年之祚。或亡或弃,不亦悲哉!

事②冀在经筵,论:"人臣有事君之礼、事君之义。不敢齿君之路马,蹴刍有罚,入门则趋,见几杖则起,召不俟驾,命不宿家,此谓礼也。至关国家之利害,则礼者特虚器耳。献可替否,至于引裾、折槛、断鞅、斩轮有不恤焉。当是时也,姑徇事君之虚礼,不知事君之大义,国家何赖焉。"上变色曰:"非卿,不闻此言。"云翼快论,令公孙宏、胡广、孔光、张禹之徒无所藏其奸。

《崔立传》末田论曰:"金俘人之主,帝人之臣,适启崔立之狂谋,以成青城之烈祸。曾子曰:'戒之,戒之,出乎尔者,反乎尔者也。'可不信哉。"亦是千古快论。

---

① "张行信"原作"张行素",据《金史》卷一百七《张行信传》改。
② "事"上底本作墨丁。

　　崔立之变,聂天骥被创甚矣,病卧十余日,其女舜英谒医救疗,天骥叹曰:"我幸得死,儿女尚欲我活耶?"竟郁郁以死。舜英葬其父,明日亦自缢。赤盏尉忻致仕,居汴,闻变,召家人付以后事,望睢阳恸哭,以弓弦自缢死。彼中尚有忠义如此,深可叹尚!

　　蒲察官奴诈降,以立斫营之功,力争蔡不可守,至于愤愤。此乃武夫不学无术,坐以谋献主于宋,被诛,冤矣。《金史》胡卢提,不能正其是非。

　　蔡州被围,女真人无死事者,长公主言于哀宗曰:"近来立功效命多诸色人,无事时则自家人争强,有事则他人尽力,焉得不怨。"哀宗默然。读此古今同叹!

　　元兵围凤翔,郭虾蟆坚守。军士死伤既众,积薪州廨,呼集家人及将校妻子,闭诸一室,将焚之。虾蟆妾欲有所诉,立斩之。火炽,率诸将士持满火前以待。城破,兵入,鏖战既久,士卒有弓尽矢绝,挺身入火中。虾蟆独上大草积,门扉自蔽,发二三百矢无不中者,矢尽,投弓剑于火自焚,城中无一降者。自来死事,莫此猛烈!

　　《世戚传》谓天子娶后,王姬下嫁;秦、汉以来,无世甥舅之家。《关雎》道缺,外戚骄盈。古者异姓公侯与天子为昏姻,他姓不得参焉。女为王后,己尚王姬,自贵其贵,富厚不加焉。使汉、唐行此,无吕、王、武氏之难矣。金之徒单、挐懒、唐括、蒲察、纥石烈、仆散皆贵族也,娶后、嫁主必于是,此昏礼最得宜者,盛于汉唐矣。其论亦确。

　　燕京《石鼓》,马定国以字画考之,是宇文周时所造,作辩万余言,出入传记,引据甚明。

　　阿邻妻沙里质,遇黄龙叛卒攻钞傍郡。阿邻从军,沙里质纠集居民男女五百人,树营栅为守。贼千余来攻,沙里质以毡为甲,以裳为旗，夫男授甲，妇女鼓噪，沙里质仗剑督战，三日贼去。以闻，封金源郡夫人。夹谷胡山妻阿鲁真寡居，有众千余。其父承克为上京元帅，为行省太平所执应蒲鲜万奴。阿鲁真治废垒，修城郭，以自守。万奴招之，不从，乃射承克书入城，阿鲁真碎之，曰："此诈也。"万奴急攻之，阿鲁真衣男子服，与其蒲带督众力战，杀数百人，生擒十余人，乃解去。复遣将击万奴兵，获其将一人。诏封郡公夫人。以妇女立功，有高凉锦伞风烈。

附《金国语》。头曰"兀术"，心曰"粘罕"，珠曰"银术可"，金曰"按春"，布囊曰"蒲卢浑"，盘曰"阿里虎"，山曰"阿邻"，海曰"忒邻"，舟曰"沙忽带"，坡陀曰"阿懒"，生铁曰"斡论"，釜曰"阔母①"，刃曰"斜烈"，搥曰"婆卢"，松子曰"阿虎里"，羔曰"活离罕"，犬子曰"合喜"，犬有文曰"讹古"，貂鼠曰"纠哥"，安乐曰"赛里"，来曰"迪古乃"，迅速曰"撒八"，无赖曰"谋良虎"，貌不扬曰"阿里孙"，瘠人曰"什古乃"，黧黑曰"撒合辇"，人奴曰"阿合"，老人曰"撒答"，第九曰"乌"，十六曰"女鲁欢"，臂鹰鹘者曰"阿离合懑"，王姓曰"完颜"，商曰"乌古论"，高曰"纥石烈"，杜曰"徒单"，郎曰"女奚烈"，朱曰"兀颜"，李曰"蒲察"，张曰"颜盏"，温曰"温迪罕"，萧曰"石抹"，曹曰"奥屯"，鲁曰"孛术鲁"，刘曰"移剌"，石曰"斡勒"，康曰"纳剌"，仝曰"夹谷"，麻曰"裴满"，鱼曰"尼忙古"，赵曰"斡准"，雷曰"阿典"，何曰"阿里侃"，空曰"温敦"，惠曰"吾鲁"，孟曰"抹颜"，强曰"都烈"，骆曰"散答"，田曰"阿不哈"，蔡曰"乌林答"，林曰"仆散"，董曰"术虎"，汪曰"古里甲"。

---

① "阔母"原作"阔母"，据《金史》卷一百三十五《金国语解》改。

《元史》

洪武二年,宋濂、王祎纂修。《元史》纪三十六卷,志①五十三卷,表六卷,传六十三卷。因顺帝无实录,事有缺略。三年,复命增修纪十卷,志五卷,表二卷,传三十,又六卷前书未备,颇为完足。

宋濂《条例》称,两汉本纪,兼有《书》《春秋》之义,事实言辞并载;唐本纪严谨,全法《春秋》;《元史》本纪准两汉。历代史志,其法不同。唐志悉以事实组织考核为难;惟宋史条分件列,览者易见;元史因之。汉、唐史表所载为详;三国史、五代史无之;辽、金史据所可考作表,不计详略;元史准辽、金史。

历代史各有论赞,《元史》据事直书,不作论赞。

《元太祖本纪》二十一年丙戌十一月丁丑,五星聚于西南。不言何度,当时史官未置,分野不明也。计《宋史》当载之。金、水二星常附日而行,十一月见于西南,日没之时,当在斗分。

《金史》称承麟为乱兵所杀;《太宗本纪》称获承麟,杀之。岂别有据耶?

元初文物不备,大祖削平四十国,见角端始还兵。时无载笔之臣以纪其事,可惜也。

太宗九年,左翼诸部讹言括民女。帝怒,以括女赐其麾下。大非人君之度。

太宗崩,遗命以皇孙失烈门为嗣,六皇后乃马氏称制。四年而

---

① "志"原作"忠"。

后立君。定宗虽立，年已四十，朝政犹出于六皇后。定宗崩，又三岁无君，皇后海迷失称制，诸王、拔都推戴，始立宪宗。元之初造，两朝继体，母后恋权，久悬大位，作法于凉，焉得不乱。

《宪宗纪》谓遵祖宗之法，不蹈袭他国所为。元起荒漠，原无良法可遵，既有天下，当法前代帝王。乃嗜猎尚巫，仍然夷习耳。

世祖开国，宋犹未平，李璮复反，乃签捕鹰坊、人匠等军，徒弘州锦工绣女于京师。岂造邦开运之道乎！复营渎山大玉海，敕置广寒殿。造五山珍御榻成，置琼华岛广寒殿。侈靡若此，宜顺帝之以侈丽淫戏亡国也！世祖末年，益好淫巧，令尚衣局织无缝衣。

世祖时，宣政院言："宋全太后、瀛国公母子为僧、尼，有地三百六十顷，乞如例免其租。"从之。夫亡国降王，备列杞宋，地租不免，必为僧尼，始免之，已为非体。又宋亡，令追毁宋故官所受告身，何其不广！杨连真珈①发宋陵冢百有一所，戕人命无数，得钞一十万，田二万②三千亩，金宝无算。以金银宝器修天衣寺。既已未刑，修寺徼福何为？元之修毒，甚矣！

中统三年，郭守敬请开玉泉水以通③。今漕艘得直抵通仓，剥运入京，皆守敬力也。至元十七④年，定差税课程，增益者即上报，隐漏者罪之，不须履亩增税，以摇百姓。元初当国得人，其令如此。今丈量之役，费民间亿万金钱，增赋无几，徒饱奸蠹。

火器自古未闻。宋初有飞石炮车，以机发石。元有回回炮，又

---

① "杨连真珈"原作"杨连其珈"，据《元史》卷十七《世祖十四》改。
② "二万"原作二字墨丁，据《元史》卷十七《世祖十四》补。
③ "通"上底本作二字墨丁。
④ "七"字原作墨丁，据《元史》卷十一《世祖八》补。

令蒙古、汉人能造炮者,皆送京师。盖火攻之器,精于宋而备于元。今兵家恃此为长技,五兵废而不讲,火器虽利,无精兵以翼之,往往藉寇,不可专恃也。

至正二十八①年,司农上学校二万一千三②百余,宣政院上天下寺宇四万二千三百十八区,僧、尼二十一万三千百四十八人,僧尼之区十倍学校如此。

元人好货。杨连真伽以发冢用,朱清、张瑄以海盗贵,毒流不已。桑哥既败,省台请诛杨连真伽,亦有请诛清、瑄,世祖终不许,可知其故矣。

世祖智计度量,殊绝于人,削平敌国,兵不留行,其失在于黩武穷兵。奄有诸夏,乃复力通西域,穷极天南,再败于安南,丧师于日本,意犹不已。廷臣力争,始罢兵革。阿合马、要束木、卢世荣、桑哥皆以言利进毒流,天下民怨已极,然后诛夷。迹其为道,足以亡国,终有天下,何也?在于知人善任。宋之降将吕文焕、夏贵、范文虎、蒲寿庚等,咸尊显富贵之。宋之文臣留梦炎、许衡、叶李,莫不优礼任使之。是以群材趋附,乐于赴功。

成宗时,诏云南行省:"自愿征八百媳妇者二千人,人给贝子六十索。"滇人未尝识钱,每贝子十准此中铜钱一,六十索准小钱六千。世宗时,凡再丧师于安南、日本;成宗踵之,复丧师于云南八百媳妇。何丧败相仍而不悔也。

武宗立鹰坊为仁虞院,秩正一品,丞相领之。此何可训?

蒙古诸帝,仁宗为优。成宗末命,宗社动摇,削平内难,迎武宗

---

① "八"字原作墨丁,据《元史》卷十六《世祖十三》补。

② "三"字原作墨丁,据《元史》卷十六《世祖十三》补。

于上都，有功不居，大位终归。尽去不急之务，为皇太子时，业已多
所匡正。元时重西僧，每修佛事，帝师多请释重囚，朝廷曲赦以从
之。仁宗时，云南行省右丞算只儿威有罪，国师①监吉干节儿奏请
释之，帝斥之曰："僧人宜颂佛书，官事岂可与邪！"最识治体。英宗
识治体，无过举。然如封鹰师不花为赵国公、追封乳母夫阿来为定
襄王，此等仍然胡习，非帝王治世法。

　魏、齐、周书，北史，皆纪夷习，金、辽史亦然，未尝以国语入文
字。泰定帝即位上都，诏全是蒙古语，鄙野可笑。宋、王两公文章
宗匠，何乃酷无体裁！

　英宗之弑虽出群凶，然泰定不可谓无其意也。观其内侍倒刺
沙常侦朝廷机事，遣子哈散事丞相拜住，且入宿卫，意欲何为？闻
铁失逆谋，囚其使上变告。未至而英宗遇弑，诸王奉玺北迎，遽即
位于龙居河。何急于居尊、缓于讨贼也！然则囚使上变，恐事不
成，姑为此自却耳。即位数日，始诛也先铁木儿、完者、锁南、秃满
于行在，更诛铁失、失秃儿、赤斤铁木儿、脱火赤、章台于大都，非其
本怀也。安西王阿难得于成宗末命，几危宗社；其子月鲁帖木儿复
与南坡弑逆之谋，可谓世济其恶。

　泰定三年八月，盐官州大风，海溢，坏堤防三十余里，遣使祭海
神，不止，徙居民千二百五十家。四年四月，复溢侵地十九里，命都
水监及行省发二万余人，以竹落木栅实石塞之，不止。五月，命天
师张嗣成修醮禳②之。致和③元年三月，遣户部尚书李家奴往盐官
祀海神，诏帝师修佛事于盐官州，造浮屠二百一十六，以压海溢。

---

①　"国师"下底本作二字墨丁。
②　"禳"字原作空缺，据《元史》卷三十《泰定帝二》补。
③　"致和"原作"政和"，据《元史》卷五十《五行一》改。

又元贞中,潮啮盐官、海盐两州,为患特甚。天师张与材以术治之,一夕大雷电以震,明日见有物鱼首龟形者磔于水裔,潮患遂息。嗣成,与材子也。当时两邑之患如此。明季有人行苦竹山下,沙中多井灶遗址,往往得古镜、盘盂等物,岂尔时所徙耶?

粟山按:大海之中,怪怪奇奇,何所不有!磔死之物,亦会逢其适。若谓天师术治所致,夫岂其然!

文宗于泰定之末诸臣推戴,遽即尊位。虽非其正,犹云有名。伪让明宗,复阴弑之。身为乱贼,何以贻后?三子俱卒,卒以无后,岂非天道!《元史》多为君讳恶,《文宗纪》末止载至正诏书数其弑君之罪,以为断案,不复更置一词。《顺宗纪》中又载此诏,一史而重见,失于剪裁。

文宗弑君,罪不容诛。然文宗后舍燕帖古思,终立顺帝,不为无功。宁宗之立,乃燕帖木儿利于立少,非后本怀弑逆之谋,非关于后。若有心掩阏其恶,明宗二子岂能幸存,不可谓无恩也。撤文宗主,放二子于朝鲜,削太皇后尊称,别置一宫,终其天年,报存孤之德,可也。杀之中途,过矣!此皆强臣伯颜辈之谋,不尽出于帝。元数已终,英宗之英明也,被弑;明宗之仁厚也,被弑;顺帝之昏庸也,终立,以亡其国。岂非天耶?

伯颜跋扈无君,擅杀皇后,不道极矣。又请杀张、王、赵、刘、李五姓汉人,尤为凶恶,幸帝不从。

元疆域甚大,东极高丽,西至滇池,南踰朱崖,北极铁勒。测验之远,古所未有,与尧时略同,而北方尤远。南海,北极出地十五度,夏至影在表南,昼五十四刻,夜四十六刻。衡岳,北极出地二十五度,夏至日在表端,无影,昼五十六刻,夜四十四刻。此为南方极中之地。岳台,北极出地三十五度,夏至昼六十刻,夜四十刻。此为天地之中也。和林，北极出地四十五度，夏至昼六十四刻，夜三十六刻。铁勒，北极出地五十五度，夏至昼七十刻，夜三十刻。北海，北极出地六十五度，夏至昼长八十二刻，夜十八刻。大都，北极出地四十度，昼六十二刻，夜三十八刻。余观先哲之论，谓夏至长止六十刻。正统时，昼长至八十一刻，帝遂北狩，乃天道变也。今康熙八年，夏至昼长几六十二刻，言历者骇之，不知元时大都夏至昼长原至六十二刻，不足为怪。且北海日长至八十二刻，不尤可骇乎？人患不多读书耳，多所见，少所怪，于此益信！

元初用金《大明历》，庚辰岁，太祖西征，五月望，月蚀不效；二月、五月朔，微月见西南。中书令耶律楚材以《大明历》后天，乃损节气之分，减周天之抄，去交中之率，治月转之余，以正《大明历》之失。推上元庚子岁天正十一月壬戌，甲子正冬至，日月合璧，五星连珠，同会虚六度，以应太祖受命之符。又以西域、中原地里殊远，创为里差以增损之，虽东西万里，不复差忒。名曰《西征庚午元历》，表上，不果颁用。至元四年，西域札马鲁丁进《万年历》，世祖稍颁行之。十三年，诏许衡、王询、郭守敬改治新历，参考历代异同，酌中以为历本。十七年，历成，名《授时历》。复令太子谕德李谦为《历议》，发明考证前代附合之失，自古及今，推验之精，无出于此。

验气旧法，植表以度中晷。然表短促，尺寸未易分别。景虚而淡，难得实景。今以铜为表，高三十六尺，端挟二龙，举一横梁，下至圭面，共四十尺。圭表刻为尺寸，旧寸一，今伸为五，厘毫差易分。别创为景符，以取实景。其制以铜叶，博二寸，长加博之二，中穿一窍，若针孔，以方间为跌，一端设为机轴，令可开合，揩其一端，使其斜倚，北高南下，窍达日光，如米许，隐然见横梁于其中。旧法

以表端测晷，所得日体上边之景，今以横梁取之，实得中景，不容有
豪发之差。刘宋祖冲之取至前后二十三四日晷景，析取其中，定为
冬至，且以日差比，定时刻。宋皇祐间，周琮则取立春、立冬二日之
景，以为去至既远，日差颇多，易为推考。《纪元》以后诸历，为法加
详，大抵不出冲之之法。岁差，《尧典》冬至日在女、虚之交。汉元
和二年，在斗二十一度；晋太元九年，在斗十七度；宋元嘉十年，在
斗十四度未；梁大同十年，在斗十二度；隋开皇十八年，在斗十二
度；唐开元十二年，在斗九度半；今退在箕十度。取其距今之年、距
今之度较之，多者七十余年，少者不下五十年，辄差一度。宋庆元
间，改历，取《大衍》岁差率八十二年及开元所距之差五十五年，析
取其中，得六十七年，为日却行一度之差。质诸天道，差为近密。
以之考古，则增岁余而损岁差；以之推来，则增岁差而损岁余；上推
春秋以来冬至，往往皆合；下求方来，永久无弊。自春秋献公以来，
二千一百六十年，用《大衍》《宣明》《纪元》《统天》《大明》《授时》六
历推算冬至，凡四十九事。《大衍》合者三十二，不合者十七；《宣
明》合者二十六，不合者二十三；《纪元》合者三十五，不合者十四；
《统天》合者三十八，不合者十一；《大明》合者三十四，不合者十五；
《授时》合者三十九，不合者十。今按献公十五年戊寅岁正月甲寅
朔旦冬至，《授时历》得甲寅，《统天历》得乙卯，后天一日；僖公五年
正月辛亥朔冬至，《授时》《统天》皆得辛亥，与天合；昭公二十年己
卯岁正月己丑朔冬至，《授时》《统天》皆得戊子，并先一日，若曲变
其法以从之，则献公、僖公皆不合矣。以此知《春秋》所书昭公冬
至，乃日度失行之验。一也。《大衍》考古冬至，谓宋元嘉十三年丙
子岁十一月甲戌日南至，《大衍》与《皇极》《麟德》三历皆得癸酉，各
先一日，乃日度失行，非三历之差。今以《授时历》考之，亦得癸酉。

二也。大明五年辛丑岁十一月乙酉冬至，诸历皆以为甲申，亦日度之差。三也。陈太建四年壬辰岁十一月丁卯景长，《大衍》《授时》皆得丙寅，是先一日；太建九年丁酉岁十一月壬辰景长，《大衍》《授时》皆得癸巳，是后一日；一失之先，一失之后，若合于壬辰，则差于丁酉，合于丁酉，则差于壬辰，亦日度失行之验。五也。开皇十一年辛亥岁十一月丙午景长，《大衍》《统天》《授时》皆得丙午，与天合；至开皇十四年甲寅十一月丁酉冬至，《大衍》《统天》《授时》皆得戊戌，若合于辛亥，则失于甲寅，合于甲寅，则失于辛亥，其开皇十四年甲寅岁冬至，亦日度失行。六也。唐贞观十八年甲辰岁十一月乙酉景长，诸历得甲申，贞观二十三年己酉岁十一月辛亥景长，诸历皆得庚戌，《大衍历议》以永淳、开元冬至推之，知前二冬至乃史官依时历以书，必非侯景所得，所以不合，今以《授时历》考之亦然。八也。自前宋以来，测验景气者凡十七事，其景德丁未岁戊辰日南至，《统天》《授时》皆得丁卯，是先一日；嘉泰癸亥岁甲戌日南至，《统天》《授时》皆得乙亥，是后一日；一失之先，一失之后，若曲变其说以从景德，则其余十六事皆后天，从嘉泰，则其余十六事皆先天，亦日度失行之验。十也。前十事皆《授时历》所不合，以此理推之，非不合矣。今于冬至略其日度失行及史官依时历书者凡十事，则《授时历》三十九事皆中，《统天历》与今历不合者仅有献公一事，《大衍历》推献公冬至后天二日，《大明》后天三日，《授时历》与天合。下推至元庚辰冬至，《大衍》后天八十一刻，《大明》后天一十九刻，《统天历》先天一刻，《授时历》与天合。以此较之，《授时》为密矣。列宿度数历代不同，非微有动移，则前人所测或有未密。汉落下闳测角十二度，一行、皇祐、元丰、崇宁所测皆同，至元所测十二度十一分。亢九度，崇宁九度少，至元九度二十分。氐十五度，皇祐十六度,至元十六度三十分。房五度,元丰六,崇宁五度太,至元五度六十分。心五度,皇祐六,崇宁六度少,至元六度五十分。尾十八,皇祐十九,崇宁十九少,至元十九度一十分。箕十一,皇祐十,元丰十一,崇宁十度半,至元十度四十分。东方共七十五度,皇祐七十七,元丰七十九,崇宁七十八,至元七十九度二十分。斗二十六度及分,《大衍》二十六,皇祐二十五,至元二十五度二十分。牛八度,皇祐七,崇宁七少,至元七度二十分。女十二,皇祐十一,崇宁十一少,至元十一度三十五分。虚十,一行十度少强,元丰九少强,至元八度九十五分。危十七,皇祐十六,崇宁十五半,至元十五度四十分。室十六,皇祐十七,至元十七度一十分。璧九,崇宁八太,至元八度六十分。北方九十八度乃分,一行九十八度二十五分,皇祐九十五度二十五分,元丰九十四度二十五分,崇宁九十四度七十五分,至元九十三度八十分太。奎十六,崇宁十六半,至元十六六十分。娄十二,至元十一度八十分。胃十四,皇祐十五,至元十五度六十分。昴十一,崇宁十一少,至元十一度三十分。毕十六,一行十七,皇祐十八,元丰十七,崇宁十七少,至元十七度四十分。觜二,一行一,崇宁半,至元五分。参九,一行十,崇宁十度半,至元十一度一十分。西方八十度,一行八十一,皇祐八十三,元丰八十二,崇宁八十三,至元八十三度八十五分。井三十三,崇宁三十三少,至元三十三度三十分。鬼四,一行三,皇祐二,崇宁二半,至元二度二十分。柳十五,皇祐十四,崇宁十三太,至元十三度三十分。星七,崇宁六,至元六度三十分。张十八,元丰十七,崇宁十七少,至元十七二十五分。翼十八,元丰十九,崇宁十八太,至元十八度七十五分。轸十七,至元十七度三十分。南方一百一十二度,一行百一十一,皇祐百一十,崇宁百九度二十五分,至元百八度四十分。今按恒星随天而行，不变不动。今古所测，参差如此。郭守敬所云微有动移者是也。今西人之论亦然，非前人所测未密也。昼夜百刻，十二辰，每辰得八刻三分刻之一。以地中揆之，长不过六十刻，短不过四十刻。地中以南，夏至去日出入之所为远，其长有不及六十刻者；冬至去日出入之所为近，其短有不止四十刻者。地中以北，夏至去日出入之所为近，其长有不止六十刻者；冬至去日出入之所为远，其短有不及四十刻者。今京师冬至，昼刻三十八刻，夜刻六十二；夏至，昼刻六十二，夜刻三十八。盖地有高下，日出入有早晏，所以不同。《授时历》一以京师为正。元历每日百刻，十二辰每辰八刻三分有奇。明《大统历》每辰八刻，子、午两辰十刻。天体至圆，何得两辰偏长乎？今西历止九十六刻，便于推算耳。当以《授时历》为正。至于因地定日出早晏，今西人分省为时刻，即郭守敬遗法。日^①蚀月俱东行，日迟月疾，月追及日，是为一会。交值之道，有阳历阴历；交会之期，有中前中后；加以地形南北东西之不同，人目高下斜正之各异，此食多寡，理不得一也。合朔既正，推而上之，《诗》《书》《春秋》及三国以来所载亏食，无不合焉者。《书·允征》"季秋月朔，辰弗集于房"。按：《大衍历》仲康即位五年癸巳，岁九月庚戌朔，日食也。《小雅·十月之交》"朔日辛卯，日有食之"。梁太史令虞𪛚云：十月辛卯朔，在幽王六年乙丑岁也。右《诗》《书》所载二事，《春秋》三十七事，以《授时历》推之，惟襄公二十一年十月庚辰朔及二十四年八月癸巳朔不入食限，自有历以来，无比月而食之理。其三十五食皆在朔，《经》或不书日，不书朔，《公羊》《穀梁》以为食晦，二者非；《左氏》以为史官失之者，

---

①　"日"下底本作一字空缺。

得之。其间或差一日、二日者，由古历疏阔，置闰失当，姜岌、一行已有定说。孔子作书，但因时历以书，非大义所关，故不必致详也。自后汉章武元年，下讫本朝，计三十五事。密合者，《授时》七，《大明》二。亲者，《授时》十有七，《大明》十有六。次亲者，《授时》十，《大明》八。疏者，《授时》一，《大明》三。疏远者，《授时》无，《大明》六。定朔日行一度，昼夜之间，月先日十二度有奇，二十九日五十三刻，复追及日，与之同度，是谓经朔。古法未密，初用平朔，一大一小，故日食有在朔二，月食有在望前后者。张衡以月行，分九道；何承天以日行盈缩，定小余；故月有三大二小。隋刘孝孙欲用其法，议者以为迂怪，卒不行。唐傅仁均始采用之。李淳风《甲子元历》，定朔之法逆行。淳风又以晦月频见，故立进朔之法。虞邝曰，"苟躔次既合，何疑于频大；日月相离，何拘于间小。"一行曰："天事诚密，虽三大四小，庸何伤。"唐人弗克若天，止用平朔。本朝至元，常议始革。至如进朔之意，止欲避晦日月见，殊不思合朔在酉戌亥，距前日之卯十八九辰，若进一日，则晦不见月。苟合朔在辰申之间，法不当进，距前日之卯已踰十四五度，则月见于晦。庸得免乎？月之隐见，天道之自然，朔之进退，人为之牵强，孰若废人用天，不复虚进，为得其实哉。古今历法，《三统历》，汉太初元年丁丑邓平造，行百八十八年，后天七十八刻。《四分历》，东汉元和二年乙酉编䜣造，行百二十一年，后天七刻。《乾象历》，建安十一年丙戌刘洪造，行三十一年，后天七刻。《景初历》，魏景初元年丁巳杨伟造，行二百六年，至宋元嘉，先天五十刻。《元嘉历》，元嘉二十年癸未何承天造，行二十年，至大明癸卯，先天五十刻。《大明历》，大明七年癸卯祖冲之造，行五十八年，至魏正光，后天二十九刻。《正光历》，正光二年辛丑李业兴造，行十九年，至兴和庚申，先天十三刻。《兴和历》，兴和二年庚申李业兴造，行十年，至齐天保，先天九十九刻。《天保历》，北齐天保元年庚午宋景业造，行一十七年，至周天和丙戌，后天一日八十七刻。《天和历①》，后周天和元年丙戌甄鸾造，行十三年，至大象己亥，先天四十刻。《大象历》，大象元年己亥冯显宾造，行五十年，至隋开皇甲辰，后天十刻。《开皇历》，开皇四年甲辰张宾造，行二十四年，至大业戊辰，后天七刻。《大业历》，大业四年戊辰张胄玄造，行十一年，至唐武德己卯，后天七刻。《戊寅历》，武德二年己卯道士傅仁均造，行四十一年，至麟德乙丑，后天四十七刻。《麟德历》，麟德二年乙丑李淳风造，行六十三年，至开元戊辰，后天十二刻。《大衍历》，开元十六年戊辰一行造，行三十四年，至宝应壬寅，先天十四刻。《五纪历》，宝应元年壬寅郭献之造，行二十三年，后天二十四刻。《贞元历》，贞元二年乙丑徐承嗣造，行三十七年，先天十五刻。《宣明历》，长庆二年壬寅徐昂造，行七十一年，先天四刻。《崇玄历》，景福二年边冈造，行十四年，先天四刻。《钦天历》，五代周显德三年丙辰王朴造，行五年，至宋建隆庚申，先天二刻。《应天历》，建隆元年王处讷造，行二十年，至太平兴国辛巳，后天二刻。《乾元历》，太平兴国六年吴昭素造，行二十年，至咸平辛丑，合。《仪天历》，咸平四年史序造，行二十三年，至天圣甲子，合。《崇天历》，天圣二年宋行古造，行四十年，至治平，后天五十四刻。《明天历》，治平元年周琮造，行十年，至熙宁甲寅，合。《奉元历》，熙宁七年卫朴造，行十八年，至元祐，后天七刻。《观天历》，元祐七年皇君卿造，行三十一年，至崇宁癸未，先天六刻。《占天历》，崇宁二年吴泰、姚舜辅造，行三年，后天四刻。

---

① "历"字原作空缺。

《纪元历》,崇宁五年姚舜辅造,行二十一年,至金天会丁未,合。《大明历》,金天会五年丁未杨级造,行五十三年,至大定庚子,合。《重修大明历》,大定二十年赵知微重修,行百一年,至元至元辛巳,后天十九刻。《统元历》,后宋绍兴五年陈德一造,行三十二年,至乾道丁亥,合。《乾道历》,乾道二年刘孝荣造,行九年,至淳熙丙申,后天一刻。《淳熙历》,淳熙三年丙申刘孝荣造,行十五年,至绍熙辛亥,合。《会元历》,绍熙二年刘孝荣造,行八年,至庆元己未,后天十刻。《统天历》,庆元五年乙未杨忠嗣造,行八年,至开禧丁卯,先天六刻。《开禧历》,开禧三年鲍澣之造,行四十四年,至淳祐辛亥,后天七刻。《淳祐历》,淳祐十年庚戌朱德卿造,行一年,至壬子,合。《会天历》,宝祐元年谭玉造,行十八年,至咸淳辛未,后天一刻。《成天历》,咸淳七年辛未陈鼎造,行四年,至至元辛巳,后天一刻。《皇极历》,大业间刘焯①造,不行,至唐武德二年己卯,先天四十三刻。《乙未历》,大定二十年庚子耶律楚材造,不行,至辛巳,后天十九刻。《授时历》,至元十八年辛巳郭守敬造。

疆域之大,无过汉、隋、唐。唐南北万三千里。元又过之,南北万六千九百里。羁縻之域,又不止此。

河源,汉使张骞、唐使薛元鼎皆谓出于昆仑,皆因西域未通,未有亲历河源者。元使自星宿海至赤宾河,不可以道里计行,凡七八日,约略七八百里;又二日至九渡,已千里矣;九渡至昆仑,行二十日,又二千里矣。然则河源在昆仑之上,凡三千里。谓于昆仑,非也。大雪山即昆仑。

元泰定中,海溢盐官州。文宗时,始息,改曰海宁州。泰定元

---

① "刘焯"原作"刘焯",据《元史》卷五十三《历二》改。

年,盐官州海溢,坏堤堑,侵城郭,有司以石囤木柜捍之,不止。四年,捍海堤崩二千步。四月,复崩十九里,发丁夫二万,以木栅、砖石塞之,不止。致和①元年,海堤溢,益发军民,塞之,置石囤二十九里。石囤不知何式,疑今斗门是也。西北水利久废,郭守敬凿通州至都。改引浑水溉田,于旧闸踪迹导清水,自昌平南折至西门入都,汇为积水潭,东南至通州白河。节宣以通漕运。置闸之处,往往地中得旧时砖木,时人咸服之。

　　贾鲁治河,精思障水之方,逆流排二十七艘,连以大橛、长桩,麻索、竹絙绞缚,为方舟。又用索、絙绕船身上下,硾铁猫于上流。又用竹絙长七、八百尺者,系两岸大橛上,每絙或硾二舟或三舟,使不得下,船腹实散草、小石,以钉板合之,复以卷帚密布合于板上,或二重,或三重,大索缚之,复缚横木于头橛,以索维之,用竹编笆,夹以草石,立橛前,长丈余,名曰水帘。以木楷橛,使帘不仆,选便捷水工,每船二人,执斧凿,立船首尾,岸上鸣鼓为号,齐凿,穴舟水入,皆沉,遏决河。水怒溢,故河水暴增,重树水帘,复布小埽土牛白阑长梢,杂草木土,随宜堆垛以继之。石船下诣实地,出水基址渐高,复卷大埽压之。前船势略定,寻用前法,沉余船以竟后功。中流水深数丈,用物、施功数倍。船堤距北岸三四十步,势迫河,流峻急。大埽高二丈者,或四或五,始出水面。至河口一二十步,薄龙口,喧豗猛烈,卷埽基,裂欹倾,俄远故所,观者股弁,众议腾沸。鲁神色不动,机解捷出,龙口随合,河功乃成。先是,河上童谣:"石人一只眼,挑动黄河天下反。"及鲁治河,果于黄陵冈得石人一眼,汝、颍寇起,议者皆谓由鲁治河、劳民动众所致。史臣谓此非通论,

---

　　①　"致和"原作"政和",据《元史》卷五十《五行一》改。

使鲁不兴是役，乱岂无自而生乎？治河百世之利，岂得以劳民召乱讥之。秦筑长城，刘、项以起，然长城万世之利也，无赵高蒙蔽于中，章邯益兵而东，刘、项未必能胜也。

　　粟山案：石人本汝、颍寇党所埋，以为扇乱之验，即陈涉篝火狐鸣之意，即童谣云云，亦其所布散。总之，顺帝不纲，饥馑洊至而赋役烦重，人心思乱，虽曰人为，实亦天意，要非治河者之罪也。

元乐器有闰余匏，七星匏，九曜匏，一弦、三弦、五弦、七弦琴，皆西夏、金、宋遗制。中统间，回回献笙，形如夹屏，上锐，两面缕金雕镂云物、孔雀。两旁侧立花板，居背三之一。中为虚柜，如笙之匏。上竖紫竹九十管，管弦实以木莲苞。柜外出小橛十五，上竖小管，管端贯以铜杏叶。下有座，狮象绕之，座上柜前立花板一，雕镂如背，板间出皮风口，用则设朱漆小架于座前，系风囊于风口，囊面如琵琶，朱漆杂花，有柄，一人授小管，一人鼓风囊，簧自随调而鸣。但有声而无律，乐院判官郑秀文又考音律，增改其制，肩头两旁立刻木孔雀二，饰以孔雀羽，中设机。每奏，一人鼓风囊，一人按律，一人运机，孔雀飞鸣应律，名"兴隆笙"。筝，如瑟，两头微垂，有柱，十三弦。箜篌，制以木，阔腹，下施横木，如轸二十四，柱头及首，并如凤喙。云璈，小铜锣十三，同一木架，下有长柄，左手持柄，右手小槌击之，即今九云锣也。

元祀典皆仍国俗，文宗始衮冕大裘行郊祀礼。世祖建太庙，皇伯术赤、察合带亦以家人礼祔祭，太宗、定宗、宪宗身为天子，反皆不祀。武宗享庙者三，英宗亲享者五，文宗以后，始皆亲享。世祖作新庙，以国师僧荐佛事于太庙七昼夜。又命宗庙祝文书以国字，又改太祖主题曰"成吉思皇帝"，睿宗曰"太上皇也可那颜"，皇后皆题国讳。以夷俗施于帝王之庙,真可笑也!

《郊祀志》每称"制若曰"云云。"若曰"者,以国语鄙俚,不堪入史。故以"若曰"概之,其体本于《尚书》"曰若稽古"、"王若曰"之类也。

　　　　粟山按:"曰若"之"若",古训"顺",非此义。

宪宗即位,冕服拜天日月山,此元人冕服之始。英宗时盗入太庙,失仁宗及慈圣皇后金主。泰定时,复失武帝神主及祭器,此与盗高庙玉环者尤为异变,而祠官仅薄罚,元德焉能长?

太常博士言汉儒论七庙、九庙之数有二。韦玄成等谓周七庙,后稷始封,文、武受命,三庙不毁,与亲庙四而七也。刘歆谓武王以后稷为太祖,增立高圉、亚圉二庙于公刘、太王、王季、文王二穆之上,已为七庙。至懿王时始立文世室于三穆之上,至孝王时始立武世室于三昭之上,是为九庙。先儒多是刘歆之说。元太庙睿宗、顺宗、显宗皆非帝,而追尊显宗位顺宗之上,顺宗跻成宗之上。僖公有位,跻闵公上①之逆祀。况未尝正位,可居故君之上乎?元诸帝神御殿皆在佛寺藏玉册、玉宝、金瓶、罩盘盂之属。世祖影堂有真珠帘,又有珊瑚树、碧甸子②山。余观元人画像皆戴笠,今读冠服之制,公服皆黑纱幞头展翅,公服皆右衽,其圆笠则士民私居之服,上下皆然。

元有射草狗、烧羊毛之礼,蒙古巫觋为之。后妊身,及帝后弥留,皆出居外毡帐。产与殁毕,以帐赐近臣。元帝之殁,剖楠木为二,刳中,止足容身。貂袄、皮帽。其靴袜、系腰,俱用白粉皮为之,

---

① "上"字下底本作空缺。
② "碧甸子"原作"碧旬子",据下文及《元史》卷七十五《祭祀四》改。

可笑也。外束以黄金箍四。穿土下葬，不起坟。

元之掾史、各路儒学考选兼通经学、吏事者，为上选，每岁二人，如今诸生例，此制甚善，胜今三考。

朱书、弥封，皆始于元。

元人封典，如曾祖父母、祖父母、父母曾犯奸盗十恶除名等罪，及例所封妻不是礼娶正室，或系再醮倡优婢妾，并不许申请。又如遭父母丧，忘哀拜灵成昏者，杖八十七，离之，有官者罢之，仍没其聘财，妇人不坐。诸服内定婚，各减服内成昏罪二等，仍离之，聘财没官。诸妇人背夫弃舅姑出家为尼者，杖六十七，还其夫。皆有功名教。但子收父妾、兄收弟妇、弟收嫂罪，止杖一百七，离之，似轻耳。元人每杖，必畸七示零，不知何义？

粟山案：《客中间集》元世祖定笞杖之刑曰："天饶他一下，地饶他一下，我饶他一下，自是合笞五十，止笞四十七。"此"畸七示零"所由来也。

元地极广，取财极博，海运以省河漕，市舶以收番货，皆富强之术也。田赋甚轻，设劝农之官，颁农桑之书，所以富民者，不一而足。三代之制，无以尚之，其立法与辽、金远矣。

元有朱砂、水银、碧甸子之税。茶榷先重于蜀，江浙以渐而增，今江西、川茶税甚轻，江南、浙江独重。江南之松萝、岕片、六安，浙之龙井、天目、径山，遂甲海内。

元太祖宫闱有斡耳朵四，称后者二十三人，妃子十六人，其后世因之，称后者无定位，无纪极矣。

元时防海，设庆元、上海、澉浦三镇。吾浙盐官，素为要地，明有四区参将。今海盐改为游击，视浙东三区，似轻殆无远虑。河南行省言两淮地险人顽，宋亡之后，始来归顺，宜于沿江一带设镇以镇之。盖南北交争者百年，两淮战地衽习金革，亡命轻生，卒之明祖与张、陈之徒皆起淮上以亡元，行省之言长算远识。

木华黎，元主称为"四杰"，乃得前朝玉玺而不以献。其曾孙以宝玉货之，崔彧乃归之尚方。岂木华黎武人不学故尔邪？

世祖在潜邸，欲劝宪宗休兵回鹘以息民，霸突鲁曰："幽燕之地，龙蟠虎踞，形势雄伟，南拱江淮，北连朔漠，居中以受四方朝觐。果欲经营天下，驻跸之所，非燕不可。"世祖怃然曰："非卿言，我几失之。"世祖即位，定都于燕，常曰："朕居此临天下，霸突鲁之力也。"燕京成于金，而居于元、明及今三朝定都之地，皆斯人一言启之。谁谓迤北无俊杰乎！

> 粟山案：金左企功诗"君王莫听捐燕议，一寸山河一寸金"，亦是此意，尤在霸突鲁之前。

太祖为汪罕所袭，兵散尽，从者止十九人。至班朱尼河，粮尽，荒远无所得食，哈札儿射一野马，殪之，剥革为釜，汲河水煮而啖之。太祖仰天为誓："使我克定大业，当与诸人同甘苦，苟渝此言，有如河水。"今满人皆生啖牛羊，元在迤北乃必须火食邪？且剥革焉能作釜，不无粉饰否。

太祖拔金中都，授札八儿为黄河以北铁门以南天下都达鲁花赤。铁门在东印度，是遇角鷛止兵地也。

元灭诸国，择其贤智者用之，如西夏、鄯善、竺乾、回回杂部之才，皆得其力，故能削平海内如振槁。

《后妃传》尽载册文，其赘已甚。

高智耀西夏儒者，隐贺兰山，太宗访求之，宪宗用之，世祖行其言，始重儒者。斯文之不灭，智耀功为大。智耀子睿为浙西廉访使，盐官州民有连结党与，持郡邑短长，自目为"十老"，吏莫敢问。

睿按以法，阖境快之。今海宁尚沿此风，初名曰"大老官"，继而改其称曰"阿爹"，总其类也。

铁哥竺乾人，父斡脱赤与弟那摩俱学浮屠氏，兄弟相谓曰："世道扰攘，吾国将亡，东北有天子气，盍往从之。"偕见太宗，太宗礼之。宪宗命斡脱赤佩金虎符，归说迦叶弥儿国主，国主杀之，帝为发兵诛国主而用铁哥。铁哥因以直谏显。

襄、樊五年不下，西域人亦思马献新炮法，攻樊，破之。移攻襄阳，一炮中其谯楼，声如雷震，城中汹汹。诸将多踰城出降，吕文焕乃降。此用炮攻城之始。

也烈拔都从宪宗出猎，遇虎于隘，下马搏虎，虎张吻，手探虎口，抉其舌，拔佩刀刺杀之，可谓神勇！

察罕西域人，博学强记，清素自居。居河中白云山，因以白云自号，仁宗目之为"白云先生"而不名，此等人中夏亦少。

燕帖木儿于文宗不为无功，然肆行无忌，至娶泰定帝后为夫人，悖逆已甚。前后尚宗女为姬妾四十人，或有交礼三日遣归者，后房不能尽识。宴赵世延家，男女杂坐，名鸳鸯会。坐隅妇甚丽，问为谁，欲与俱归。左右曰："此太师家人也。"荒淫，体羸溺血而死，幸矣！其子以谋逆伏诛，遂覆其宗，岂非天道！伯颜既诛唐其势，乃复效燕帖木儿所为，幸遇从子脱脱，得流放死，全其宗。脱脱代伯父秉政，反其所为，称贤相。然急报复，近小人，以此致败，国因以亡。

夏人常八斤善造弓，见知世祖，常自矜，谓耶律儒者无用。楚材曰："造弓尚须弓匠，为天下岂可不用治天下匠耶？"世祖甚善之。世祖西征至东印度，住跸铁门关，遇一角兽，鹿形而马尾，绿色，作人言，谓侍卫者曰："汝主宜早还。"帝问楚材，曰："瑞兽也,名角羈①,能为四方语,好生恶杀,天降符瑞以告陛下。愿承天意,以全民命。"帝即日班师。

察罕攻滁州,张柔请决战。既阵,宋骁将出,挑战,柔佯却,宋将骄,柔驰及之,挝击坠地,宋将执柔辔曳入其阵,飞石中柔鼻,两军哄,柔得还,裹创复战。观此如画,柔既勇健,宋将亦劲敌也,惜失其名。

董文烟父俊为将,南征,人多归俊,愿为之奴,既全其家,归悉纵为民。邻境人有被掠卖者,亦赎还之。干戈之际,厚德如此,昌大宜矣。

耶律留哥卒,子入宿卫,太弟命其妻姚里氏领其众七年。世祖西征还,姚里氏携次子善哥,见帝于河西阿里湫城。帝曰:"健鹰飞不到之地,尔妇人乃能来邪!"赐酒,慰劳甚至。姚里氏奏:"长子薛阇扈从有年,愿以次子善哥代之,使归袭爵。"帝曰:"薛阇从征西域,救太子于合迷城,身中槊。又与回回格战,伤于流矢。积功为拔都鲁,不可遣,当令善哥袭父爵。"姚里氏拜且泣曰:"薛阇者,留哥前妻嫡子也,宜立。善哥,婢子所出,若立之,私己而灭天伦,窃以为不可。"帝叹其贤,给骑四十,从征河西,赐俘人九口、马九匹、金币。称是,许薛阇袭爵而留善哥,遣其季子永安从姚里氏东归。辽人久渐华风,即贤妇女明理若此。

刘整请降,经略使刘黑马遣其子元振往受之,语之曰:"宋刘整,名将。泸,蜀之要冲。今情伪不可知,汝毋为身虑事。成,国家之利;不成,则效死,其分也。"元振至泸,释戎服,从数骑,与整联辔而入,饮燕至醉,整心服焉。献金五千、男女五百人,元振以金分将士,而还其男女。此举深得笼络豪杰之概。还其男女,尤足服泸人之心,是以能效死不变也。

宪宗遣西王旭烈兀西征,至木乃兮,其国下百二十八城。至乞石迷部,破其西城,东城以楠檀为殿宇,焚之,香闻百里,得七十二弦琵琶、五尺珊瑚灯檠,拔三百余城。又西行三千里,至大房,下其城一百八十五。又至宾铁,侃得城一百二十四,西域平。自古用兵之远,无如元者。

王珣本耶律改姓,年三十,遇道士,谓:"君相甚奇,因一青马而贵。"珣未之信。居岁余,有客以青马来鬻,珣私喜,倍价买之。后乘以战,进退周旋,无不如意。常行凌水滨,得古刀,铭曰:"举无不克,动必有功。"佩之,有警必先鸣,故所向皆捷。

木华黎取东京,命石抹也先以千骑为前锋,也先曰:"兵贵奇胜,何用多为?"谍知金人新易东京留守将至,也先独与数骑,邀杀之,怀其诰命至东京,谓门者曰:"我新留守也。"至府中,问吏列兵于城谓何,以边备对。也先曰:"我从朝廷来,中外宴然,奈何陈兵以摇人心!"命撤之,曰:"寇至在吾,无劳尔辈。"是夜,易置其将佐部伍。三日,木华黎至,入东京。如此智勇固可,但东京守将何间牒疏忽乃尔邪!

金骁将王子昌守保定,张柔命何伯祥取之。兵逼城,子昌出走,伯祥执枪驰马,追及之,子昌射之,中手贯枪,伯祥拔矢弃枪,策马,手搏,擒子昌。诸军入宋境,察罕自他道遽归,诸军怆惶失措,伯祥曰:"此必为敌所遏,不若出不意,深入其地,使彼不测,乃可出也。"遂突战,至司空寨,布垒,为攻取势。夜为营,营火十炬,伏精锐于营侧险要。天明,令士卒速行,而鸣鼓其后。宋兵来追,伏发,惊溃去,追击,大破之,转战百里,他军不能归者,皆赖以出。退师自古为难，伯祥深通兵法，真良将也。

张荣为流矢贯眦，拔之不出，令人以足抵其面额拔之，神色自若。赵匣剌与宋兵战鹅滩，被三创，矢镞入左肩不得出。钦察惜其骁勇，取死囚，刳其肩，视骨深浅，知可出，即凿其创，拔镞出之，色不动。如此健儿，云长刮骨不足独擅。

刘整夜率骁将十二人，渡堑入信阳堡，擒其守将还。孟珙谓李存孝以十八骑拔洛阳，今整所将更寡，乃书其旗曰"赛存孝"。如此猛将，吕文德忌之，俞兴扼之，使之降元，宋之不亡何待！

郝经年九岁，母许避乱土窖中，乱兵熏之，死，经以蜜和寒菹汁决齿灌之，即苏。此等不凡之人，性成自幼。

云南未知尊孔子，祀王逸少为先师。张元道始为建孔子庙，置学舍，劝士人子弟入学。逸少何修，乃得此于蛮中乎？

刘好礼为北方叛王所执，西踰雪峨岭，以衣服赂叛王千户，东出铁壁山，南走。七月，至菊海，始与戍兵接，得归。"菊海"之名甚新。

张宏范子珪，少能挽强，虎出林中，抽矢直前，虎人立，洞其喉。从父平广海，宋礼部侍郎邓光荐将赴水死，宏范救出之，令珪受学。光荐尝遗一编书，目曰《相业》，语珪曰："熟读此，后必赖其用。"后珪果兼将相有声，光荐可谓知人。

李孟历相武宗、仁宗，仁宗每称其字，御书"秋谷"二字以赐之。英宗立，铁木迭儿谮之，降集贤侍讲学士，度其必辞，因中害之。孟拜命欣然，入院。帝愕然曰："李道复乃肯俯就集贤邪？尔辈谓彼不肯为是官，今定何如！"由是谮不得行。人臣处谮，如此亦明哲之一端也。

张养浩祷岳祠，泣不能起，雨为立降。闻民间杀子以奉母者，为之大恸，出私钱以祭之。出赈饥民，终日无怠，抚膺恸哭，得疾不起。关中之人，哀之如父母。如此等人，真不愧民之父母。

张廷瑞城虎啸山，以逼开、达，夏贵以兵数万围之。城当炮，皆穿，筑栅。栅坏，依大树张牛马皮以拒炮。贵绝其水道，庭瑞取人畜溲煮之，泻土中泄其臭，人日数合，唇皆焦裂，坚守踰月，贵兵不得进。度宋兵懈，夜劫其营，宋兵溃，杀都统栾俊等五人，斩千余级。如此恶战死守，睢阳不足异矣！

桑哥每鸡初鸣，坐省中，六曹官后至者，笞之。赵孟頫为兵部侍郎，偶后至，遽引受笞，入诉于都堂右丞叶李曰："古者，刑不上大夫，辱士大夫，是辱朝廷也。"桑哥亟慰孟頫使出，自是所笞，惟曹吏。他日，行东御墙下，道险，马跌坠于河，桑哥言于帝，移御墙稍西二丈许。桑哥奸恶，乃能优容贤者如此耶？亦未必识孟頫，徒以诗画取之尔。帝欲使孟頫与闻中书政事，固辞，有旨令出入宫门无禁。仁宗常呼其字而不名，比之唐李白、宋苏轼。史官杨载称孟頫之才颇为诗画所掩，知其书者，不知其文章，知其文章者，不知其经济。人以为知言。《元史》子昂传段段有意，抑扬褒刺，皆寓其中，惜笔力茌弱耳。

黄溍婺州人，卒于绣湖私第。按志，义乌有绣川湖，花木映川如绣，故名。溍与浦阳柳贯、临川虞集、豫章揭傒斯名"儒林四杰"。浦阳吴莱居深裹山中，字书止有"裹"，音鸟，以组带马也。宋宗室有"士裹"，皆无四点，乃书之误。

丞相问揭傒斯修史以何为本，曰："用人为本。有学问文章而不知史事者，不可与；有学问文章知史事而心术不正者，不可与。用人之道当以心术为本也。"真千古名言。二十一史如范蔚宗、魏收、沈约皆心术不正，读者不可不知。

孛尤鲁翀为郊庙礼仪使,纪行礼节文于笏,遇至尊不敢直书,必识以两圈,帝偶取笏,视之曰:"此为皇帝字邪?"大笑,还之。今制:举表文,遇前代皇帝陛下字,易以四圈,亦其遗意。翀为礼部尚书,有大官妻无子而妾有子,尽以其田入僧寺,其子讼。翀召其妻,诘之曰:"汝为人妻,不以赀产遗其子,何面目见汝夫地下乎!"卒反其田。今仕绅巨室往往蹈此,安得如翀者断之乎?

董搏霄金淮南行省枢密院事,行陆运之令,每人行十步,三十六人可行一里,三百六十人可行十里,三千六百人可行百里。以夹布囊,人负米四斗,人不息肩,米不着地,排列成行,日行五百回,计路二十八里,轻行十四里,重行十四里,日可运米二百石。每运给米一升,可供二万人。此百里一日运粮之术也。其事可补运法之未备。

导江先生张羪,字达夫。按隶书,羪,古"须"字,立而待也,儒生好奇乃尔。

襄阳之师不解,金履祥献策海道直捣燕、蓟以牵之,历叙海舶所经州郡县邑,下至巨洋别岛,难易远近,历历可据。宋不能用。后朱瑄、张清海运之道,视履祥所上书,咫尺无异,然后人服其精确。学者有用之学,固当如此。然以贾似道为相,范文虎、夏贵等为将,即长江之战望风而溃,焉能直捣燕、蓟乎?苟用其策,以将予敌偾军赍粮,其亡弥速矣。

履祥谓刘恕于《资治通鉴》外别为《外纪》,以纪前事,百家之说,是非颇缪于圣人,不可为训。帝尧以前,不经夫子删定,固野而难质。夫子用鲁史作《春秋》,王朝列国之事,非有玉帛之使,鲁史不得而书,非圣人笔削所加也。因折衷邵氏《皇极经世》、胡氏《皇王大纪》,以《尚书》为主,旁及《礼》《诗》《春秋》、旧史诸子,表年系事，断自唐尧，接于《通鉴》，二十卷，曰《通鉴前编》。凡所引书，辄加释训，以正其义，多先儒所未发。

江阴陆文圭子方语人曰："以数考之，吾州二十年后有兵变，惨于五代、建炎，吾死，当葬不食之地，勿封勿树，使人不知吾墓，庶无暴骨之患。"其后江阴之乱，冢墓尽发，人服其先知。子方宋亡[1]隐城东，学者称墙东先生。

《儒学传》：伯颜，哈剌鲁人，博学能文，以忠义死贼手。赡思，大食国人，博极列国群书，尤精史治。元人取材至此，何愧立贤无方！

观音奴知彰德府郡，有崔府君祠。豪民杨甲，因王乙年饥就食淮南，病死，妻还，甲已据其田，伪作文凭，曰："乙生已售我。"妻诉于观音奴，令王妻同杨质于府君祠，甲惧神灵，先期以羊酒浇巫嘱勿泄其事。王与杨诣祠质之，果无所显。观音奴疑之，诘巫，吐实："杨果以羊酒浇我嘱神曰：'我实据王田，幸神勿泄也。'"既得实，坐甲罪，归其田于王妻，责神而撤其祠。如此刚断，真可质鬼神矣。

卢琦为永春尹，安溪寇数万寇永春，琦召邑民喻之曰："汝等能战，则与之战；不能，则我独死之。"众皆感愤，曰："使君何言也！使君父母，其忍以父母畀贼耶？今日之事，有进无退，使君勿以为忧。"踊跃争奋，攻贼，大破之。明日，贼倾巢至，又破之。大小三十余战，斩获数千，邑民无死伤者，贼为遁去。兵革四起，独永春晏然。读此，孟氏所云"亲上死长"益信。

元以制科取士，其魁泰不华、李黼、李齐皆以忠义死，可与文丞相比烈。

---

① "亡"原作"丘"，据《元史》卷一百九十《儒学二》改。

元伐日本,舟师十万,阿塔、范文虎将之,至平壶岛,移五龙山,大风破舟,诸将各择坚好船遁归,弃士卒十万于山下。众推张百户为主帅,伐木作舟欲还。日本人攻之,尽战死。虏去二三万,尽杀蒙古、高丽、汉人,谓新附军为唐人,皆奴之。十万之众逃归者三人耳。如此丧师,大将不诛,故宜再有安南、八百媳妇之败。

桑哥令监察御史稽照文书,书名卷末,以遗佚至笞御史四人。后御史赴省部,掾吏与之抗礼,台纲尽废。朝廷设御史,所以防大奸,乃权奸得而笞之,掾吏得而侮之,耳目安寄乎! 世祖虽诛之,坏法乱政多矣。

安西人张子夔,父丧,每夜半背负土,肘膝行地,匍匐至葬所,积土为坟。夏邑人陈乞儿,年九岁,母丧,哀毁,亲负土为坟,高一丈,广十六步。人悯其幼,欲助之,泣拜而辞。读之可歌可泣,凡为人子,人皆可为,而皆不能为,可叹也!

太平人胡光远,母丧庐墓。一夕,梦母欲鱼,晨起,求鱼以祭母,生鱼五尾列墓前,俱有啮痕。邻里惊异,聚观,有獭出草中,浮水去。众以闻于官,表其闾。

晋宁人李忠,事母至孝。大德七年,地震,郇保山移,所过庐舍摧压倾圮。将近忠家,分为二,行五十余步复合,忠家独完。《易》云:"中孚,可格豚鱼。"杨子云:"至诚则金石为开。"不益信乎!

兰阳扈铎,少孤,育于伯父。伯父老无子,以铎为后。铎为伯父娶妾,生一女。妾不慧,熟寐,压女死。伯父死,妾有遗腹男,铎惩前失,告妹及妻妹护视之,身庐户外,中夜审察,不敢安寝。弟能食,自抱哺,与同卧起,十年不怠。弟有疾,祷曰:"天不伐予家,铎父子可去一人,勿使伯父无后。"明早,弟愈。观其处心积虑,可以托六尺之孤。

余姚石明三，居山中。一日自外归，觅母不见，壁穿而卧内有三虎子，知母为虎所害。乃尽杀虎子，砺巨斧立壁侧，伺母虎至，斫其脑裂而死。复往倚岩石，执斧伺，杀牡虎。明三亦立死不仆，张目如生，所执斧牢不可拔。观之，足泣鬼神！

波罗国人阿尼哥，以善妆塑列圣御容，织锦为之，图画弗及。宝坻人刘元，从阿尼哥学西天梵相，神思妙合。上都三皇尤古粹，识者以为得三圣人之微。仁宗敕元非有旨不许为人造他神像。大都城南作东岳庙，元为造仁圣帝像，巍巍然有帝王之度，其侍臣像，乃若忧思深远者。始元欲作侍臣像，久之未措手，适阅秘书图画，见唐魏徵像，矍然曰：“得之矣。非若此，莫称为相臣者。”遽走庙中为之，即日成，士大夫观者咸叹异。

阿尼哥初至，帝取明堂针灸①铜像示之曰：“此宋时物，岁久阙坏，无能修完之者，汝能新之乎？”阿尼哥请试为之。二年，新像成，关鬲脉络皆具，金工叹其天巧，莫不愧服。今顺天太医院针灸铜人想其遗制邪。

---

①　“灸”原作“炙”，据《元史》卷二百三《方技传》改。下同。

图书在版编目(CIP)数据

茗香堂史论／(明) 彭孙贻撰;周海霞点校. —上
海：上海古籍出版社，2023.5
ISBN 978-7-5732-0719-7

Ⅰ.①茗… Ⅱ.①彭… ②周… Ⅲ.①中国历史-古
代史-研究 Ⅳ.①K220.7

中国国家版本馆 CIP 数据核字(2023)第 086314 号

茗香堂史论

［明］彭孙贻 撰

周海霞 点校

上海古籍出版社出版发行

(上海市闵行区号景路 159 弄 1-5 号 A 座 5F 邮政编码 201101)

(1) 网址：www.guji.com.cn

(2) E-mail：guji1@guji.com.cn

(3) 易文网网址：www.ewen.co

上海颛辉印刷厂有限公司印刷

开本 890×1240 1/32 印张 8.375 插页 3 字数 188,000

2023 年 5 月第 1 版 2023 年 5 月第 1 次印刷

ISBN 978-7-5732-0719-7

K·3382 定价：58.00 元

如有质量问题，请与承印公司联系